KB200337

고통을 지나는 중입니다

The Deepest Place

Copyright © 2023 by Curt Thompson
Originally published in English by HarperCollins Christian Publishing, Inc., Nashville, TN, U.S.A.
All rights reserved.

This Korean translation edition © 2024 by Duranno Ministry, Seoul, Republic of Korea
Published by arrangement with HarperCollins Christian Publishing, Inc.
through rMaeng2, Seoul, Republic of Korea

이 한국어판의 저작권은 알맹2를 통하여 HarperCollins Christian Publishing, Inc.와 독점 계약한 두란노서원에 있습니다.
신 저작권법에 의하여 한국 내에서 보호받는 저작물이므로 무단 전재와 무단 복제를 금합니다.

고통을 지나는 중입니다

지은이 | 커트 톰슨
옮긴이 | 오현미
초판 발행 | 2024. 3. 13
등록번호 | 제1988-000080호
등록된 곳 | 서울특별시 용산구 서빙고로65길 38
발행처 | 사단법인 두란노서원
영업부 | 02)2078-3333 FAX | 080-749-3705
출판부 | 02)2078-3330

책값은 뒤표지에 있습니다.
ISBN 978-89-531-4817-8 03230

독자의 의견을 기다립니다.
tpress@duranno.com   www.duranno.com

두란노서원은 바울 사도가 3차 전도 여행 때 에베소에서 성령 받은 제자들을 따로 세워 하나님의 말씀으로 양육하던 장소입니다. 사도행전 19장 8-20절의 정신에 따라 첫째 목회자를 돕는 사역과 평신도를 훈련시키는 사역, 둘째 세계선교™와 문서선교단행본·잡지 사역, 셋째 예수문화 및 경배와 찬양 사역, 그리고 가정·상담 사역 등을 감당하고 있습니다. 1980년 12월 22일에 창립된 두란노서원은 주님 오실 때까지 이 사역들을 계속할 것입니다.

【 고통을 지나는 중입니다 】

정신과 의사가 들려주는
고통의 속내와 처방

커트 톰슨 지음

오현미 옮김

두란노

추천의 글

우리는 인간관계, 가정, 직장, 건강 등 여러 면에서 고통을 겪는다. 고통은 매우 힘이 들기에 이를 끝내거나 줄일 방도를 찾는다. 하지만 하나님은 고통을 대하는 더 깊은 길, 궁극적으로 더 나은 또 하나의 길을 마련하신다. 커트 톰슨은 정신과 의사로서의 광범위한 전문 지식과 성경 지식, 그리고 자신의 취약한 부분을 솔직히 드러내는 정감 있는 방식을 통해 우리가 고난을 겪고 이를 처리하며, 받아들일 것은 받아들이고 믿음·사랑·소망의 삶으로 변화할 수 있는 길로 안내한다. 이 책을 당신에게 강력히 추천한다.

—존 타운센드, 《NO라고 말할 줄 아는 그리스도인》 저자

누구도 직면하고 싶지 않은 현실이 있다. 우리 삶에는 불가피하게 괴로운 일이 있다는 현실이다. 바로 그 진실을 수용하는 것이 가장 힘든 부분이기는 하지만, 이 책에서 커트는 품위를 지키며 담대 있게, 그리고 슬픔을 받아들이는 자세로 그 모든 괴로운 상황을 헤쳐 나가는 이야기와 전략을 전해 준다. 이런 이야기의 이면에는 지속적 소망이 자리 잡고 있다. 이 책을 읽기 바란다.

—토니 콜리어, *Brave Enough to Be Broken* 저자

저자 커트는 경이로운 지성과 따뜻한 마음으로 성경, 신경생물학, 감동적인 이야기를 통해 사람들이 고통에서 벗어나 소망과 구속의 길로 나아갈 수 있게 돕는다. 이 책은 피할 수 없는 인생의 고통을 직시하고 이를 선용(善用)할 준비가 되어 있는 사람들을 위한 최고의 경건 훈련 서적이다. 반드시 읽으라.

—이언 모건 크론, *The Story of You* 저자

커트 톰슨은 인생에서 겪는 고통은 구속(救贖)될 수 있지만, 고통이 구속되려면 사람과 사람 사이의 관계가 요구된다고 예언자적 담대함으로 말한다. 트라우마와 고통은 나의 아픔에 공감하는 타인의 입을 통해 겪은 일들이 증언될 때 치유되기 시작한다. 이 책에서 저자는 사연을 타인과 공유함으로써 어떻게 고통이 구속될 수 있는지 새롭게 상상해 보라고 청한다.

—애덤 영, 팟 캐스트 The Place We Find Ourselves 운영자

이 책은 고통과의 관계를 재정의하길 권한다. 회복 탄력성을 가진 담대한 삶을 구축해 나갈 가능성을 친절하고도 설득력 있게 제시한다. 순간의 대처 전략을 통해 일시적 안도감을 얻으려는 현기증 나는 삶을 살아내는 것이 아닌, 고통을 지속성 있는 소망으로 바꿀 수 있는 방법이 이 책에 담겨 있다.

—제시카 호네거, *Imperfect Courage* 저자

훌륭한 책이다! 커트는 우리의 삶, 고통, 기쁨이 세상에서 가장 위대한 이야기와 원래 어떻게 교차하게 되어 있었는지 깨달을 수 있도록 안내한다. 그는 우리를 가까이 끌어당겨, 우리가 스스로에게 좀처럼 허용하지 않는 삶을 더 온전히 체험하도록 돕는다. 고통에 숨겨진 하나님의 깊은 사랑과 바람을 나타내 보여 준다. 그가 들려주는 이야기와 전해 주는 조언은 마치 자상하고 참을성 있는 친구처럼, 고통이 우리의 가장 큰 힘이 되는 엄청난 방법을 스스로 발견할 수 있게 도와준다.

—게이브 라이언스, THINQ 미디어 총재

커트는 하나님의 말씀에 담긴 지혜와 진리를 아주 독특한 방식으로 엮어 내는 놀라운 은사가 있다. 그의 글을 읽다 보면, 매우 사려 깊고 믿을 수 없을 만큼 깊은 경험의 우물을 가지고 있음을 알게 된다. 자신의 약점이 드러나는 것도 개의치 않고 자신이 지나온 길을 거리낌 없이 솔직하게 털어놓고, 게다가 마음과 몸과 영혼을 치료해 주는 명민한 의사이기까지 한 친구와 함께 앉아 있는 기분을 느낀다. 그를 좋아하는 팬으로서 나는 가장 어둡고 깊은 곳에서 이 책을 읽고 있는 사람들에게 이 책이 소망과 도움의 큰 원천이 되리라고 믿어 의심치 않는다.

—스티븐 커티스 채프먼, 그래미상 수상 가수 겸 작곡가

지난 30년 동안 어린이 및 가정 치료사로서 일하며 한 번도 경험해 보지 못한 방식으로 고통을 겪었다. 세상은 우리를 연약하게 만들고, 고립시킨다. 그래서 이따금 절망적인 기분이 되기도 한다. 우리에게는 구속의 약속을 일깨워 주는 강하고 사려 깊은 목소리가 필요하다. 각자의 이야기를 털어놓을 수 있도록 돕는 목소리가 필요하다. 그리스도의 복음을 통해 우리가 오늘 경험할 수 있는 소망을 일깨워 주는 목소리를 들어야 한다. 이 책의 저자는 성경의 지혜, 과학이 뒷받침하는 증거와 넓은 아량으로 그 소망을 가리키는 목소리로 손꼽힌다.

—시시 고프, 《불안을 이기는 부모, 자신감 있게 자라는 아이》 저자

오늘날 심리학, 신경생물학, 성경 신학의 전문 지식을 종합해서 목회적 감수성과 우아한 문체로 이보다 잘 엮은 책은 없을 것이다. 커트는 이 모든 것을 인간 존재의 가장 당혹스러운 측면, 즉 고통 문제에 적용한다. 이 책은 고통을 진부하게 설명하지 않는다. 저자가 경험한 진료 사례에서 건져 올린 생생한 이야기를 통해 인간의 고통을 다정하게 고찰한다. 가장 중요한 점은, 이 책이 그 가장 깊은 곳으로 독자들을 데려간다는 것이다. 이 책은 예수님과 사도 바울이 뚜렷이 드러낸 길, 거기서 하나님의 구속에 대한 소망으로 고통을 통과하라고 우리에게 권유한다. 이는 우리 모두가 지나야 할 길인데, 우리는 커트를 안내자로 두는 복을 받았다.

—커티스 창, 《안녕, 불안》 저자

이 책에서 저자는 소망, 고통, 인간관계가 서로 교차되는 길을 명민하게 밝혀 보여 준다. 믿음, 대인관계 신경생물학의 관계가 지니는 변화의 힘이라는 가닥들을 복잡하게 엮은 이 책은 하나님께서 주신 인간성을 온전히 실현하는 방향으로 인생 여정을 이어 나가지 않을 수 없게 한다. 이는 인생의 험난한 지형을 결연히 통과하되 모든 것을 포괄하는 은혜의 현존에 저마다 흠뻑 젖어 있는 사람들의 깊고 애정 어린 포옹으로 힘을 얻으라는 부름이다. 이 책은 삼위일체를 믿는 믿음이, 몸을 가지고 사는 우리의 인간성을 어떻게 형성하는지 더 깊이 이해하기를 갈망하는 많은 이들에게 하나의 선물이다.

—앨리슨 쿡, *The Best of You* 저자

고통을 주제로 한 이 책을 추천한다. 저자가 보여 주는 성경 해석, 임상의로서의 지혜, 대인관계 신경생물학에 대한 과학적 이해는 고통이 단지 견뎌야 할 어떤 것이 아니라는 사실을 알 수 있는 가장 폭넓은 가능성의 렌즈를 제공한다. 이 책을 통해 우리는 도무지 소망을 가질 수 없을 법한 상황에 소망이 깊이 자리 잡으려면 어떤 요소들이 반드시 필요한지를 알게 된다. 괴로움과 고통을 호의로 맞이하는 법을 배우게 된다. 고통을 피하게 되리라는 보장은 없지만, 그래도 우리에게는 고통을 달리 겪을 수 있는 오래된 길, 즉 사랑이 우리를 소유한다(love has us)는 것을 직감적으로 알게 되는 검증된 길이 주어져 있음을 알게 된다.

—마이클 존 큐식, 《하나님을 탐닉하라》 저자

이 책에서 저자는 특유의 온유함과 예리함으로 우리를 다시 한번 선한 길로 안내한다. 커트는 인간의 몸·영혼·관계에 관한 엄청나게 복잡한 통찰들을, 우리를 온전하게 해 주는 언어로 아름답게 표현한다. 이 책은 우리 신음과 비탄이 사실은 우리의 가장 아름다운 영광과 만나는 장소일 수 있다는 가능성으로 우리의 상상력을 꿰뚫는다.

—K. J. 램지, *The Lord Is My Courage* 저자

나는 한때 서던 캘리포니아에 살았는데, 그 시절 화재를 몇 번 겪었다. 화재 때마다 몇 달 동안 우리 집 주변 땅은 검게 그을린 상태였다. 그런데 그때 비가 오면 여린 초록색 풀이 다시 돋아나곤 했다. 새로운 성장을 위해 토양을 비옥하게 해 준 것이 바로 모든 것을 집어삼킨 불길이었다. 우리가 파멸이라고 생각했던 것에 뒤이은 하나님의 구속의 풍경이 바로 이러하다. 정신과 의사로서의 풍성한 지식을 날실 삼고, 꼼꼼한 성경 연구를 씨실 삼아 이야기를 엮어 나가는 커트는 우리가 겪는 아픔도 마치 화재처럼 우리를 그리스도의 소망에 계속 매여 있게 해 준다는 사실을 보여 준다. 그 소망이 있는 곳에서 우리 마음은 변화되고 새 풀이 돋아난다. 나는 커트가 쓰는 모든 책을 기대감으로 읽곤 한다. 하나님은 나의 개인적 변화의 여정에서 커트의 책들을 활용하셨다. 여러분도 이 책을 읽게 된다고 생각하니 정말 마음이 들뜬다. 이 책은 우리 모두를 위한 선물이다.

—니콜 자소우스키, 결혼과가정 치료사, *What If It's Wonderful?* 저자

차례

(PART 1)

고통의 폭풍 속
주를 보다

고통의 숲에서
하나님이 보이지 않을 때

몹시 힘들고 고통스러운 삶을 전심으로 살아온 환자들과 동행하는 과정에서 나는 말로 표현할 수 없을 만큼 멋지고 지속성 있는 변화를 여러 차례 목격했다.

진료실에서 만난 사람들

이 변화에 얽힌 사연들은 그 사연의 주인공들만큼 각양각색이다. 그 사연들을 동반하는 트라우마의 깊이와 지속성 또한 각양각색이어서, 어떤 것은 대수롭지 않아 보이고 어떤 것은 말할 수 없을 만큼 섬뜩하다.

어떤 사연은 처음 들을 때 솔직하고 단순해 보인다. 나중에 자세한 내막을 알고 나서야 환자가 거대한 괴물 같은 감정을 억제하기 위해 지금까지 어떤 형태로든 초자연적인 힘을 발휘하며 살아 왔다는 사실이 밝혀진다. 그 감정을 배출할 경우 자신에게 닥칠 후폭풍이 두려워서 이들은 자명한 의식 저 아래에 이 감정을 꾹꾹 눌러 놓는다. 어떤 사연은 그 사연이 쌓이고 쌓여 당사자가 끝내 내 진료실을 찾아오기까지의 상황이 너무 잔혹해서 처음에는 도저히 극복할 수 없는 불화의 이야기로 여겨지지만, 결국 이 또한 놀라운 회복과 기쁨이 전개되기 위한 밑거름이 된다.

그럼에도 어떤 이야기를 처음 털어놓을 때의 상황과 상관없이 저마다 더 큰 사랑, 기쁨, 화평, 인내, 친절함, 선함, 신실함, 온유, 절제로 이어지는 지속적인 변화를 만들어 내는 사람들의 공통점은, 그 사람이 고통을 겪었다는 점이다. 그렇다고 해서 이런 사람들만 고통을 겪었다는 말은 아니다. 인간으로 산다는 것은 곧 고통을 겪는다는 뜻이라고 말하는 게 맞을 것이다. 우리는 다 고통을 겪으며 산다.

하지만 이런 사람들에게는 특별한 점이 있다. 의도적으로 고통을 자신의 삶으로 불러들이지는 않지만, 그렇다고 해서 고통을 거부하지도 않는다. 고통과의 관계를 발전시킨다. 이들은 살면서 고통을 피할 수는 없다는 것을 알게 되었고, 그래서 더는 그런 시도를 하지 않는다. 이들은 고통을 부정하지도, 고통에 압도당하지도 않는다. 오히려 이들은 고통과 동행하는 법을 깨우치며, 고통이 자신과 함께한다는 것을 인정한다.

고통을 마주하다

많은 사람이 고통이 자기 영혼의 가장 깊은 곳에 자리 잡았음을 깨닫는다. 많은 사람이 그렇듯, 이들은 원가족의 세계에서 살아남기 위해 적응한 심리 기제를 갖고 있으며, 이 기제를 현재의 관계에서도 유지해 나간다. 상황에 적응하기 위해 이들은 고통을 겉모습 저 아래 파묻어서 그 존재를 거의 의식하지 못할 정도로 만들어야 했다. 그래서 이들은 자기 삶의 가장 깊숙한 곳으로 가야만 한다.

이들은 분노, 원한, 때로는 절망을 겪지 않고는 고통을 호의적으로 대할 수 있는 능력을 계발하지 못한다. 사실 고통과 동행하려면 고통에 정통해야 한다. 고통에 정통하려면 자신의 고통이 정서적 혹은 육체적으로 어떻게 발현되는지를 알고 그 모든 모습을 잘 알아야 한다. 처음부터 끝까지 그 과정을 온전히 함께하며 기꺼이 이야기를 들어주려고 하는 사람에게 그 발현 양상을 하나하나 이름 붙여 말해 주어야 한다.

자신의 고통에 효과적으로 이름을 붙여 주는 게 중요하다. 고통을 변화시키고 고통을 경험함으로 인해 변화되는 능력은 고통 앞에서 다른 사람들이 자신을 얼마나 깊이, 진정으로 이해해 주느냐와 직접적으로 연관된다. 이런 증인들을 통해 이들은 예수님의 임재가 즉 예수님의 몸 된 공동체가 실제적이기도 하고 그에 못지않게 신비하기도 한 방식으로 우리의 고통을 잠잠케 해 주는 것을 느낀다. 앞으로 살펴보겠지만, 이렇게 관계 맺는 과정을 통해 이들은 소망을 가진 사람이 된다는 것이 무슨 의미인지 깨닫는다. 소망은 그 변화의 과정에 중심은 아니더라도 필수적인 요소이다.

더 나아가 이들 각 사람은 소망이란 놀랍게도 자기가 만드는 것이라는 사실을 알게 된다. 소망은 하늘에서 뚝 떨어지지 않는다. 소망은 우리의 성격이나 기질에 의해 생겨나지 않는다. 소망을 갖는다는 것은 낙관주의가 아니다. 이 책을 읽으며 알게 되겠지만, 소망은 고통을 통과할 때 지속성을 갖는다.

이런 깊이 있는 관계를 통해서만 고통이 그리스도를 따르는 우리가 이생에서 바라는 지속적 변화를 낳기 위해 하나님께서 사용하시는 세상의 한 가지 핵심 특징이라는 직관에 반하는 사실을 깨닫게 된다.

이는 세상이 통상적으로 고통을 향해 취하는 자세가 아니다. 동서양의 형이상학은 고통을 근절하거나 피해야 할 어떤 것으로 보는 경향이 있다.[1] 피상적으로 보면 그런 시선도 일리가 있다. 상황이 어떻든 고통 자체가 가치가 있다고 보고 고통을 선택할 사람이 어디 있겠는가?

우리가 사는 세상, 즉 하나님이 존재하지 않거나 혹은 존재하더라도 우리가 겪는 엄청난 고통 따위는 신경 쓰시지 않는다고 믿는 이들이 많은 세상에서 고통의 의미를 깨닫는 유일한 길은 고통스럽고 무의미한 현실로서 인간이라는 존재의 의미를 이해하는 것뿐이다. 물론 고통을 줄이거나 없애기 위해 우리가 할 수 있는 일을 능력껏 하는 것은 부인할 수 없는 고귀한 모험이며 앞으로도 그러할 것이다. 고통이 세상을 구원하는 데 그저 도움이 되는 정도가 아니라 반드시 필요한 어떤 목적에 부합할 수 있다는 암시만 해도 정서적, 문화적으로 사실상 과민반응을 불러일으킨다.

하지만 지속성 있는 변화에 진지하게 관심을 갖는 사람들이 마침내 발전시켜 나가는 고통과의 관계는 이런 과민한 관계와는 매우 다르다. 지속성 있는 변화를 기대하는 사람들은 성경이 말하는 하나님의 관계의 경륜에서는 고통이 인간의 다른 어떤 경험과도 다른 구속적 역할을 한다는 것을 깨닫는다. 그렇다고 해서 고통 자체가 선한 것이 되지는 않는다. 그보다는 우리가 피하려 하고 그토록 싫어하는 이 고통 체험이 성경의 하나님이 아름다움과 선을 새로이 창조하실 수 있는 촉매를 제공한다는 뜻이다. 놀랍게도 하나님은 고통을 겪으며 괴로워하는 바로 그 사람들을 변화시키신다. 사실 하나님은 고통을 구속의 도구로 쓰실 뿐만 아니라 그렇게 함으로써 고통 자체를 구속하신다. 뼈와 피로 이뤄진 우리 몸에서 이런 일이 실현되는 것은 차치하고 어떻게 이런 일이 상상 가능한가?

고통을 구속의 수단으로 상상하고 활용하게 만드는 것이 이 책의 목적이다. 그렇다고 해서 지금까지 한 번도 생각해 본 적 없는 새로운 고통 대응 방식을 보여 주려는 것은 아니라는 점을 유념하라. 사실 해 아래 새로운 것은 없으며, 나보다 훨씬 지혜롭고 고통에 더 정통한 사람들이 책으로나 삶으로 많은 것을 알려 주고 보여 주었다.

고통에 대한 성경적 시각을 찾다

나의 소박한 바람은 고통의 본질에 관해 삼천 년 넘게 이해되어 온 것을 상기시키고, 앞으로 나아가는 길은 고통을 우회하는 길이 아니라 관계 속에서 고통을 통과하는 길임을 이 책을 통해 일깨웠으면 하는 것이다. 고통을 배경으로 관계의 본질을 우리 자신에게 다시 소개하면 우리가 맺는 관계들뿐만 아니라 고통에 대한 자세도 변할 수 있다.

이 여정에서 우리가 의지할 주된 수단은 바울이 로마 교회에 보낸 편지 다섯 번째 장의 처음 다섯 구절이다. 바울은 고통이 교회라는 몸이 함께하는 삶의 자연스러운 한 부분이라는 점에 전혀 놀라지 않는, 어쩌면 이를 예상까지 한 사람으로서 이 편지를 쓴다. 앞서 언급했다시피, 현대인들은 고통을 하나의 규범처럼 당연히 예상해야 하는 것으로 여기지 않는다. 우리는 고통을 우주에 있는 하나의 변칙, 모형(母型)의 주름 하나로 생각한다. 그러나 바울과 초대교인들은 더 잘 알고 있었다. 이들은 세상을 실제 모습 그대로 이해했기 때문이다. 실제 모습 그대로, 고통이 예측되는 세상, 예수를 따르는 이들이 그에 따라 응답해야 하는 세상으로 말이다.

이 책이 전개됨에 따라 여러분이 바울의 말에 계속 이끌려 고통의 삶을 살아낸 내 환자들이 발견한 것을 여러분도 발견하길 바란다. 즉, 우리가 고통을 통해 소망을 품어 나간다는 것을 깨닫길 바란다. 이 소망은 지속성 있는 소망이다. 나에게 이 소망은 인정하고 싶지 않을 만큼 허망할 때가 많은 그런 소망이 아니다. 사실 생활이 풍족한 덕분에 나는 괴로운 일을 잊고 기분전환이 될 만한 활동들을 사실상 무한히 고를 수 있었고, 그래서 소망을 품는 데 필요한 실제적 노력을 기울이는 연습을 자주 하지 않았다. 그 결과, 내 소망처럼 허약하게 느껴지는 소망은 사실상 크게 기대할 것이 없다.

하지만 원하는 만큼 지속적 소망을 품지 못하는 사람이 나뿐만이 아닐 것이다. 사실 현시대 문화는 우리를 길들여서, 갈수록 허약해지게 만들었다. 회복력 개발 연구 결과에 따르면 지난 40년 동안 이어진 세대들은 미래에 대해 소망을 품는 데 꼭 필요한 정서상 혹은 인간관계상 내면 체계가 없어서 점점 그런 소망을 품을 수 없음을 깨닫는다고 한다.[2]

견실한 관계 체계는 먼저 최소한의 고통과 조우하고, 그런 다음 점점 더 센 강도로 고통을 견뎌 냄으로써 점차 자라나고 강화된다. 힘든 일을 마주하고 행하는 이 과정에서 지속성 있는 소망이 실현된다. 오늘날의 문화가 어떤 대가를 치르더라도 우리를 구해 내려고 하는 그 고통을 기꺼이 직면하려고 하지 않으면 우리는 삶의 폭풍우를 견딜 수 있는 소망을 품을 수 없다.

하지만 그게 전부가 아니다. 고통이 어떤 식으로든 소망으로 이어질 수 있다는 말을 성경에서 읽었다고 해서 나도 그렇게 될 수 있다고 낙관하게 되지는 않는다. 정말 그럴 가능성은 차치하고 말이다. 그런 믿음은 언제 어디서 어떤 식으로든 내가 원하는 삶을 살 수 있어야 한다고 쉼 없이 내게 속삭이는 다른 목소리에 묻혀 버리고 만다. 나는 고통을 겪지 말아야 하며, 만약 고통당할 경우 메시지는 분명하다. 나를 제대로 대접해 주지 않는 세상이 무언가 잘못되었다고 생각한다.

다행히도 성경을 통해 하나님께서 우리에게 고통에 관해 말씀하시는, 세상과 다른 방식을 발견할 수 있다. 고통과 소망에 관련해 하나님이 어떤 존재이시고, 어떤 방식으로 일하시는지 우리에게 알려 주신다. 이 책에서 우리는 함께 이를 검토해 볼 것이다. 바울은 로마 교회에 보내는 편지에서 창조 세상 자체가 하나님의 권능과 본질에 대해 말해 주며 사람들은 태초부터 이를 잘 알고 있었다고 수신인들에게 일찌감치 알려 준다.[3] 우리가 서로를 사랑하고 세상에 아름다움과 선함을 창조하고 가꿀 수 있도록 하나님께

서 우리의 두뇌, 마음, 관계를 서로 협력하여 작동하게 하신 것도
그 선한 창조에 속한다.

　대인관계 신경생물학(IPNB)은 건강한 마음의 본질을 이해하는
데 중요한 역할을 하는 다양한 과학 부문의 소견들을 종합하는 연
구 분야이다. 환자들과 함께 일하는 정신과 의사로서 나는 대인관
계 신경생물학과 기독교 영성 형성(spiritual formation)이 교차하는
지점에서 신경과학의 연구 결과를 적용하는 것이 성경 본문 이해와
체험을 풍성하게 하며 성경이 우리에게 명하는 지혜로운 삶을 훨씬
효과적으로 살아 낼 수 있게 한다는 것을 눈으로 확인해 왔다.

고통 속에 숨겨진 보물

　나는 이 책에서 성경 이야기, 대인관계 신경생물학, 그리고 우
리가 만나게 될 사람들의 사연을 함께 엮어 낼 생각이다. 이 세 가
지 모두 이 책에서 소개할 치유의 관계 공동체를 배경으로 삼았다.
이 세 가지로 직조한 결과물은 고통을 견디는 것의 의미를 알 수
있게 해 준다. 뿐만 아니라 소망을 품는 과정에서 변화된다는 게
무슨 의미인지 깨우치고 고통 자체가 구속되는 것을 경험할 것이
다. 소망을 발견해서 우리가 겪는 고통 앞에 전략적으로 적용하는
것은 내버려 두고, 과연 소망을 품을 만할 것이 있는지 회의를 품
거나 노골적으로 의심하는 사람이 있다 해도 충분히 이해할 만하
다. 우리가 살고 있는 세상을 둘러보면, 어떻게 달리 생각해 볼 수

있겠는가? 우리 각자의 삶을 봐도 달라지려면 참으로 많은 시간이 걸릴 것 같고, 그래서 "여호와여 어느 때까지니이까 나를 영원히 잊으시나이까 주의 얼굴을 나에게서 어느 때까지 숨기시겠나이까"[4]라고 부르짖을 필요를 느낀다.

이 책을 통해 나는 가장 깊은 고통 한가운데서 도무지 상상할 수 없는 방식으로 아름다움과 선을 이루시는 성령의 역사를 증언하고 싶다. 이 책에서 만날 사람들의 삶은 실제 시간과 공간에서 이런 가능성들이 현실화되고 있다는 증거다. 당신에게도 그런 일이 일어날 수 있다. 우리의 소망은 추상적 개념도 아니고, 우리를 변화시키는 개인적 행위도 아니기 때문이다. 소망은 다른 분에게 있다. 오직 예수 안에 영광의 소망이 있다.[5]

그 소망을 염두에 두고 시작해 보자.

고통의
폭풍 속

주를
보다

The Deepest Place

1

믿음

가장 깊은 골짜기에서
믿음을 붙들다

-

그러므로 우리가 믿음으로 의롭다 하심을 받았으니

(롬 5:1)

제대로 해내지 못하면 어쩌나, 이 정도 경력이면 과연 충분할까, 맥스는 늘 걱정이었다. 그는 그렇게 끝없이 자신을 돌아본 덕분에 고속 승진의 길에 접어들기도 했다. 걱정하는 만큼 열심히 일했기 때문이다. 하지만 그 과정에서 맥스의 삶에는 불행이 차곡차곡 쌓여 갔다.

카미나는 신앙 생활을 충실히 하는 남자와 결혼했다. 하지만 카미나의 남편은 자기 내면의 삶을 살피는 일에는 충실하지 않았다. 게다가 남들 앞에서 걸핏하면 아내를 거칠게 대하는 모습을 보였다. 그래서 카미나는 슬픔과 절망의 메마른 우물에 갇힌 채 그리움과 시름에 잠겨 살아야 했다.

에드윈이 앓고 있는 자가 면역성 관절염은 그를 죽이지만 않았을 뿐 20년이 넘도록 갖가지 고통을 안겼다. 에드윈은 죽고 싶지 않았다. 하지만 너무 아픈 나머지 살고 싶지도 않았다.

카렌은 아프가니스탄에서 남편을 잃었고 아들은 마약 과용으로 죽었다. 그 후 감당할 수 없을 만큼 큰 상실의 고통이 계속되었다. 카렌은 그 고통 때문에 자기 목숨마저 잃게 되지 않을까 몹시 두려웠다.

웨스틴의 계속되는 외도는 주변의 관계와 일을 엉망으로 만들었다. 웨스틴은 친밀한 관계에 대한 갈망이 있었지만, 친밀한 관계에 대한 생각 자체가 웨스틴이 가장 갈망하는 바로 그 관계에 대한 수치심과 두려움을 가중시킬 뿐이었다.

폴리나는 여러 해 동안 열심히 효과적인 영적·정서적 활동을 하면서 여러 면에서 회복력과 기쁨을 키워 왔다. 그런데 오래되고 익숙한 가족사가 여전히 그녀를 따라다니며 인생의 어려운 순간마다 기습적으로 떠올라 며칠씩 감정적으로 괴롭게 만드는 이유는 무엇일까?

어쩌다 보니 개럿은 교도소에 다녀왔다. 그러나 교도소에서 보낸 시간보다 더 힘든 것은 석방 후 전과자라는 수치심을 안고 살아야 한다는 사실이었다. 과거를 잊으려고 애쓰면서 아침부터 밤까지 견뎌야 했던 자책에서 그는 어떻게 벗어나야 할까?

우리는 모두 고통 속에 산다

인간은 고통을 겪으며 산다. 사실 위와 같은 사연을 지닌 각 사람들의 경험 한가운데에는 고통이 자리 잡고 있다. 이 사람들이 마침내 내 진료실을 찾아온 것도 고통 때문이었다. 게다가 소망은 결코 손이 닿지 않는 곳에 있는 것만 같아서, 고통의 형상이 보이고 고통이 감각될 때면 언제라도 증발해 버리는 신기루 같았다. 그러나 그렇게 멀리 있는 것처럼 보이지만 소망이 이들의 시야에서 완전히 사라지지는 않았다. 그렇지 않다면 이들은 애초에 나를 찾아와 자기 이야기를 털어놓지도 않았을 것이다. 하지만 이 소망은 이들의 주변 시야(peripheral vision)를 통해서 스쳐 지나갈 뿐이었다. 이들의 직접적 시선에 들어오는 것은 대개 고통과 거기 부수되는 사연이었다.

각 사람이 겪는 고통은 확실히 그 사람 특유의 고통이다. 톨스토이의 말처럼, 우리는 자기 나름의 특정한 면에서 저마다 불행하다. 즉 자기 나름의 고통을 겪는다.[1] 이와 동시에, 앞에서 나열한 사람들의 고통에는 공통의 특징이 있다. 이에 대해서는 이제부터 이 책에서 자세히 살펴보겠다. 하지만 모든 고통에 공통적 속성이 있다는 인식을 넘어, 가장 중요한 것은 우리 모두가 고통을 겪는다는 현실이다. 아주 기이하게도 우리가 이를 알아차리지 못하는 경우가 종종 있지만 말이다.

앞으로 살펴보겠지만, 문제는 우리 각 사람이 고통을 겪느냐의 여부가 아니다. 그보다는 우리가 어느 정도까지 고통을 인식하며, 고통과 어떤 관계이고, 고통에 어떻게 대응하는지가 문제다. 이 질문들은 우리가 어떤 사연을 지니고 사는지를 알려 줄 뿐만 아니라 그 서사에서 고통이 어떤 역할을 하는지를 보여 준다.

여러분이 이 책을 읽기로 한 데에는 이런저런 이유가 있을 것이다. 지금 고통을 겪는 중이고 그 사실을 알고 있을 수도 있다. 아니면 지인 중에 고통을 겪고 있는 사람이 있어서 그 사람을 도와주고 싶은 것일 수도 있다. 또는 고통에 관해 알고 싶기는 하지만 고통을 그리 자주 또는 깊이 경험하지 않아서 그 이유가 궁금할 수도 있다. 또는 지금 겪고 있는 아픔이 과연 고통에 해당되는지 궁금하고, 그 아픔을 고통이라 불러도 되는지 알고 싶을 수도 있다. 자신의 고통이나 타인의 고통 앞에서 우리는 소망을 발견하여 유지하기를 갈망하지만, 그런 한편 그 과정에서 고통의 의미를 이해하고 싶어 한다.

그렇다면 우리는 왜 고통에 관한 책을 읽고 싶어 할까? 그 이유를 말해 주겠다. 모든 사람은 고통을 덜 받을 수 있는 방법을 찾고 싶어 한다. 고통을 겪더라도 조금 덜 아프게, 빈도를 줄여서 받는 방법을 알고 싶다. 고통에 대해 좀 더 많이 알게 되어서 삶에서 고통을 줄이고 싶다. 물론 그 과정에서 고통에 관해 무언가를 배우는 것은 좋지만, 그렇게 배운 것이 고통을 완화하는 데 도움이 되는 한에서만 그렇다.

만약 내가 고통과 소망에 관한 책을 읽는다면, 첫 단계는 고통을 이해하기, 혹은 좀 더 낫게는 고통의 해법 발견하기가 될 것이다. 그리하여 결국 어떤 식으로든 고통을 많이 겪지 않아도 되기를 기대하는 바이다. 소망은 바로 그런 과정 속에서 발견된다. "그래요, 당신 말이 맞아요. 고통은 힘들지요. 끝." 그저 이런 메시지를 확인하고 강화할 뿐이라면 그런 책을 무엇 때문에 읽고 싶겠는가? 그런 메시지에 무슨 소망이 있는가?

나는 소망을 품고 싶다. 내 고통을 줄일 힘이 있다는 소망을 품고 싶다. 왜냐하면 마음과 삶에서 소망과 고통이 어떻게 공존하는지 쉽게 이해되지 않기 때문이다. 하지만 이 책을 통해 우리가 발견하게 될 것은 성경 서사의 관점에서, 그리고 신경과학에서 발견하는 사실들에 비춰 볼 때 고통은 하나님의 이상적 의도는 아니지만 우리가 가장 참되고 가장 아름답고 천국을 가장 잘 준비하는 존재들이 되는 데 꼭 필요한 요소라는 사실이다. 고통은 피할 수 없는 삶의 현실이다. 설사 피할 수 있다 해도 하나님은 우리가 원하는 때에 우리를 그 현실에서 완전히 구해 주지 않으신다.

더 나아가, 하나님은 고통을 이용해 우리를 하나님께서 원하시는 모습으로 변화시켜 가신다. 하나님이 왜 그런 일에 전념하시는지 그 이유는 내게 큰 신비다. 그래도 어쨌든 고통은 감내해야 한다고 받아들이기보다는 가능하면 피하고 싶은 일이다.

이 모든 것은 아주 힘든 소식인 동시에 아주 좋은 소식이다. 왜 힘든지는 쉽게 알 수 있다. 하지만 고통이 어떻게 좋은 소식일 수 있는지 이해하려면 우리의 상상력을 엄밀히 정비해야 한다. 이 책의 목적은 우리의 아픔 속에, 그리고 그 아픔의 직접적 결과로서 깊숙이 뿌리내린 지속성 있는 소망을 품는 데 필요한 것이 무엇인지를 이야기하는 것이다.

이 책을 읽는다고 해서 우리의 고통이 줄어들 것이라는 약속은 하지 않겠다. 하지만 고통을 색다르게 겪을 것이며, 그 결과 훨씬 더 지속성 있는 소망을 품게 될 것이다. 기본적으로 내가 기대하는 바는, 대인관계 신경생물학의 세계에서 소망이란 예수님과의 애착적 사랑이 점점 깊어지는 것, 그리고 그에 상응하여 하나님이 우리와의 관계에서 인자(仁慈)로 임재하심을 인식해 가는 것을 대신하는 단어임을 알게 되었으면 하는 것이다. 이에 대해서는 나

중에 좀 더 이야기하겠다.

하지만 이런 식으로 예수님에게 안정적으로 애착이 형성된 상태에 이르기 위해서는 우리의 여정이 필연적으로 그리고 다소 반직관적으로 고통 자체가 아니라 고통에 앞서 있었던 일로 시작되어야 한다. '문제'가 무엇인지 알고자 할 때는 처음부터, 그리고 어쩌면 우리를 놀라게 할 수도 있는 지점에서 시작하는 것이 도움이 되기 때문이다.

우리의 갈망이 좌절될 때

우리는 감각을 통해서 세상과 처음 만나는 사람들이다. 우리는 세상에 대해 생각하는 능력을 언젠가는 계발하지만, 처음에는 감각하는 존재로서 세상과 만난다. 한스 우르스 폰 발타자르(Hans Urs von Balthasar)는 이 점을 신학적·철학적으로 의미 있게 조명한다. 그의 저작은 두뇌 기능의 일반적 패턴에 관해 신경과학이 우리에게 무엇을 알려 주는지 이해하는 데 필요한 중요 토대를 제공한다.[2] 폰 발타자르는 우리의 감각을 이끌어 세상을 인식하게 해 주는 것은 아름다움이며, 세상을 인식한 후에야 우리는 세상에 대해 생각하기 시작한다고 일깨워 준다.

이는 고통에 대해서도 마찬가지다. 우리는 먼저 고통을 지각(知覺)하며, 그런 다음에야 고통에 대해 생각한다. 대인관계 신경생물학의 용어로 이는 우리의 두뇌가 실시간으로 작동하는 방식 면에서의 지각보다 '나중에'(later) 인식함을 뜻한다. 우리는 먼저 사물을 지각한다. 예를 들어 손가락이 뜨거운 난로에 닿으면 뜨거움을 느낀다. 그리고 난 뒤 내가 통증을 겪고 있다는 것을 '생각' 속에서 인식하게 된다. 고통이 우리의 시간 인식, 특히 미래를 인식하고 예상하는 방식과 어떻게 연관되는가 하는 개념은 이후에 소개하겠다.

우리는 미래가 우리의 가장 간절한 갈망을 반영해 주기를 기대한다. 그리고 그 깊은 갈망은 태어날 때부터 시작된다. 따라서 고통이란 우리의 바람이 심히, 아프게 좌절되는 것임을 아는 일도 고통을 고찰하는 한 가지 방식이다. 일반적으로 부드러운 동작 한 번으로 의자에서 일어나는 것을 가장 간절한 바람으로 생각할 수는 없다. 하지만 허리가 아파서 일어날 때마다 큰 통증이 있고, 그래서 조심스럽게 움직여야 하는 상황이라면, 통증 없이 움직일 수 있는 것만큼 간절한 소원은 없을 것이다. 여기서 고통이 어떻게 좌절된 욕망의 한 작용으로 등장하는지를 볼 수 있다. 우리는 이런 욕망이 존재하는지조차 몰랐을 수도 있지만, 이 욕망은 좌절되기 훨씬 전, 초기 발달 단계에서 형성된다.

우리는 태어날 때부터 피부 안팎으로 세상을 최초로 지각하며, 그런 후에야 지각하는 것들을 인식하고 의미를 부여하기 시작한다. 이런 식으로 우리는 먼저 지각하고 그런 다음 지각하는 것을 이해한다.[3] 이는 대체적으로 두뇌가 아래에서 위로 작용하고, 그런 다음 오른쪽에서 왼쪽으로 작용한다는 이치에 따른 것으로, 일반적으로 척수나 뇌신경을 통해 입력 감각을 받고 이 모든 감각이 먼저 뇌의 하부로 이어진다는 뜻이다.

팔다리에서 오는 신경 자극의 경우, 몸의 한쪽에서 느끼는 감각(찌르는 느낌, 통증, 추위)은 반대쪽 뇌로 신호를 보낸다. 오른쪽에서 오는 신호는 마지막에 왼쪽 뇌로 가고, 왼쪽에서 오는 신호는 오른쪽 뇌로 간다. 몸 안에서 감각을 느끼는 경우에는 신경계가 다소 다르게 작동한다. 몸 안에서 느껴지는 자극은 뇌 하부로 올라간 다음 대개 오른쪽 뇌반구로 가고, 거기서 다시 뇌량(corpus callosum)을 지나 왼쪽 뇌반구로 가며, 여기서 오른쪽과 왼쪽의 전전두엽 피질(prefrontal cortex)의 결합된 작용으로 우리가 처음에 감지한 것을 이해할 수 있게 해 준다.[4]

물론 지나치게 단순화된 이 설명도 우리가 고통이라는 주제에 접근하여 소망에 점점 가까이 다가갈 때 명심해야 할 중요한 사항이다. 고통에 관해서라면, 이를 이해하기 전에 먼저 우리가 지각하는 게 정확히 무엇인지를 다루어야 한다.

뇌의 아래에서 위로, 오른쪽에서 왼쪽으로 이어지는 신경 연결성을 고려한 이러한 정신 작용 과정은 결국 인간 특유의 능력으로 등장하는 것과 가장 높은 상관관계를 보이는 신체 부위인 중전두엽 피질의 발달에서 절정을 이룬다. 하지만 신체 발달의 이 차원이 대인관계 생물학에서 말하는 통합된 삶, 번영하는 삶으로 나타나려면 아이와 부모 사이에 안정된 애착 관계가 형성되어야 한다.[5]

애착 형성, 괴로운 감정을 견딜 능력

안정 애착 형성은 그 자체가 마음과 뜻과 목숨과 힘을 다해 하나님을 사랑하라는 모세와 예수님의 말씀 및 바울이 갈라디아 교인들에게 보낸 편지에서 성령의 열매를 맺는 삶으로 묘사한 것을 받아들일 수 있게 준비시키는 대인관계 신경생물학의 과정이다.[6] 더 나아가, 안정 애착은 관계를 맺는 수단으로서, 이 수단에 의해 어릴 때부터 우리 안에 소망이 형성되기 시작하여 평생 계속 진전된다.

애착은 자녀와 부모 사이에 구체화된, 관계상의 춤으로, 인지적으로 상상된 추상적 '사물'로서의 '소망'이 이 춤을 통해 마침내 아이의 사고 수준에 맞는 무언가로 모습을 드러낸다. 이는 부모가 자기를 보고 있고(see), 달래 주며(soothe), 또한 자신이 안전하고(safe) 안정되어 있다고(secure) 느낄 수 있게 해 주는 정서적 과정(4S)[7]을 아이가 충분히 경험한 후에야 가능하다. 특히 힘든 상황에서 이런 경험을 통해 아이는 위로와 신뢰가 있는 미래를 내다보기 시작한다. 달리 말해, 아이는 먼저 따뜻한 미래를 내다볼 수 있게 해 주는 예측 가능하고 지속성 있는 상황 인식을 계발해 나가야 하며, 그런 후에야 자신의 미래를 소망이 있는 미래로 여기게 된다.

이 모든 것을 염두에 두고 이제 로마서 5장의 첫 구절 "그러므로 우리가 믿음으로 의롭다 하심을 받았으니…"로 시선을 돌려 보자. 이 경우, 의롭다 여김을 받는 것, 즉 하나님의 칭의를 받는 자가 되는 것은 본질적으로 N. T. 라이트의 말처럼 우리가 하나님

과 옳은 혹은 좋은 관계에 있다는 말씀을 하나님에게서 듣는 것이다.[8]

본질적으로 우리는 하나님에게서 이런 말씀을 듣는다. "나는 너를 사랑한다. 그리고 너와 함께하고 싶고 너의 가정이 나와 함께 있었으면 한다. 예수의 신실한 행위가 이를 구체적으로 증시(證示)한다. 그리고 이것이 사실인 것처럼 살아감으로써 이것이 사실이라고 나를 신뢰하는 일은 네게 달려 있다."

하나님은 메시아로서 예수님의 신실한 사역 안에서, 그리고 그 사역을 통해 우리가 하나님의 가족으로 환영받고 하나님의 식탁에 초대받는다고 선언하신다. 그리고 이것이 참이라는 하나님의 약속에 대한 우리의 믿음과 신뢰야말로 우리가 적극적으로 이를 받아들이는 데 필요한 메커니즘 혹은 통로라고 말씀하신다.[9] 하나님은 우리 자신을 바치는 것은 차치하고 우리가 상상도 하지 못했던 것을 주셨으며, 우리는 이를 신속히 받아들여야 한다. 그리고 바로 거기에 문제가 있다.

어떤 이들은 바울이 로마 성도들에게 보내는 편지에서 이 구절을 너무 자주 듣거나 읽은 탓에 이 말씀에 깊이 감동받지 못하고 그저 성경 몇 구절 읽기로 다짐하는 데 그치기도 한다. '믿음'이라고 하면 우리는 주로 이를 신학적 개념으로, 즉 인지적 동의의 세계와 관계된 것으로 생각한다. "믿는다"는 말은 긍정한다는 의미인 경향이 있다. 이성적으로 무언가 '참'이라고 생각한다는 식으로 말이다. 예를 들어 1 더하기 1은 2다, 콜럼버스는 오하이오의 주 도시(州都)

이다 혹은 지구는 둥글다는 식으로 말이다. 하지만 이는 바울이 하는 말의 의미를 일부만 받아들이고 가장 중요한 기능적 요소는 받아들이지 않는 것이다.

여느 관계와 마찬가지로, 우리와 하나님과의 관계는 앞에서 말한 애착 형성 과정을 통해 시작하고 유지된다. 영성 교사 앤 할리는 부모와 자녀 사이의 춤, 그리고 궁극적으로 온갖 친밀한 관계를 배경으로 하는 성인 사이의 춤에 대해 더 자세히 설명하는데, 안정 애착이란 부모가 인자(仁慈)로써 자녀를 인식하고 조율해 나가는 것을 자녀도 신생아·유아·어린이 단계를 거치며 점점 더 인식하고 이에 맞춰 나가는 과정이라고 설명한다.[10] 이런 설명은 애착이 필연적으로, 그리고 근본적으로 얼마나 구체화된 만남인지를 강조한다.

예를 들어, 사회 참여 체계(social engagement system)를 생각해 보자. 사회 참여 체계는 각 사람이 태어날 때 미성숙한 상태로 가지고 태어나는 신경망의 복잡한 배열이다. 이 체계는 다양한 육체적 혹은 정서적 반응(몇 가지 예를 들자면, 얼굴 표정·감정 기조·신체 언어·어조·신체 접촉·부모의 의도 간파 등)을 활성화하고, 아이가 괴로운 정서적 상태를 견딜 능력을 키울 수 있는 방식으로 자녀와 부모가 상호작용하게 해 준다.

사회 참여 체계는 부모와의 계속적 상호작용을 통해 시간이 흐를수록 성숙해 가는데, 이 상호작용 때 부모는 자녀의 정서적 회복 탄력성을 키워 주는 방식으로 자녀의 마음에 파장을 맞춘다. 우리는 괴로운 감정을 견딜 수 있는 특별한 능력을 저마다 갖고 있다. 이 능력을 가리켜 관용의 창(window of tolerance)이라고 한다. 그러므로 정서와 관계면에서의 성장은 관용의 창이 얼마나 넓어졌는지의 관점에서 측정되며, 이는 그 사람의 정서적 회복 탄력성의 성장을 설명하는 또 하나의 방식이다.[11]

사회 참여 체계는 인간 관계상의 구체화된 심적 경향을 통해 우리가 애초에 '신뢰' 능력을 실제로 어떻게 계발하는지를 보여 주는 한 예이다. 하나님을 '신뢰'하거나 혹은 하나님을 믿는 믿음을 갖기 전 우리는 먼저 대상을 신뢰하는 마음의 역량을 연습하고 강화해야 한다. 이번에도 '신뢰' 혹은 '믿음'은 가장 기본적으로 대인 관계에서의 구체화된 상호작용을 나타내는 말이며, 이 상호작용을 통해 나는 상대에게 깊이 알려지고 사랑을 받는다.

우리는 '믿음' 혹은 '하나님을 믿는 것'을 일련의 추상적 원리에 인지적으로 동의하는 것으로만 생각한다. 예를 들어 사도신경에서 볼 수 있는 그런 원리 말이다. 나는 하나님을 믿는다는 말이, 인지적 믿음을 믿는다는 의미로 본다. 이는 마치 비행기가 하늘을 날 수 있다고 책에서 읽었기 때문에, 혹은 비행기가 하늘을 나는 것을 보았기 때문에 그 사실을 믿는 것과 아주 비슷하다. 하지만 하나님은 우리가 비행기에 탑승해서 공중에 뜨기를 바라신다.

그렇다고 해서 신조의 역할이 줄어들지도 않고, 대인관계에서 이성적 인지 능력 활용을 덜 쓰게 되는 것도 아니다. 이는 그저 이런 것들을 적절한 순서로 배치할 뿐이다. 사실 논리적이고 직선형인 인지 처리를 통해 감각적이고 구체화된 마음 상태를 내가 원하는 방향으로 이끌어야 할 때가 많다. 그러나 우리의 관계들은 추상적 사고 능력을 가진 마음의 기능으로 시작되거나 유지되지 않는다.

어린아이가 소망을 품게 되는 것, 그리고 그 결과로서 고통을 견뎌 내는 능력을 갖게 되는 것은 먼저 실질적으로 실제적인 관계에 기반을 두어야 한다. 이 실제적 관계는 처음에 우리의 주요 애착 대상과 맺게 되며 그 후 하나님을 만날 때 그분에게까지 확장된다. 이 관계는 우리의 구체화된 경험을 통해 감지되지만 단순히 일련의 인지 원리에 한정되지는 않는 관계다.

이 지점에서 잠시 한숨 돌리고 다음 질문에 관심을 가져보자. 하나님을 "신뢰한다"는 것의 의미를 생각할 때 자신이 인식하는 구체화된 반응이 무엇인가? 예수님이 다음과 같이 말씀하신다고 상상할 때 자신의 몸에서 감지되는 것이 바로 자신이 구체적으로 표현하는 반응이다. "실로 끝이 났다. 다 이루었다. 너를 향한 내 사랑을 받아들이지 못하게 만드는 일들, 나는 그런 것에 주목하지 않는다. 내가 주목하는 것은 너다. 너도 내게만 집중해 주기를 바란다. 네가 내 잔치에 오면 좋겠다. 내 옆에 앉아 주면 좋겠다. 내 말을 믿어 주었으면 한다. 이 모든 게 다 사실이라는 것을 믿어라."

이를 받아들이기가 얼마나 어려운가? 예수님이 이렇게 말씀하시는 것을 들을 때 무엇을 지각하고, 상상하고, 느끼고, 생각하는가? 그리고 실제적으로 어떻게 답변하고 싶은가? 더 나아가, 그러한 만남을 상상한다면, 이것을 현실 세계에서 일어난 진짜, 실제적인 무언가를 표현한 것으로 받아들일 수 있겠는가? 아니면, 우리가 '마음속'으로 무언가를 상상한다는 것은 이것이 현실 세계에서 실제 사건으로 '존재할' 수 없다고 믿게 된 것이므로 이를 무시하겠는가?

실제적이고 구체적인 관계 연습

지난 오백여 년 이상 우리는 무언가가 현재의 물질적 관점에서 측정될 수 없고 오직 상상에 한정된다면 이는 '실제'일 수 없다고 믿도록 만드는 여러 가지 문화적 힘에 의해 길들여져 왔다. 하지만 친구가 내 옆에 앉아 있는 모습을 볼 수 없고 다만 친구의 얼굴과 음성을 마음으로 상상할 수 있을 뿐이라고 해서 친구가 그저 가상의 인물은 아니라는 것을 우리는 알고 있다.

운동선수와 음악가들은 상상 속에서 동작을 반복 연습함으로써 경기장이나 콘서트홀에서 더 높은 성과를 낼 수 있다는 연구 결과들이 있는데, 이를 어떻게 활용해야 할까?[12] 이들은 특정 상황(경기장, 콘서트홀 등)에서 바로 그렇게 높은 성과를 내는 시나리오를 예측하도록 뇌에 신호를 보냄으로써, 몸으로 체화된 반응을 효과적으로 표현해 낸다. 이들의 뇌(상상력의 기능적 특징과 상상에 대한 의식적 인식이 발생하는)와, 더 나아가 그 결과로서 이들이 취하는 행동은 이런 식으로 본질상 음악가나 운동선수의 몸과 의도에 그대로 연결된 연속선상에 있다.

마찬가지로 내 친구 중 누군가 나를 어떻게 생각하는지 말해 주고 내가 그 말을 믿는 것처럼 행동한다고 할 때, 진짜로 그렇게 생각한다고 할 때, 적어도 그 후 몇 시간 동안 내가 어떻게 행동할지 예측할 수 있는 친구가 있는가? 사람들은 내가 자신에게 얼마나 의미 있는 존재인지, 나를 얼마나 사랑하는지 말하지만, 이 사람들이 내 시야에서 사라지는 순간, 이들의 말과 이들의 존재가 내 마음에서 수증기처럼 사라진 적이 한두 번이 아니다.

내게 남는 것은 그 사람들이 한 말, 그리고 그 사람들이 그 말을 할 때 내가 감지하고 상상하고(내 머리에 시각적 이미지를 구축하고) 느끼고 생각한 것에 대한 기억뿐이다. 그리고 그 기억은 그 짧은 순간 그 사람들의 애정에 대해 내가 인식한 것을 계속 동일하게 유지할 수 있을 만큼 지속적이지 않다. 그래서 그 순간들이 내 인지적 기억력뿐만 아니라 구체화된 지각과 느낌과 이미지에까지 깊이 새겨지기 위해서는 그 순간들을 거듭해서 떠올리는 연습을 해야 한다.

이렇게 지금 여기 내 삶에서의 실제적이고 구체화된 관계들을 위해 연습을 거듭함으로써 나는 예수님이 나를 위해 오실 때와 비슷한 상황을 가정할 수 있다. 예수님의 몸은 이런 식으로 작동한다. 그리고 이것이 바로 바울이 우리를 가리켜 그저 예수님의 제자나 예수님의 교회라고 하지 않고 예수님의 몸이라고 표현한 이유다. 우리가 서로를 위해서나 세상을 위해 어떤 존재가 되어야 하는지를 한마디로 표현한 것이다. 이것이 바로 소망이 단순히 우리의 인지 기능으로만 있지 않고, 안정 애착이 형성되어 물리적으로 기억된 관계의 맥락에서 먼저 생명력을 갖게 되는 이유다.

내 환자 마이클은 자신이 하나님과 꽤 오래동안 관계를 형성해 왔다고 생각했지만, 사실이 아니었다. 하나님은 마이클에게 주로 생각의 대상이었다. 마이클에게 하나님은 관계를 맺은 존재가 아니었다. 마이클은 하나님의 임재에 대한 의식을 감지하고 지각했으나 이 의식은 그가 원하는 만큼 가까이 있지 않았고, 그래서 그는 깊이 굶주리고 목말랐다.

마이클은 하나님을 사랑하고 하나님에게 사랑받고 싶은 갈망을 진심으로 토로했다. 더 나아가 마이클은 현재 자기 삶의 상황들이 자신을 정서적으로 압도하고 있다는 사실 때문에 하나님의 사랑을 지각하기가 사실상 불가능하다는 것을 예리하게 인식했다. 하나님 사랑의 실재(實在)를 인지적으로 깊이 확신하고 있음에도 말이다. 진단 결과를 봐도 그렇고 그의 생각의 중심을 차지하고 있는 힘든 근무 환경에 따른 스트레스를 봐도 그렇고, 마이클은 고통을 겪고 있는 것이 분명했다.

마이클은 누군가 자신을 봐 주고, 위로해 주고, 안전하고, 안정된(4S) 확실한 애착 관계가 중요하다는 개념을 이론상으로는 받아들일 수 있었다. 하지만 실천은 고사하고 상상마저도 자신의 역량 밖에 있어 보이는 것을 어떻게 현실화한다는 말인가?

마이클은 간절히 소망했다. 앞으로 반복해서 보겠지만 안정된 애착 관계의 작용으로 우리가 기대하는 미래를 향한 소망을 갈구했다. 나는 마이클이 마침내 이를 실현할 것이라고, 나와 함께 심리치료를 시작하기 전보다 훨씬 지속성 있는 방식으로 실현할 것이라고 확신했다.

이 가능성에 접근하는 한 가지 길은, 고백 공동체 안에서 이뤄지는 일을 통한 길이다. 고백 공동체는 환자들이 이룬 집단으로서 (어떤 경우 이 집단은 진료와 별개로 의사들의 감독 없이 자발적으로 형성되지만, 모임을 시작하고 유지하는 방법은 훈련받는다), 대개 6-8명으로 구성되며, 구성원들이 좀 더 진실하게 자기 이야기를 털어놓을 수 있게 할 목적으로 전문의 두 사람이 모임을 돕는다. 이 모임은 궁극적으로 집단 치료 역학이라는 도구와 대인관계 신경생물학의 원리를 이용해 영성 형성(spiritual formation) 작업을 하는데, 이 모든 과정은 성경 내러티브가 말해 주는 삶에 대한 이해를 바탕으로 한다.[13]

진료실을 찾아온 마이클이 이런 모임의 회원이 되었을 때, 치료사들과 다른 회원들은 마이클이 정서적으로 취약해지는 순간들을 통과할 때 몸에서 언제 어떻게 그 상황을 지각하는지 궁금증을 가졌다. 모임에서 치료가 진행되는 동안 마이클은 먼저 공감을 느낀 만남, 심지어 힘들었던 대면의 순간을 다시 떠올리는 연습을 시작했다. 마침내 마이클은 다른 회원들과의 이런 상호작용을 견뎌내고, 심지어 이를 기꺼이 받아들일 수 있게 되었으며, 그는 이 모든 과정을 주변의 배려와 친절로 통과해 나갔다.

그러다가 한 번은 예수님이 그 모임에 들어오신다고 상상해 보라고 마이클에게 권유했다. 말하자면, 예수님을 포함해 그 공동체를, 혼자가 아님을 알아야 하는 순간으로 데려가는 것이었다. 마이클에게 이는 지금까지 기도를 통해 하나님을 만날 때 바로 이런 감동, 이미지, 기분에 마음의 파장을 맞춘 적이 거의 없었다(그런 적이 있었다 해도 이를 '실제적으로' 이해한 적이 한 번도 없었다)는 사실이 드러나는 순간이었다.

하지만 자기 마음의 체험이 모두 예수님에게 드러나고 있다고 상상하는 연습을 시작하자 (이 고백 모임에서 마이클은 주기적으로 이 연습을 했다) 마이클은 예수님과 구체화된 만남을 가질 수 있었다. 그런 순간들에서 예수님이 보여 주신 불쌍히 여기는 마음과 진지한 보살핌 덕분에 마이클은 일단의 스트레스, 즉 감지되거나 상상하거나 느끼는 것을 효과적으로 조절할 수 있었다.

이런 식으로 마이클은 바울이 고린도전서 12장에서 말하는 것처럼 그리스도의 몸과의 구체화된 만남을 가졌다. 비록 비의식적(nonconscious)이지만 우리는 바울이 그리스도의 몸이라고 언급하고 가정하는 것을 종종 단순한 은유로 한정할 만큼 물질 세계와 단절된 삶을 산다('비의식적'이라는 말을 쓴 이유는 우리가 의식하지 못하는 정신 활동을 가리키기 위해서이며, 이는 여러 가지가 될 수 있다. 그리고 나는 지그문트 프로이트가 정신분석학적으로 특정한 정신 영역을 가리키는 말로 만든 전문 용어 '무의식'(unconscious)보다 이 단어를 더 일반적으로 사용한다. 내가 쓰는 '비의식'이라는 단어는 프로이트가 가리키는 것보다 더 포괄적이다).

그렇다. 몸 은유는 우리가 누구이며 어떤 존재여야 하는지를 올바로 보여 주지만, 우리가 말 그대로, 실체적으로 한 몸이라는 개념은 제대로 이해하거나 적절하게 받아들이기가 쉽지 않다. 어떤 면에서 이는 삼위일체께서 우리를 그리스도의 교회로 삼으시고 바로 우리의 몸으로 예수님의 임재를 서로에게, 그리고 세상에 전하시고자 하는 성실함에 우리가 순응하지 않는 것일 뿐이다. 신학적 추상 개념으로서의 그 성실함에 우리가 동의하는지의 여부와 별개로, 우리는 하나님이 우리에게 맞춰 주시는 것만큼 하나님에게 마음을 맞추지 않는다.

마이클은 그 공동체에서, 즉 예수님의 참된 몸 안에서 익힌 구체적 지각과 인식을 신뢰함으로써 예수님을 신뢰하게 되었다. 즉 예수님을 믿게 되었다. 마이클은 공동체에서의 경험과 그 경험이 어떻게 예수님과의 만남을 준비시켜 주었는지를 연결시켰다. 이렇게 해서 마이클은 물질 세계에서 "믿음으로 의롭다 여김 받는다"는 것의 의미를 이해하게 되었다.

마이클은 이 사실에 인지적으로 동의하되 단순히 긍정적으로 가정된 신학 개념으로 동의한 것이 아니었다. 그보다, 예수님의 죽음과 부활로 모든 것이 바로잡히고 자신이 하나님의 가족으로 청함 받고 환영받는다는 하나님의 선언(칭의)에 대한 마이클의 믿음

(지각되고, 상상되고, 느껴지고, 생각되고, 작용되고 혹은 구체화된 신뢰)은 이와 같이 매우 구체적이고 구체화된 방식으로 물질 세계에 어느 때보다 확고히 자리 잡게 되었다. 마이클에게 이는 구체화된 애착 형성 과정이었다. 마이클이 공동체와 만나고 받아들여짐으로써, 하나님이 마이클을 "의롭다 하셨고" 또한 그에게 '칭의'를 생생한 현상으로 만들어 주셨다는 사실을 온 마음으로, 즉 인간관계 측면에서의 구체화된 자아 전체를 통해 믿을 수 있는 문이 열렸다.

고통은 우리를 쓰러뜨리지 못한다

소망, 즉 우리 마음이 간절히 바라는 미래는 성령과 성경, 그리고 가장 강력하게는 예수님의 몸을 통해 매개되고 예수님과의 관계에 바탕을 둔 유형적인 예수님 체험에서 시작되어야 한다. 우리는 우리가 의롭다 여김 받았다는 사실, 즉 죄책감과 수치심에서 자유로워졌다고 선언되고 하나님의 가족으로 환영받는다는 사실을 경험적으로 점점 더 받아들이게 되며, 그에 따라 이를 신학적으로도 받아들이게 된다. 그리하여 우리는 구체화된 방식으로 그 칭의와 조우할 정도가 되며, 그 상태에서 우리는 늘 획득된 안정 애착 관계를 누리며 살아간다.[14] 이런 일이 일어나면, 고통 앞에서도 우리 마음에 소망에 대한 기대가 생기기 시작한다.

하지만 악은 결코 쉬지 않는다. 다음 장은 이것이 사실일 뿐만 아니라 우리의 관심은 우리를 기뻐하신다는 하나님의 선언이 아니라 그와 반대인 것에 무의식적으로 끌릴 때가 많다는 것을 상기시켜 준다.

2

삶의 전쟁 통에서
예수를 만나다

-
… 우리 주 예수 그리스도로 말미암아
하나님과 화평을 누리자 …
(롬 5:1하)

이 세상에서의 삶은 처음부터 폭력의 길이었다. 물론 태초부터는 아니었다. 하지만 그 기간은 오래지 않았다. 선악을 알게 하는 나무 열매를 먹기 전, 뱀은 여자와 하나님과의 관계를 모독하며 수치심으로 그 관계에 상처를 입혔다.[1] 교묘하지만, 그럼에도 폭력적인, 즉 상대를 모독하는 수치심이었다. 창세기 말씀을 보면 뱀이 그 기만술로 직접적으로 상처를 입힌 상대는 하와가 분명하다 하지만 이 상처를 주는 행위가 아담 앞에서 벌어졌음을 알 수 있다. 아담이 하와와 '함께' 있었으며,[2] 선악을 알게 하는 나무의 열매를 먹지 말라는 명령은 원래 아담에게 주어진 명령이었다.

이 나무의 열매를 먹으면 안 된다는 것을 하와가 알게 된 것은 오로지 아담이 말해 주었기 때문이라는 점을 창세기의 저자가 이 본문에서 암시하고 있다는 것이 의미심장하다. 뱀의 맨 처음 물음에 하와가 대답한 말을 보면, 하와와 남편 사이의 의사소통이 이미 다소 불완전해서, 마치 말 전하기 게임(한 사람이 뒷사람에게 이야기를 전하고, 그 이야기를 다시 뒷사람에게 전하는 게임으로, 마지막까지 전달되는 말과 처음 한 말이 다른 경우가 많다–옮긴이)과 다르지 않았던 것으로 보인다.[3] 또 우리네 가정에서 많은 이가 겪는 일과도 다르지 않아 보인다.

이 부부는 우리 모두와 마찬가지로 정보를 명확하고 포괄적으로 전달하는 방법, 특히 매우 중요한 정보를 전달하는 방법을 배워야 한다는 점에서 얼마나 취약한 인간성을 지녔는지를 보여 준다. 이는 죄에 관한 일이 아니다. 이는 인간으로 태어나 존재하는 것에 관한 일이다.

이런 기원(起源) 때문에 악은 최초의 부부에게 폭력을 저지르기에 유리한 위치에 있다. 하와의 트라우마는 악의 직접적 공격으로 생겼다. 아담의 트라우마는 하와에게 이런 일이 생기는 것을 목격하면서도 이에 대해 아무런 행동을 하지 않았기 때문에 생겼다. 이는 2차 트라우마나 대리적 트라우마라고 할 수 있을 것이다.[4]

우리가 본문에서 볼 수 있는 것은, 뱀은 하나님이 동산을 거닐려고 오실 때 대화를 시작하려고 기다리지 않은 것은 물론, 남자와 여자 두 사람 모두를 대화 상대로 삼지 않았다는 점이다. 그보다 뱀은 두 사람 중 한 사람에게만 말을 걸었는데, 그 사람은 금지된 나무에 관한 하나님의 직접적 명령에서 한 걸음 뒤로 물러나 있던 사람이요, 하나님이 무슨 말씀을 하셨는지 알려면 다른 사람에게 의존해야 하는 상태에 있는 사람이었다.

이렇게 함으로써 뱀은 하와의 남편이 옆에 있었음에도 대화할 때 하와를 남편에게서 고립시킨다. 우리도 이런 기분일 때가 얼마나 많은가? 사람의 바다 한가운데 있는데, 심지어 가까이 있고 싶은 사람 옆에 있는데도 외따로 떨어져 있는 것 같은 기분 말이다. 뱀은 대화를 이런 식으로 해 나감으로 이 두 사람을 진작 서로에게서 고립시키고 하나님에게서도 고립시킨다. 이렇게 고립되는 것이 바로 전쟁으로 이어지는 첫걸음이다.

본문은 하와가 뱀의 말에 대한 응답으로 하나님과 자신의 대응기제(coping mechanism) 사이에서 선택을 했음을 암시한다. 바로 열매를 먹기로 말이다. 아담도 하나님과 자신의 대응기제 사이에서 선택을 했다. 아담의 선택은 자신의 아내였다. 옳고 그름을 결정짓는 궁극적 권위가 하나님인지 자기 자신인지를 선택할 때 하와는 진공 상태에서 그 선택을 하지 않았다. 하와는 하나님이 자신을 지극히 기뻐하신다는 것을 알지 못한 듯하다. 그보다 하와는 뱀이 수치심으로 상처 입히는 것에 반응하는 행동을 한다.[5]

뱀의 이 교묘한 공격은 효과적이었다. 하와가 그런 선택을 한 배경은 고통에서 자유로운 환경이 아니었다. 더욱이 아담의 침묵에서 우리는 하와가 남편에게 아무런 도움도 받지 못했다는 것을 알 수 있다. 하와가 생각하기에, 하나님의 길을 택하든지 그 나무 열매를 택하든지 해서 자기 혼자 그 괴로운 상황에 대처해야 했다. 열매를 택하면 자양분, 기쁨, 지혜, 능력이 주어질 것 같았고,[6] 어쩌면 이 능력은 다른 방법으로는 손에 넣을 수 없는 능력인 것 같았다.

한편 아담은 뱀과 하와의 이 대화 광경을 지켜보았지만, 여전히 무심한 상태였다. 왜 그랬는지 이유는 알 수 없고, 다만 아담이 그 자리에 아내와 함께 있었다는 것만 알 수 있다. 아담은 아내를 위해 중재에 나선다거나 뱀을 꾸짖지 않고 시종 아무 움직임이 없는 자세로 이 모든 사태를 지켜보았다. 그리고 하와가 열매를 따서 베어 문 뒤 아담에게 이를 내밀었을 때, 아담 또한 선택에 직면했다.

아담은 죽음이 문 앞에 다가와 있음을 알고 있었다. 혹은 그렇게 들었다. 하지만 지금 아담이 직면한 문제는 단순히 하나님이냐 그 열매냐를 직접 선택하는 것이 아니었다. 아담은 열매를 나무에서 '취할' 필요가 없었다. 그에게는 열매가 '주어지고' 있었기 때문이다. 자기에게 주어진 여자가 열매를 건네고 있었고, 그래서 아담은 혼자가 아니었다. 그러므로 하와가 건네는 열매를 거절한다는 것은 단순히 열매가 싫다는 뜻이 아니었다. 이는 아내를 거부한다는 의미였다. 조금 전까지, 자신이 노래와 시로 아름다움을 찬미했던 바로 그 피조물을 말이다.

아담은 하나님의 방식보다는 자기 나름의 방법을 선택하고 있었다. 옳고 그름에 대한 책임을 하나님께 맡김으로써 아담이 잃게 될 것은 자기에게 위로와 기쁨을 주는 아름다운 아내였고, 이는 아담이 건너기에는 너무 먼 다리였다. 그래서 열매를 선택함으로써 아담은 자기 아내를 선택했다. 아니, 아내를 선택했다고 생각했다. 그러나 사실 아담의 행동은 기본적으로 자기 괴로움을 줄이려는 행동이었다. 진정으로 아내를 선택하려 했다면, 뱀과의 대화 초반에 일치감치 행동을 취했을 것이다. 성경 기자가 말해 주지 않는 어떤 이유 때문에, 뱀이 하와를 고립시킨 방식의 어떤 측면이 아담에게도 영향을 끼쳤다. 이것이 수치심이 우리에게 폭력을 행하는 방식이다. 그리고 이는 전쟁으로 가는 경로다.

그렇게 멋대로 행동한 지 얼마 지나지 않아 실제로 이들은 눈이 "밝아졌다."[7] 하지만 눈에 보이는 광경뿐만 아니라 이를 어떻게 보느냐도 기대와 달랐다. 뱀은 이들의 시야가 하나님과 같아질 것이라고 말했는데, 현실은 달랐다.[8] 두 사람은 자신들이 벌거벗고 있다는 사실이 당혹스러웠다. 더 구체적으로 말해 두 사람은 서로가 서로를 당혹스러워했다. 이 일이 어떤 결과로 이어질지 제대로 알지 못하는 상태에서 전쟁은 시작되었다. 단 한 차례의 암살 사건이 제1차 세계대전으로 이어진 것과 다르지 않았다.

두 사람은 새로 얻은 시력 때문에 그 즉시 서로에게서 더 멀어진다. 이들은 벌거벗은 상태를 가리는 것으로 이 사태에 대응한다. 이어서 이들의 죄는 듣기(hearing)에도 영향을 끼친다. 날이 서늘해지고 하나님이 거니시는 소리가 들렸다. 전에는 기대 어린 기쁨을 불러일으켰던 그 소리가 이제는 불안감을 불러일으킨다. 이에 대한 대응으로 두 사람은 허둥지둥 나무 사이로 몸을 숨긴다. 거기서 두 사람은 하나님에게서만 숨은 게 아니라 서로에게서도 숨는다.

하나님이 현장에 나타나시자 아담은 하와에게 책임을 전가한다. 그리고 이들의 행동이 어떻게 만물에 영영히 저주받은 영향을 끼칠지 하나님이 선언하신 만큼 어떤 일이 뒤따를지 예상 가능하지만, 이들은 이를 뒤늦게야 알게 된다.

뱀이 여자에게 명시적으로, 남자에게는 암묵적으로 행한 폭력과 함께 이 모든 사태가 시작되자, 뒤이어 남자와 여자 사이의 말과 행동에서도 폭력이 자행되었고, 창세기의 바로 뒷장에서는 형제가 형제를 살해하는 것으로까지 폭력이 확장된다. 그리고 이런 상황은 지금까지 계속되고 있다.

내가 이런 성찰을 제시하는 것은 건방지거나 순진해서가 아니다. 또한 지금 나는 이 본문을 주해(註解)하는 것도 아니다. 인간의 죄의 기원을 신학적으로나 인류학적으로 설명하는 게 아니다. 그보다 나는 예부터 인간 고통의 구조에 얽혀 있는 모든 것에 우리의 주의를 환기시키는 중이다.

하지만 성경의 하나님은 만물을 구속할 준비가 되어 있으시다. 우리는 바로 그 고통 앞에서, 그리고 그 고통의 작용으로서 소망이 상상되고 실현되는 것을 마침내 보게 될 것이다. 예로부터 고통은 우리 인간에게 당연한 것일 뿐만 아니라, 대개의 경우 사람은 평생 고통을 당하며 살 수도 있다. 살면서 어떤 일을 저지른 결과로 오는 고통이 있고, 내 힘으로 통제할 수 없고 조절할 능력이 없는 고통이 있다. 하지만 이런 고통이 소망을 품게 만드는 촉매가 되기도 하고 우리를 변화시키는 하나님 능력의 중심이 되기도 한다.

인간 최초의 범행에는 하나님이 관련되어 있기에(따지고 보면 하나님이 뱀을 만드셨고, 뱀은 여자에게 상처를 주면서 하나님을 비난했다), 우리는 하나님을 괴로움의 근원으로 여긴다. 아담처럼 우리는 하나님 쪽이 우리 세상의 모든 불행에 가장 책임이 크다고 비난한다. 그리고 다른 누구보다도 하나님을 상대로 가장 심하고 가장 역사적인 전쟁을 벌인다. 우리는 마침내 하나님이 우리와 싸움을 벌이신다고 믿고, 아담과 하와처럼 하나님이 우리에게 죽음을 주시러 오신다고 믿는다. 그래서 기회가 왔을 때 당연히 우리는 하나님을 죽였다. 곧 예수님을 십자가에 죽였던 순간을 기억하라!

되풀이해서 말하자면, 우리의 첫 조상에 관한 이 설득력 있는 이야기가 우리를 이 인물들의 드라마에 너무 몰입시켰고, 우리는 하나님이 이 추상적 작품에 어떻게 관여하셨는지를 자주 망각할 뿐만 아니라 이 모든 사건들이 하나님의 가청(可聽) 거리 안에서 일어났다는 사실도 잊어버린다. 하나님은 때를 맞추기라도 한 듯 저녁 산책을 위해 가까운 곳에서 나타나시지 않는가.

우리는 이어지는 대화를 익히 잘 알고 있다. 아담은 일이 이렇게 엉망이 된 데 대한 책임을 사실상 하나님에게 돌리며 파렴치하게 하나님을 비난한다. 아담은 자신의 행동에 대한 책임이 궁극적으로 하나님께 있다고 생각하고 하나님을 향해 분노한다(이 분노는 자신의 수치심을 방어하기 위한 것이다). 그래서 어떻게 되는가?

타인들에게 어떤 결과를 초래하든 옳고 그름을 스스로 결정하기로 선택한 탓에 인류 및 인류가 사는 땅이 어떻게 될지 하나님은 조목조목 말씀하신다. 이들은 인간은 물론 인간이 아닌 생물과 땅에 보편적으로 적용되는 저주를 초래한다.

이는 더 큰 폭력으로 이어져, 급기야 가인이 아벨을 살해하기까지 했다. 이 행동은 세대를 넘어 확장된 트라우마를 적지 않게 나타낸다. 이 트라우마로 자녀들은 부모들 간의 미완된 폭력을 행동으로 옮긴다. 이렇게 해서 우리는 어떻게 폭력이 폭력을 낳는지를 보게 된다.

인류의 이 처음 몇 가지 사건에서 우리는 폭력이라는 길이 우리의 좀 더 수월하고 자연스러운 성향임을 인지하게 된다. 온유한 태도로 분노에 등을 돌리려면 똑같은 방식으로 대응하는 것에 비해 힘이 훨씬 더 많이 들고 훨씬 더 많이 노력해야 한다. 폭력은 쉽다. 그러나 화평을 이루는 데는 엄청난 노력이 필요하다.

싸움의 대상

내가 상담해 준 셀레스트와 웨스 부부의 경우도 마찬가지였다. 이들 부부는 서로에게 헌신하는 결혼 생활을 하고 있었지만, 해결되지 않은 트라우마를 안고 살던 셀레스트는 남편과의 사이에서 한 가지 악순환을 만들어 내고 있었다. 셀레스트는 늘 비난받고 무시당하는 기분이었던 잠재적 기억이 있다. 셀레스트가 감정을 표현할 때 남편 웨스는 상황을 좀 더 합리적으로 이해하면 기분이 나아질 수 있을 거라고 '제안'하면서 '단순하게' 대응하는데, 그때마다 셀레스트는 그 기억이 되살아났고, 이것이 셀레스트의 태도에 영향을 끼쳤다.

이 상황을 대하는 남편의 자세는 셀레스트의 분노에 부채질을 할 뿐이었고, 이를 보고 웨스는 위축되어 뒤로 물러났으며, 그런 웨스를 보며 셀레스트는 더 화가 났다. 두 사람이 며칠씩 서로 말을 하지 않는 감정의 학살로 치닫는 악순환을 겪고 있었다.

존 고트먼의 결혼에 관한 연구와[9] 수 존슨과 동료들이 정서 중심 치료법을 개발하면서 확립한 연구를[10] 참고하면 웨스와 셀레스트가 논쟁 중간에 그 흐름을 바꿀 수 없는 무력감을 느꼈다는 사실을 이해하는 데 도움이 된다. 시간이 지나면서 두 사람은 자신들의 관계 형성 방식의 많은 부분을 좌우하는 감정적 요소를 조절할 수 없게 되었다.

우리가 자율신경계를 조절할 때 '감정적 관용의 창'을 넓힌다는 게 무슨 의미인지는 나중에 좀 더 자세히 알아보겠다. 여기서는 우리의 뇌가 다른 많은 일을 하기에 앞서 세상에서의 안전을 보장하는 데 전념하는 방식으로 작동한다는 것을 아는 것만으로 충분하다.

실제로 내가 위험에 처해 있다고 근본적으로 인식한다면 어떻게 곡식을 심고, 소설을 쓰고, 아이들을 가르치고, 작곡을 할 수 있겠는가? 뇌간(腦幹)과 편도체는 계통발생론적으로 파충류와 하등 포유류에게도 있는 우리 뇌의 근원적인 부분으로, 내부와 외부 풍경을 끊임없이 살피면서 열심히 위험 요소를 찾는다. 우리는 단순히 물리적 위험만이 아니라 우리의 기억에 정서적으로 위협적인 체험이라고 기록되는 것도 자세히 살핀다. 우리 뇌의 이 부분들은 맞서 싸울 것인지 도망칠 것인지 판단하는 체계(fight-or-flight system)를 지휘한다.

전전두엽 피질(우리를 인간으로 구별시켜 주는 뇌 부위)의 도움을 받아 우리 뇌의 그 부분을 조절하지 않는 한, 위협에 대한 우리의 반응은 도망치거나 싸우는 것뿐이다. 실제적인 면에서 이는 우리가 도망칠 수 없을 경우 화평보다는 폭력이 훨씬 손쉬운 선택이라는 의미다.

우리는 처음부터 하나님과도 싸우는 상태였다. 어떤 면에서 우리는 배우자나 자녀나 부모처럼 가장 가까운 '대상'을 향해 폭력을 행사한다. 그리고 예외 없이 동료들, 민족이나 정치적 신념이나 사회적 감수성이 다른 사람들, 원수와 친구, 심지어 이웃 나라들에게까지 폭력을 확산시킨다. 이들은 하나님을 대신하는 이들로서, 사실 우리는 영혼 깊은 곳에서 하나님과 싸우고 있다.

내가 다른 누군가에게 저지르는 모든 시기·거짓말·도적질·간음 살인 행위는 그저 하나님을 대신해서 사람을 내 폭력의 대상으로 삼는 것일 뿐이다. 사실을 말하자면, 반역하는 죄를 저지를 때마다 나는 아담처럼 하나님을 향해 말한다. "당신이 내게 주신 여자가…."

더 나아가, 구체적 형태를 갖추고 바로 내 앞에 서 있는 사람과 싸움을 벌이기가 훨씬 쉬운 이유는 첫째, 그 사람이 내 앞에 있기 때문이고, 둘째, 궁극적으로 하나님과 싸우는 것에 비해서는 덜 무섭기 때문이다. 하나님과 얼마나 많이 싸우는지 별로 생각해 본 적이 없기는 하지만 말이다. 내게 더할 수 없이 큰 고통을 초래할 능력이 있는 '궁극적' 대상과 싸움을 벌이고 싶은 사람이 어디 있겠는가?

그래서 누구와 싸우는 중이냐고 내게 묻는다면 이렇게 대답하겠다. 틀어진 관계를 회복하지 못한 실제 인간과 싸우는 중이라고 말이다. 하지만 하나님과 싸우는 중이냐고 묻는다면 나는 무슨 말을 하는 건지 모르겠다고 대답할 것이다. 나는 그리스도인이고, 그리스도인은 하나님이 우리를 사랑하신다는 것을 알고 있다. 그렇기에 하나님은 우리와 싸우시는 중이 아니다.

우리가 신들과 싸우는 중이라는 인식은 전혀 새로울 것이 없다. 이 인식은 우리 조상들에게서 물려받았다. 고대 근동의 초기 종교 집단들은 폭력의 관점에서 신들의 초상을 그렸다(이 점은 아메리카 고대 문명도 마찬가지다).[11] 바빌로니아와 페르시아, 그리스와 로마 사람들은 폭력적일 뿐만 아니라 그에 못지않게 변덕스러운 신들과의 계약 조건을 잘 알고 있었다. 그래서 신들의 공격을 피하거나 달래서 안전하게 식량을 확보하고 성을 즐기고 상품을 교역하기 위해 제물을 바쳤다.

그 신들은 실제로 존재하지 않았고 지금도 존재하지 않는다는 걸 우리가 다 알고 있는데 어떻게 사람이 이들과 정말로 싸울 수 있느냐고 말할지 모르겠다. 그러나 알고 보면 나는 확실히 신들과 싸울 능력이 있다. 게다가 고대인들은 신들과의 관계에 관해 나보다 훨씬 정직했다.

나 또한 내가 신들과 싸우는 중이라고 믿는다. 아니, 리처드 슈위츠(Richard Schwartz)의 말이 맞다면, 적어도 나의 일부분은 그렇게 믿고 있다. 나는 내 힘으로 성취한 것들, 이를 테면 성별·권

력·전문직 종사자에게 보장되는 사회적 지위·경제적 풍족함이
주는 안락함과 편리함·그 외 내 마음의 계획 등을 나름의 신으로
만든 뒤 이를 신(神)들 중의 신(神)인 하나님에게 투사하여 결국은
그분을 내 행복에 사실상 관심이 없는 폭군으로 만든다.

나는 심지어 바울이 에베소 교회에 보내는 편지에서 말하는
통치자들과 권세들,[12] 이 신들에게까지 시간과 힘과 관심이라는 제
물을 바친다. 나는 이들이 내게 돈, 섹스, 권력을 제공해 주지 않으
면 어쩌나 두려워서 이들에게 많은 힘을 쏟았다. 아무 문제없이 살
려면 그런 것들이 필요하다고 믿기 때문이다. 또한 나는 이들이 기
꺼이 나를 돕게 하려고 이들을 살살 달랜다. 나의 행복을 궁극적으
로 책임져 준다고 여겨지는 신들과 다툼을 벌일 여력은 없으니 말
이다. 그리고 우리는 인간으로 존재하는 한 계속해서 이 싸움을 해
왔다.

복음이 말해 주는 전혀 다른 이야기

명심하라. 우리는 싸우는 중이라는 사실을 늘 의식하지는 않
는다. 우리는 신들이 우리에게 잘해 주기 때문에 신을 경배한다고
생각한다. 우리가 원하는 것을 신들이 들어주지 않을까 봐, 신들이
우리를 저버릴까 봐, 두려워하기도 한다는 사실에는 별로 주의를
기울이지 않는다. 그래서 우리는 이 땅에 존재하는 동안 은연중에
벌여 온 전쟁에 노골적으로 참여한다.

뿐만 아니라 가장 깊은 고통의 자리, 호흡의 중심에서 우리는 바로 그 고통이 하나님이 우리와 벌이고 있는 싸움의 직접적 결과가 아닐까 하는 생각을 한다. 우리가 무슨 수로도 이길 수 없는 싸움, 냉담하고 활기 없는 섹스리스 부부, 성인 아이(adult child)인 내가 성숙한 사람이 되어 자기들이 책임져야 할 집안 문제를 말끔히 해결해 주기를 자꾸만 바라는 부모, 극복할 수 없는 음란물 중독, 내가 열심히 일하는 모습은 무시하고 자기 책임인 일에 대해 걸핏하면 내게 책임을 묻는 상사, 유부녀인 나에게 성적인 접근을 했다가 내가 사실을 따지고 들자 언제 그랬냐는 듯 발뺌하는 유부남 목사 등과 싸워 패배한다.

이런 깊은 고통의 자리에서는 아주 무의식적이기는 해도 성경에서 말하는 하나님이 정말로 우리와 싸우고 계시다고 믿기 쉽다. 이런 상황에서는 소망을 상상하기가 더욱 어렵다. 게다가 이런 갈등 상태에는 가족, 학교, 직장 또는 교회라는 더 큰 시스템 전체에 영향을 끼치는 불안정 애착이 층층이 쌓인다.

회사나 교회 당회에서, 혹은 대학 교수들 사이에서 한두 사람의 마음 깊은 곳에서 시작된 갈등이 결국 문 밖으로 흘러나와 사람들끼리 편을 나누고 욕을 하는 사태를 우리는 얼마나 많이 경험했는가? 이런 일이 우리의 예배당에서까지 일어난다는 것은 하나님이 가운데 서 계시는 중에 우리가 서로 얼마나 많이 싸우는지를 보여 준다. 하지만 복음은 다른 이야기를 들려준다. 우리가 상상해 온 신들과는 전혀 다른 하나님에 관한 이야기를 해 준다. 그 하나님은 화해 과정을 주도하시고, 애초에 우리와 싸운 적이 없는 분이다.

이 하나님은 우리 삶과 세상에서 잘못된 모든 것들에 대해 얼마든지 자신을 비난하게 하셨지만, 사실 이 모든 잘못에 대한 책임은 우리에게 있다. 하나님은 이를 기꺼이 받아들이셨으며, 예수님이 이 땅에 도착해서 이 받아들이심이 얼마나 진실한지를 실제 시간과 공간에서, 구체화된 형태로 우리에게 보여 주시기를 기다리셨다.

예수님 안에서 하나님은 궁극적인 평화의 사자(使者)를 보내셨다. 이는 반드시 이뤄져야 하는 평화이며 매우 힘든 수고로 이뤄져야 하는 평화이다. 성경은 예수님이 단순히 평화를 이루기 위해서 이 땅에 오신 것이 아니라고 말한다. 예수님께서 바로 그 평화이다.

예수님은 우리가 하나님과 서로를 상대로 벌이는 모든 싸움이 종식되는 곳이자 그 수단이시다. 예수님은 협상 조건을 가지고 이 일을 하시지 않는다. 예수님은 협상 자체를 하지 않으신다. 예수님은 우리와 한 공간에 계심으로써 그 일을 하신다. 갑옷과 투구로 무장한 우리에게 그분은 말씀하신다. 고통당하는 우리 자아의 짐에 짓눌려 지쳐 있다면 자신에게 나아오라고 말씀하신다. 예수님은 갑옷과 투구를 벗고, 대신 멍에를 메라고 권하신다. 그 멍에는 쉽다고 하신다.[13]

이 화해 과정의 본질은 우리가 1장에서 살펴본 것에 바탕을 두고 있다. 하나님은 태초부터 그러하셨듯 우리와의 관계를 주도

하셨으며, 예수님 안에서 이제 성령을 통해서 하나님의 백성을 매개로 우리가 하나님과 구체화된 관계를 맺을 수 있는 길을 준비하셨다. 이렇게 우리의 적의(敵意)가 치유되는 과정은 실제로 대인관계 신경생물학의 용어로 획득된 안정 애착(earned secure attachment)이라는 것을 발전시킨다.

자신의 상처에 이름 붙이기

관계를 통해 우리는 신뢰가 있는 유대(紐帶)를 형성하고, 이런 관계 덕분에 점차 소망, 즉 자꾸 부딪쳐 싸우기만 하는 미래가 아니라 선하고 아름다운 미래를 기대하는 마음 상태를 형성할 수 있다. 게다가 우리는 이 소망을 대개 추상적 개념이 아니라 구체화된 형태로 사랑받고 있는 현재 순간의 경험을 통해 형성한다.[14]

우리가 안정 애착을 갖게 되는 분은 예수님이며, 우리는 성령의 역사와 예수님을 따르는 사람들의 존재 및 이들의 구체화된 행동을 통해 이 애착을 이룬다. 우리는 말과 협정 체결로만 평화를 이루지 않는다. 그리고 우리 힘으로 평화를 이루지 않는 것도 확실하다. 우리는 우리 몸으로, 그리고 서로와 더불어 이를 이룬다. 우리의 말투로, 우리의 시선이 마주침으로, 우리의 눈물과 미소와 웃음으로 평화를 이룬다. 사이가 틀어졌을 때 이를 회복하려 열심히 노력함으로써 평화를 이룬다. 바로 이제 분노를 느꼈던 대상과 성찬을 함께 나눔으로써 평화를 이룬다. 다른 여느 신들의 하나님이 아니라 성경의 하나님이 이 모든 일의 배후에 계신다.

예수님 및 타인들과 더불어 획득된 안정 애착을 발전시키는 데 꼭 필요한 중요 요소로서 자신의 상처에 이름 붙이기가 있다. 어느 지점에서 하나님과 싸워 왔고, 타인과 싸워 왔고, 자기 자신과 싸워 왔는지 이름을 붙여 보는 것이다. 어떤 일이나 사건에 이름을 붙인다는 것은 어느 때보다 진솔하게 자기 사연을 털어놓는다는 의미다. 이는 자신의 갈망과 슬픔에 이름을 붙이는 일이다. 이는 우리가 어떤 모습의 삶을 살아왔는지 숨김없이 설명하는 것이다.

더 나아가 이름 붙이기, 자기 삶의 사연을 더욱 진솔하게 들려주기는 타인을 대상으로만 이뤄질 수 있다. 물론 예수님께도 그렇게 할 수 있지만, 관계를 통해 이뤄지는 그분의 경륜, 즉 우리가 예수님의 몸이라고 알고 있는 공동체 안에서 이는 곧 다른 동역자들 앞에서 자기 상처에 명확히 이름을 붙여 준다는 뜻이다. 우리가 이 일을 하는 이유는 악은 우리의 망각에 의존하기 때문이다.

화평에 이르는 길, 고통 속 소망 찾기

우리는 중립적 우주에 살지 않는다는 사실을 잊기 쉽다. 우리가 일단 예수님께 소개되면 그분이 우리를 소유하고, 그것으로 끝이라고 생각할 수 있다. 악은 우리가 아무 문제 없이 예수님을 따르게 허용할 생각이 전혀 없다는 것을 우리는 망각한다. 그리고 하나님은 우리와 싸우시지 않더라도 악은 우리와 싸운다. 그리고 세상과 육신 사이에서 우리는 여전히 전쟁 중이다. 단지 하나님하고만 싸우는 게 아니다.

우리와 화평을 이루려는 하나님의 노력에 화답하는 방법, 즉 고통 앞에서 더 큰 소망을 갖게 되는 방법은 우리 안에 이에 동의하지 않는 부분을 계속 분명히 하는 것이다. 타인에게서, 심지어나 자신에게서 받은 상처의 기억을 안고 있는 부분, 하나님과의 싸움이 지속 중이라고 여전히 믿고 있는 부분을 밝혀내야 한다.

우리가 예수님께 순복한다는 것은 우리의 삶이라는 그 특정한 작은 왕국에 대한 지배권을 그분에게 넘겨 드리는 행위이다. 그관할 영역, 그 왕국에는 하나님과의 전쟁이 끝났다는 것을 예수님안에서 우리가 화평하다고 선언하셨다는 것을 아직 모르고 있는지역이 있다.

우리 삶의 이 부분들은 자기 나름의 특정한 방식으로 여전히 싸우고 있으며, 전쟁이 끝났다는 것을 인식하지 못하고 있다. 제2차 세계대전이 끝날 무렵 지휘부와 연락이 끊기는 바람에 전쟁이 끝났다는 것을 알지 못하고 계속 저항하던 일본군에 얽힌 수많은 사연과 다르지 않다. 전쟁이 끝난 지 수십 년이 지난 후, 저항군이 남아 있는 곳으로 전직 지휘관을 데려가서 공식적으로 이들의임무를 해제시켜야 했던 경우도 있었다. 전쟁이 끝났으니 철수하라고 명령하자 저항군들은 그렇게 했다.[15]

이들에게는 전쟁이 끝났으니 무기를 내려놓는 게 옳다고, 믿을 만한 사람이 이야기해 줄 필요가 있다. 우리 안에 우리가 여전히 전장(戰場)에 있다고 믿고 있는 부분에게도 우리를 화평의 광장으로 안내해 줄 믿을 만한 사람이 필요하다.

그런 일이 있기 위해서는, 전쟁이 끝났음을 아직 알지 못하고 있는 부분이 어디인지 밝히되 정죄하는 태도가 아니라 신중한 태도로 해야 한다. 그렇게 해서 이 부분들이 정죄와 두려움이라는 무기, 수치심과 고립이라는 무기를 내려놓을 기회를 주어야 한다. 이런 식으로 우리는 하나님과의 전쟁이라는 암 덩어리를 체계적으로 제거한다. 에덴동산으로까지 거슬러 올라가는 우리의 트라우마와 치욕이 부채질하는 이 전쟁의 마침표를 찍는다.

우리는 이 부분들을 제거함으로써가 아니라 이 부분들을 치유함으로써 이 전쟁을 끝낼 수 있다. 아버지의 부재(不在)나 흠 잡기 좋아하는 어머니 때문에 생긴 상처, 누구도 알아차리지 못했으나 학창 시절 내 삶을 파괴한 난독증이라는 상처, 빈곤했던 성장기의 상처, 외모에 대한 불만이라는 상처, 여러 면에서 나를 실망시킨 내 몸이라는 상처, 어린 시절 약물 남용의 상처, 배우자의 알콜중독이라는 상처, 배우자의 외도라는 상처, 나의 외도라는 상처 등 그 외 수많은 상처를 안고 있는 부분들을 치유할 수 있다.

고통을 기억하고 있는 바로 이 장소에서 악은 오랫동안 굳어온 우리의 신경망을 이용해 사탄이 하와에게 말했듯 우리에게 말한다. 하나님은 우리와 전쟁을 벌이고 있는 폭군이시며, 우리가 하나님처럼 되기를 바라지 않는다고 속삭인다. 악은 우리가 이미 하나님을 닮았다는 사실을 망각하게 만들려고 애쓴다. 인간은 창조 세상의 다른 어떤 것들과 달리 유일하게 하나님을 닮은 존재로 지음 받았다. 우리는 다층(多層)의 신경 영역(neural real estate)으로 대표되는 우리 사연들의 이런 부분들을 숨기고 외면한다.

우리가 숨기는 이유는 우리 안에 지금도 여전히 하나님·타인·우리 자신과 전쟁 중이라고 믿는 부분이 있고, 그래서 이런 부분이 노출되어 더 많은 트라우마가 생기지 않도록 보호해야 하기 때문이다. 불행히도, 이렇게 하는 동안 우리는 사람과의 관계에 쏟아야 할 신경생물학적 에너지를 이 부분을 감추고 억누르고 잠잠하게 만드는 데 소모할 수밖에 없다. 그 결과 이 에너지는 하나님이 우리에게 창조하라고 하신 아름답고 선한 것들을 만들어 내는 데 쓸 수 없게 된다.

우리의 상처, 우리의 수치, 우리의 고통이라는 이 각 영토, 우리의 이 각 부분에 예수님의 평화가 소개되어야 한다. 곧 평화이신 예수님, 우리 삶의 모든 영역에 안정 애착을 줄 예수님이 소개되어야 한다.

애착을 형성하면 결과적으로 안전이 확립된다. 사방에서, 심지어 때로는 우리 안에서 계속 폭력을 보게 되는 현실에도 불구하고 우리의 중심에서 안전을 감지할 수 있게 된다. 자녀에게 너무 화가 나서 죽이고 싶다는 생각을 해 보지 않은 사람 있는가? 사랑하지만 나에게 깊은 아픔을 주는 사람에게(혹은 어린이 야구 경기 심판에게 이런 짓을 하는 사람이 누구일까?) "당신 정말 싫어!"라고 속으로, 혹은 숨죽여 고함쳐 본 적 없는 사람은 누구인가? 욕정을 품고 어떤 여자를 바라본 적 없는 사람은 누구인가? 거리에서 구걸하는 사람을 보고 눈도 마주치지 않은 채 멸시해 본 적 없는 사람은 누구인가?

우리가 예수님에게 안정적으로 애착을 형성하면 마침내 우리는 안전한 세상에서 살게 된다. 이 안전은 누군가 우리를 보고 있고 우리를 달래 준다는 사실[16]에 근거를 두고 있으며, 이는 우리가 소망을 품기 시작하는 데 꼭 필요한 단단한 디딤판이다. 이렇게 안전하면 우리는 있는 모습 그대로 편안함을 느끼고 자신감을 갖게 된다. 이는 곧 안팎에서 우리에게 해를 끼칠 수도 있는 세력들에게서 보호받았다는 의미다. 어린아이가 부모와 안정적으로 애착을 형성하여 안전한 집에서 사는 것과 마찬가지다.

이 안전은 우리에게 그 어떤 불화나 사고나 실수가 없다는 뜻이 아니다. 이 안전은 아이가 뒷마당 나무에 올라갔다가 떨어져서 다리를 다치는 일이 없으리라고 보장하지 않는다. 그보다 이는 아이가 해서는 안 되는 일도 있다는 의미다. 이 안전은 아이가 형제들과 싸우는 일이 전혀 없다는 의미가 아니다. 그보다 이는 형제와 싸울 때 아이가 감정을 이입하는 법을 익히고 진정으로 사과하고 용서를 구하는 법을 깨우친다는 뜻이다. 이는 열세 살이 될 때까지 스마트폰 사용을 제한하겠다는 엄마에게 딸이 화를 내지 않을 것이라는 뜻이 아니다. 그보다 이는 그런 엄마에게 아이가 "난 엄마 싫어!"라고 소리치지 않을 것이라는 뜻이다. 고등학생 아들이 주

말에 친구 집에서 열리는 파티에 술이 나올 것이며 친구 부모는 멀리 외출한다는 것을 알고 그 파티에 갈지 말지 고민하지 않는다는 뜻이 아니다. 부모가 온 가족을 이끌고 먼 곳으로 이사를 가기로 했을 때 자녀들이 이 결정을 다 좋아하리라는 뜻도 아니다. 가족 중에 암 진단을 받는 이가 하나도 없으리라는 뜻도 아니다.

이는 이런저런 상황에서 벌컥 화가 나려는 충동이나 마음 내키는 대로 성관계를 하고 싶은 충동, 험담하고 싶은 충동, 즉각적으로 만족을 추구하고 싶은 충동을 자제하거나 거절하는 법을 배우게 된다는 뜻이다. 이는 학생들이 모두 학업 성적도 좋고 학교생활도 즐겁게 할 것이라는 의미가 아니다. 또는 무수히 많은 방식으로 변화해 가는 자기 모습에 기분이 좋으리라는 뜻도 아니다. 그보다는 삶이 난기류에 휩쓸릴 때 안정적으로 애착이 형성되어 있으면 우리가 궁극적으로 안전하다는 뜻이다.

사실 우리의 안전은 불화가 생겼을 때 이를 회복하는 중요한 작업에 의미 있게 사용되며, 그 작업에 기반을 두고 있다. 이 과정에는 우리가 초래한 분열에 책임을 지고, 다른 누군가에게 어떤 식으로 상처를 입혔는지 분명히 하며, 필요할 경우 용서를 구하고 손해를 배상해 주려는 행동도 포함된다. 이것이 바로 안전, 즉 편안한 마음과 자신감이 형성되는 방식이다.

우리가 안전하다면, 어디를 가든 안정된 모습으로 세상에 나가서 아름다움과 선함을 창조할 가능성이 높다. 물론 실수하고, 상처를 받고 상처를 주기도 할 것이다. 그럴지라도 우리는 집으로 가는 길, 안전한 곳으로 돌아가는 길, 회복이 있는 곳으로 돌아가는 길을 알고 있다. 그곳에 가면 우리는 다시 한 번 안정되게 세상으로 나갈 준비를 할 수 있다.

하지만 우리는 인생의 상당 부분을 이런 식으로 살지 않는다. 알든 모르든, 우리는 인생의 대부분을 교전(交戰) 지대에서 산다. 이는 편지를 통해 바울의 글을 처음 읽은 로마의 초대교회 성도들에게는 그다지 놀라운 일이 아니었을 것이다. 우리 현대인들은 예수님 때문에 우리가 하나님과 화평하다고 선언하는 바울의 말을 그냥 읽어 넘기기 쉽다. 우리는 바울이 신학적 관점에서만 말하고 있다고 이해한다.

우리가 교전 지대에 산다는 개념은 당황스러울 수도 있고, 심지어 우리 인생 체험과 모순될 수도 있다. 그러나 내가 이 글을 쓰고 있는 지금 당신이 우크라이나나 아프리카의 어느 지역에 살고 있다면 아마 그렇지 않을 것이다. 폭력이 난무하는 동네에 살고 있거나 유색인으로서 미국에 살고 있다면 그렇지 않을 것이다. 학교 총격 사건의 피해자 가정이라면 그렇지 않을 것이다. 육체적, 성적, 정서적 학대를 겪고 심각한 트라우마를 앓고 있다면 그렇지 않을 것이다. 마음이 전쟁터에 갇혀 있고, 그래서 아무리 애써도 조절 장애가 해결되지 않은 채, 할 수만 있다면 없애고 싶은 고통의 저류(低流)를 헤쳐 나가는 경험을 했다면 아마 그렇지 않을 것이다.

나는 바울의 편지를 읽고 폭력적인 세상 한가운데서 산다는 개념이 낯설다고 생각하는 사람에게도 확언할 수 있다. 커튼을 젖

히면(넓게 젖힐 필요도 없다) 내 말이 맞다는 것을 깨닫게 되리라고 말이다. 교전 지대를 모르는 사람의 경우, 편안하고 좋은 인간관계와 삶의 경험이라는 물질적 층(層)이 이들을 보호해 주고 치유되지 않은 부분을 알아차리지 못하게 한다. 바로 이런 점에서 교전 지대 한가운데서 사는 사람과 그렇지 않은 사람이 구별된다.

치유되지 않은 부분은 개인적 경험에 국한되기도 하고, 집안의 선대(先代)로부터 경험적이거나 후생적으로 물려받기도 한다.[17] 그리고 그 모든 부분에는 치유되지 않고, 비탄에 잠겨 있고, 상처받고, 하나님 및 타인들과의 관계가 끊어진 부분들을 나타내는 신경학적 상관 관계가 있다. 이 책을 읽고 있는 많은 사람에게, 자기 삶의 어떤 부분이 누군가와 전쟁 중이라고 하는 것은 말이 안 되는 개념으로 보일 수도 있다. 하지만 겉으로 드러나는 모습 바로 아래서 우리 삶의 얼마나 많은 부분이 지속적 갈등 상태에 있는지 깨닫는 데에는 그리 많은 시간이 걸리지 않는다.

소망을 품는 과정에서 얻는 위로와 자신감

1980년대에 심리학자 리처드 슈워츠는 내면 가족 체계 (Internal Family Systems, IFS)라고 하는 심리치료 모델을 개발했다.[18] 그리고 최근 앨리슨 쿡과 킴벌리 밀러가 인간으로 존재한다는 것의 의미에 대한 성경적 이해의 맥락에서 이 모델을 탐구했다.[19] 내면 가족 체계는 우리 내면의 삶이 다수의 상이한 '자아들'(selves)로 구성된다고 설명한다. 나에게는 자신감 있는 자아가 있고, 유머러스한 자아가 있으며, 내 안에는 청중 앞에서 편안하게 말을 할 수 있는 부분이 있고, 아는 사람이 별로 없는 파티에 참석했을 때 고통스러울 만큼 낯을 가리고 불편해하는 부분이 있다. 내 안의 어떤 부분은 주거 개선 프로젝트에 참여해야 한다는 것을 어색해하고 불안해하며, 어떤 부분은 상담실에서 환자와 함께 앉아 있는 것을 편안해한다. 또 어떤 부분은 성을 기분 좋게 여기고, 어떤 부분은 성을 전적으로 불편해한다. 아마도 이제 무슨 말인지 이해했을 것이다.

여기서 내면 가족 체계를 상세히 살펴보지는 않겠지만, 기본 원리를 최소한으로 익혀 두면 도움이 될 수 있다. 구체적으로, 슈워츠는 가가 다른 생가·감정·간가·특성·기분·행동 방식을 가진 우리의 내면을 서로 연관되어 있으면서도 독특한 '부분들'로 이뤄진 '가족'으로, 원한다면 서로 다른 가족 구성원으로 상상해 보자는 의견을 내놓았다. 이 각각의 부분들은 내 안에 있는 그 '가족 체계'에서 저마다 중요한 역할을 한다. 그 부분들은 서로 관계를 맺고 작동한다. 어떤 부분도 다른 부분들과 별개로 존재하거나 역할을 이행하지 않는다.

시편 42편은 다윗의 말로 이 사실을 반영한다. "내 영혼아 네가 어찌하여 낙심하며 어찌하여 내 속에서 불안해하는가 너는 하나님께 소망을 두라 그가 나타나 도우심으로 말미암아 내가 여전히 찬송하리로다."[20] 다윗의 한 부분은 질문을 하고 있고, 다윗의 또 한 부분은 그 질문을 듣고 있다.

짐작컨대 우리 각 사람이 지닌 사연에서 지배적 역할을 하는 부분이 어디인지 상상하기는 그리 어렵지 않을 것이다. 실망했을 때 화를 내는 부분이 있다. 외롭다고 느끼는 부분이 있다. 친구가 얼마나 많은지 알고 있으면서 왜 외롭다고 생각하느냐고 외로워하는 부분을 비난하는 부분도 있다. 또 당신에게는 익살맞은 부분이 있다. 질 좋은 포도주를 큰 기쁨으로 여기는 부분도 있다. 부모에게 애정을 품는 부분도 있고, 자식이 기대에 미치지 못한다고 자꾸 흠을 잡는 부모에게 격분하는 부분도 있다. 그렇게 격분하는 것에 대해 죄책감을 느끼는 부분도 있다.

내가 집안에서 가장 유능한 사람임에도 나보다 나이 많은 형제자매와 함께 있을 때 갑자기 어린아이가 된 듯한 부분도 있다. 병원 응급실 트라우마 구역에서 담당 간호사들을 이끌 때 주변의 어떤 사람 못지않게 자신감을 느끼는 부분도 있다. 실제로 우리 각 사람에게는 수많은 부분이 있다.

하나님과 관련해 말해 보자면, 우리에게는 하나님과의 사랑의 상호작용을 (다른 사람에 비해 조금 더 많이) 경험하는 부분이 있다. 하나님은 여전히 흡족해하시지 않으며 여전히 우리에게 진노하신다거나 실망하신다고 믿는 부분(혹은 부분들)이 있다. 이는 우리가 아직도 하나님과 전쟁 중이라고 믿는 부분들이다.

슈워츠의 모델 및 쿡과 밀러가 이를 적용한 것에서 유익한 점은 우리의 존재 전체를 하나의 저장고에 쓸어 넣어 버리는 게 아니라 연민과 호기심을 가지고 다양한 부분이 수행하는 다양한 역할에 이름을 붙일 수 있게 함으로써 전술적 도움을 제공한다는 점이다.

예를 들어, "나는 주거 개선 프로젝트에는 너무 서툴러요"라고 쉽게 말할 수 있다. "나는 아버지에게 늘 화가 납니다" 혹은 "새로운 사람들을 만나는 게 무서워요"라고 말할 수도 있다. 이런 포괄적 진술은 단순히 입으로만 하는 말이 아니다. 우리의 뇌와 몸도 이 말을 듣고 반응한다.

그러므로 내 안에서 아버지에게 화를 내는 부분에 관해 좀 더 부드럽게 호기심을 갖고 알아보고, 그 부분을 만나 어떤 트라우마 때문에 아버지에게 그렇게 화가 나고 아무것도 할 수 없는 무력감을 느끼는지, 그리고 그 트라우마를 겪었을 때의 나이가 몇 살이었는지 알아보고자 한다면 어떻겠는가? 이런 자세로 호기심을 갖고 접근하면, 우리의 존재 전체를 단정적으로 부끄러워할 가능성이 줄어들고, 대신 나를 구성하는 여러 부분이 드러나고 치유될 수 있도록 이 부분들을 반갑게 맞이할 여지를 만들 수 있다.

더 나아가, 이런 식으로 우리는 우리를 구성하는 부분들 중에서 아직도 하나님과 전쟁 중이라고 믿는 그 특정한 부분, 소망을 품기를 몹시 힘겨워하는 부분들을 밝혀낼 수 있다. 우리는 연민을 가지고 그 부분들에게 말을 걸 수 있으며, 겉으로 드러나(seen) 위안받고(soothed) 안전(safe)과 안정(secure)을 누릴 수 있는 곳으로 오라고 청할 수 있다. 이 각각의 S와 더불어 우리는 우리 자신이 좀 더 평안하고 좀 더 소망을 품게 된 것을 깨닫는다.

하지만 자기 자신과 화평을 이루는 이 과정이 쉽지만은 않다는 것을 우리는 알게 된다. 우리가 혹은 우리의 어떤 부분이 장기간 하나님과 전쟁을 해 온 경우, 그 싸움이 끝났다고 믿기가 어렵기 때문이다. 살아오면서 긴 시간 동안, 우리를 배신하거나 우리를 버리거나 혹은 그저 모습조차 보여 주신 적 없는 하나님으로부터 자신을 보호하는 데 몰두해 왔을 경우, 사랑받고 있다는 경험적 믿음을 지닐 수 있을 만큼 지속성 있는 새로운 뇌세포 기폭 패턴(firing patterns), 즉 신경망을 만들기가 쉽지 않다.

1장에서 우리가 잠깐 살펴본 것이 바로 이 개념이다. 지금 전쟁 중인 부분, 병을 앓고 있는 부분, 의사가 고쳐 주고 싶은 부분이 바로 우리가 지닌 사연의 그런 부분들이다. 자신의 몸인 교회에서 다른 사람의 모습으로 우리와 함께하시는 예수님이 지금 그대로의 우리를 만나 주실 수 있으려면, 그리하여 우리가 상처 입은 바로 그 장소, 그 상처 때문에 급기야 우리 자신에게까지 폭력을 휘둘러 온 바로 그곳에서 마침내 소망을 품을 수 있으려면, 우리를 방어하기 위해 들고 있던 무기들을 기꺼이 내려놓아야 한다. 우리가 그렇게 할 때, 그것도 자칫 상처 입기 쉬운 공동체 앞에서 구체화된 형식으로 그렇게 할 때, 우리는 그저 고통을 견디는 데 그치지 않고 고통을 변화시킬 소망을 품는 과정에서 우리의 생각하는 두뇌뿐만 아니라 바로 우리의 몸에서 위로와 자신감을 확장하기 시작한다.

3

【　은혜
고통을 딛고 함께 설
공동체를 주시다　】

-
또한 그로 말미암아 우리가
믿음으로 서 있는 이 은혜에 들어감을 얻었으며 …

(롬 5:2상)

"저한테 무언가 문제가 있어요."

코라(Cora)가 어렸을 때 아버지는 그녀를 엄마에게 버리고 떠났다. 엄마는 화가 나면 그녀를 계단으로 밀어 버린 적이 한두 번이 아니었다. 너는 왜 생긴 게 그 모양이냐, 머리가 왜 그리 나쁘냐는 등 엄마가 천박하게 고함치며 그녀를 깎아내린 말을 묵묵히 듣고 견딘 적도 수차례였다. 그녀가 서른 살이 되어 컨설팅 회사의 직원이 된 것은 정말 대단한 일이기도 했고, 그렇지 않기도 했다. 재주가 많고, 침착하고, 쾌활한 미소와 함께 민첩하게 행동하는 코라는 빼어난 지성과, 천성 같아 보이지만 사실은 정서적 친밀감이 생기지 않도록 자신을 보호하기 위해 스스로 쌓아올린 난공불락의 벽이었던 의지력에 힘입어 회사에서 승승장구했다. 그 벽은 그녀가 자기 내면의 정서적 삶을 인식하지 못하게 막아 주는 안전장치이기도 했다.

코라가 자기 내면의 삶을 인식하지 못한다고 해서 자기 삶에 무심하다는 의미는 아니었다. 그녀는 자기 사연에 얽힌 '진실들'을 모르지 않았다. 가혹했던 어린 시절의 순간들을 일관성 있게 하나하나 나열할 수 있었다. 그녀 역시 정서적 삶이라는 게 있다는 것을, 그리고 아마 자신에게도 그런 삶이 있다는 것을 이론적으로는 알고 있었다. 실제로 그녀는 나에게 심리 치료를 받는 동안 진료실에서 느끼거나 감지한 것, 또는 바로 그 순간 우리 두 사람 사이에 일어나고 있는 일들을 건드리지 않는 한 많은 것에 대해 이야기할 수 있었다. 사실 그녀의 상처와 거기 담긴 고통스러운 감정의 일화(逸話)들을 파고들수록, 진료실에 함께 있는 동안 그녀의 진짜 마음 상태에 더 가까이 다가갈수록, 감정 표현은 더 제한되고 신체적으로도 눈에 띄게 위축되었으며 폐쇄적이 되었다.

코라가 처음에 내 진료실을 찾은 것은 한밤중에 공황 발작이 와서 잠을 못 자기 시작하면서부터다. 내가 예수님을 따르는 사람이라는 사실이 치료 과정에 어느 정도 신뢰성을 더해 주었다. 기독교인이었던 그녀는 자신의 신앙을 무시하거나 신앙을 자동적으로 문제의 원인으로 여기지 않는 의사를 만나고 싶었다고 했다. 하지만 자신의 '신앙'이 공황 발작과 어떤 관련이 있다고 생각하지도 않았다. '종교적 믿음'이라고 생각했던 것이, 비록 선전포고는 없었지만 자신과 전쟁 중이던 하나님과의 관계에서 자신을 보호하고 있다고는 전혀 생각하지 못했다.

코라가 도움을 청하러 온 것은 대인관계 신경생물학의 언어로 설명되는 구체화되고 관계적인 과정, 즉 마음속에 품고 있던 여러 겹의 트라우마를 해결하기 위해서가 아니었다. 다른 많은 사람과 그리스도와 더불어 샬롬을 이루는 것과 마찬가지로, 그녀는 자신의 문제(공황 증상)를 진단하고 치료받기 위해(짐작컨대 약물 치료를 생각했을 것이다) 정신과 의사를 찾은 것이라고 전제했다. "저한테 무언가 문제가 있어요"라는 코라의 말은 자신의 뇌가 올바로 작동하지 않는다는 뜻이었다. 그리고 공황 증상은 꺼뜨려야 할 불길이며, 불을 끈다는 것은 곧 뇌가 정상을 되찾는다는 의미었다.

코라는 자신의 정신 상태를 감안할 때, 공황 증상은 뇌가 원래 해야 할 일을 하고 있다는 증거임을 알지 못했다. 이 모든 일에서 코라가 가장 방심한 부분은 자신의 몸, 그리고 몸이 어떻게 해서 트라우마 집배 센터가 되었는가를 아는 일이었다. 코라의 공황 증세는 몸이 도움이 필요하다고 신호를 보내는 것이었다. 이는 코라가 요청해 본 적 없고 필요하다고 인식한 적도 없는 그런 유형의 도움이었다. 그리고 정말로 코라가 고난 한가운데서 소망을 상상하기 시작하려면 자신의 몸이 하는 말을 알아차릴 필요가 있었다.

은혜 안에 서 있기

두 다리로 서면 땅에 발을 딛고 움직일 수 있다. 발달 단계상 유아는 처음에 기어 다닌다. 하지만 다리가 흔들리더라도 두 발로 서는 것이 더 많은 걸음을 내딛기 위한 첫 단계다. 서 있을 때 감지되는 감각에 의식적으로 주의를 기울이면, 몸의 무게가 말 그대로 다리와 발을 통해 땅에 전해지는 것이 느껴진다. 안정성이 감지된다. 꼿꼿하게 서 있을 수 있다.

게다가 땅에 발을 딛고 서면 사람이 낼 수 있는 속도 내에서 빠르게 이동할 준비가 된 것이다. 기는 것보다 훨씬 빠르고 훨씬 효율적이다. 맞다. 만약 서서 걷다가 넘어지면 기어서 움직일 때보다 확실히 더 위험하다. 하지만 망아지가 태어나자마자 발을 딛고 서는 동영상을 찾아보라. 힘없는 다리로 땅을 딛고 서려는 그 최초의 시험적 움직임에서부터 어미나 무리와 함께 걷다가 곧이어 달리기에 이르기까지, 발을 딛고 서는 법을 익힘에 따라 망아지는 점점 더 말다워진다.

선다는 것은 성장하는 인간이 세상에서 점점 더 많은 행위를 하게 되는 한 가지 방식이다. 뿐만 아니라 이를 통해 사람은 자기가 '존재하는' 위치가 어디인지를 알게 된다. 똑바로 안정되게 서면 자신감이 생기고 몸이 편안해진다. 이제 막 걸음마를 시작한 유아와 몸이 제대로 기능하지 못하는 성인(대개는 자연적인 노화 과정에 따라)은 걸음걸이가 불안정한데, 명백한 이유로 이는 세상에서 비교적 더 연약한 모습을 보인다. 말 그대로 발·다리·엉덩이·몸통·어깨·팔·머리를 느끼며 바로 서 있을 때 우리는 자신감을 얻는다. 특히 트라우마 후 주관적 편안함과 자신감을 얻을 수 있다.[1]

이번 장의 시작 부분에서 인용한 바울의 말을 생각해 보고, 그 말의 은유적 의미 그 너머를 생각해 보라. 은혜 안에 '서 있기'란 우리가 아무 자격이 없음에도 하나님에게서 선함과 아름다움을 받는 체험이다. 우리가 이 체험을 몸으로 지각한다는 뜻을 담고 있다. 그러면 정서적 안도감 및 행복감과 짝을 이루는 육체적 편안함과 자신감이 생긴다.

자신의 말을 독자들이 이런 식으로 상상하게 만들려는 것이 바울의 의도는 아니었다. 내 말은, 성경의 언어는 이런 식으로 하나님이 만물을 새롭게 하시는 일의 포괄적 본질을 반영하는 물질적 현실을 가리킨다는 뜻이다. 우리의 몸은 실제로 그 일의 한 부분이다. 우리에게는 몸을 운용할 힘이 있으며, 이 몸으로 하나님에게서 받은 바로 그 은혜를 기꺼이 주고받을 수 있다. 이 은혜는 우리 생각 속에만 있는 신학적 사실에 국한되는 은혜가 아니라, 우리의 목소리와 신체 언어와 시선의 마주침을 통해 받아서 건네는 은혜다. 이런 유형의 은혜는 말 그대로 자녀들에게 고함을 치고 싶을 때 성질을 죽이고 목소리를 낮추며 마음을 가라앉힘으로써 표현된다(내가 늘 아이들에게 고함을 치고 싶다는 말은 아니다).

다시 말하지만, 어떤 것을 가슴으로 느낄 때에야 우리는 그것이 인간인 우리에게 완전히 '들어맞는다'고 인식하게 된다. 우리가 이것을 만나려면 먼저 우리 몸에서 이것을 감지할 수 있는 문턱을 넘어야 한다. 몸이라는 바로 그 영역 안에서 우리는 마음으로 감지하고, 이미지화하고, 느끼고, 아무리 미묘하더라도 행동을 통해 신체적으로 반응하며, 인지적으로 작동하고 사고한다. 그러기 전에는 그 무언가를 믿을 수 있는 우리의 능력이 제한될 것이다. 이것이 신뢰할 만하고 진실하다고 '믿으며' 살아갈 준비를 하지 못한다. 그런데 우리가 가슴으로 감지하는 이런 일들은, 감지하는 내용을 의미 있게 해 주는 언어 또한 가지고 있어야 한다.

누가복음 24장에서 엠마오로 가는 두 친구는 예수님을 제대로 알아보지 못했고, 그래서 눈앞에서 벌어지는 일들을 이해하지 못하다가 예수님이 자신들과 함께 식사를 하실 때에야 비로소 모든 것을 깨달았다. 예수님은 한동안 이들에게 여러 가지를 말씀해 주셨는데, 물론 이 모든 일은 함께 길을 가는 동안, 즉 육체적 활동이 있는 동안 일어났다. 예수님이 두 사람과 더불어 떡을 떼실 때에야 두 사람은 눈이 '밝아졌다'. 예수님과의 물리적 만남이 식사를 비롯해 거기 부수되는 모든 친밀함의 신비로운(반드시 물질적이어야 하고 관계적인 것이어야 했지만) 경계를 넘을 때에야 비로소 이들은 예수님의 존재를 더 제대로 인식하게 되었다.

떡을 떼면서 이들은 단지 "예수님이 어떤 분이신가"라는 추상적 개념에 대한 통찰만을 얻지 않았다. 짐작컨대 이들은 예수님에 대한 인식을 지금까지와는 다른 깊이로, 자신의 몸으로 감지하고 느꼈을 것이다. 그리고 이 인식은 그분이 떡을 떼어 축사하시고 나눠 주신 육체적 행위를 조건으로 했다.

그러고 나서 예수님은 사라져 버렸지만, 그분은 사실 이들을 떠나시지 않았다. 오히려 두 사람을 예수님께로 더 끌어당기셨다. 예수님은 앞으로 있을 일을 미리 맛보게 해 주셨으며, 이제 새 하늘과 새 땅이 임할 때 이를 온전히 감당할 수 있는 사람들로 성장하기를 바라셨다.

여기서 주목할 점은, 두 사람이 예수님과 함께 있었던 시간의 빛에 잠겨 그 일을 비밀로 한 채 집 안에만 머물러 있지 않았다는 점이다. 그렇다. 이들은 다른 사람들을 찾아 즉시 밖으로 나갔다. 이들이 몸으로 체험한 일, 즉 예수님의 존재를 더 온전히 인식하게 해 준 그 체험은 이제 몸을 가지고 다른 사람들에게 하는 실제적 행동으로 이어졌다. 이런 식으로 이들의 몸은 창세기 2장에서처럼 다시 한번 새창조의 출발 지점이 되었다.[2]

몸으로 구체화된 이 통합의 체험, 즉 몸이 영적 갱신의 필수적 부분으로 포함되는 체험을 하면, 이를 다른 사람들에게 확장시키고 싶은 마음이 든다. 주검에서 아름다움과 선함이 창조되자, 즉 십자가에서 죽으신 후 예수님이 부활하자 더 크고 위대한 창조 행위를 향한 문, 가장 지속성 있는 소망을 품을 수 있는 문이 열린다. 소망을 계속 유지할 수 있음은 이 소망이 십자가의 죽음, 곧 고난에서 등장했기 때문이다.

신학자들은 예수님의 이 특별한 행위가 무엇이었기에 이 두 제자가 전에는 볼 수 없었던 것을 볼 수 있게 되었는지에 관해 유익한 설명을 했다.[3] 한순간, 식사 기도를 포함해 예수님이 말씀하신 모든 것이, 이들의 눈을 밝혀 주신 예수님의 행동과 결합되었다. 예수님의 말씀은 꼭 필요했다. 하지만 이들의 눈이 밝아지기 위해서는 떡을 떼는 일에 예수님이 몸소 참여하시는 것도 그에 못지않게 중요했다. 그리고 이 일은 제자들이 마음 전체로 참여해야 하는 일이었다.

비슷한 방식으로, 바울은 예수님 이야기를 더 자세히 들려준다. "그로 말미암아 우리가 믿음으로 서 있는 이 은혜에 들어감을 얻었으며." 꼭 필요한 말씀이다.[4] 하지만 엠마오로 가던 두 친구에게나 코라에게 이 말은 구체화된 모습으로 실제 시공간에 등장했을 때에야 비로소 실감되었다. 이런 행위 혹은 물리적 참여가 없으면,

이들과 마찬가지로 우리는 상상의 궤도 밖에 머물게 되고 이 말을 이해하는 데 제한을 받게 된다.

예를 들어, "우리가 믿음으로 서 있는 이 은혜"라는 바울의 말을 생각해 보라. 코라는 이 말을 의미 있는 방식으로 받아들이려 했다. 전쟁에 돌입한 사람은 우리가 처음이 아닐지 몰라도(전쟁을 처음 벌인 사람은 첫 남자와 여자다), 전쟁은 결코 우리에게서 멀리 있지 않다. 우리는 전쟁이 우리 할아버지에서부터 시작되어 부모 세대로 이어졌다고 생각할 수도 있다. 아니 어쩌면 선생님이나, 우리가 친구로 생각한 어떤 사람에게서 시작되었을 수도 있다. 혹은 사랑한다고 생각했으나 사실은 나를 학대한 남자에게서 시작되었다고 생각할 수도 있다. 아니 코라의 경우처럼 아버지와 어머니 모두에게서 시작된 것 같기도 하다.

그러나 누가 우리와 전쟁을 시작하든 애초에 수많은 폭력의 배경이 된 친밀감으로부터 자신을 보호하기 위해 우리 스스로 전쟁을 일으키는 경우가 많다. 코라의 경우, 자기 안에 있는 고통의 저수지를 느끼지 않도록 자신을 보호하기 위해 지성으로, 직장에서 성과로 계속 벽을 쌓아 올렸다. 자기도 모르게 코라는 어린 시절 이후 몸이 보내오는 고통의 신호를 무시했다.

육체의 고통을 반향하거나, 다가오는 붕괴의 물결을 예고하는 어떤 것을 자신의 육체가 감지하게 한다는 것은 있을 수 없는 일이었다. 여기서 붕괴라는 말은 대인관계 신경생물학 용어상 마음의 상이한 기능 영역이 더는 함께 작동하지 않는 것을 의미하며,

갑자기 지휘자를 잃은 오케스트라의 상황과 비슷하다. 우리의 감각, 이미지, 느낌, 생각, 몸의 움직임이 응집력 있는 통일된 전체로서 함께 행동하지 않고 분해되는 것이다.

그래서 평소에 비해 더 붕괴된 상태에 있음을 깨닫자 코라에게 은혜는 더이상 온전히 접근할 수 없는 개념이 되었다. 은혜가 현실이 되려면, 그녀가 은유를 넘어선 방식으로 은혜 안에 발 딛고 서야만 한다. 마음의 다양한 영역 전체가 그 은혜를 몸으로 감지해야 하기 때문이다. 그러기 위해서는 구체화된 트라우마의 기억이 있는 방의 문을 열어야 했다. 그러면 이러한 기억을 나타내는 신경망에 대체 네트워크가 접근할 수 있을 터였다. 즉 코라의 공감 수용성을 나타내는 네트워크, 뇌간을 진정시키고 기억 속에서 반복해서 연습할 수 있는 새롭고 구체화된 관계 체험을 제공하는 네트워크 말이다.

연습을 통해 찾는 육체적, 정서적, 인지적 안정

코라는 무언가 즐거운 이야기를 할 때에도 자기 몸 어느 부분의 감각에서 미세한 변화가 감지되는지 마음을 열고 잠시 생각해보기 시작했다. 다음으로 우리는 정서적으로 살짝 불편했던 일들에 대해 이야기하는 단계로 나아갔다. 예를 들어, 대학 시절 실망스러운 학점을 받았을 때의 이야기를 했고, 몇 안 되는 친한 친구 중 한 명이 다른 도시로 이사를 갔을 때의 이야기를 했다.

시간을 갖고 연습함으로써 코라는 달라질 수 있었다. 다소 불안정을 느끼기 시작할 때 육체적, 정서적, 인지적으로 스스로 '안정'시키거나 침착해질 수 있었다(말 그대로). 코라가 불편한 기억을 떠올릴 수 있는 마음의 용량을 늘릴 수 있었던 것은, 심호흡 운동을 포함해 여러 가지 방법을 통해 몸이 고통에 파장을 맞추어 이를 진정시킴으로써 고통을 줄이는 기능을 발전시켰기 때문이다. 코라는 나와의 공감적 연결에 주의를 기울이고 내 뇌의 평온함을 '빌려서' 자신의 뇌 및 더 나아가 자신의 몸까지 진정시킨 결과 이렇게 할 수 있었다.

마지막에 나는 코라를 동료 의사에게 보내 심리 치료 EMDR 과정을 밟게 했다.[5] 이 진료를 통해 코라는 나와 더불어 시작한 작업을 의미 있게 강화할 수 있었다. 이 모든 과정의 도움으로 코라에게 은혜는 더 다가가기 쉽고 더 구체화된 개념이 되었다. 코라의 마음속과 성경에만 있는 추상적 개념에 머물지 않고 구체화된 만남의 자리로 옮겨졌다. 그리고 '은혜'에 이어지는 바울의 말을 읽자 은혜 개념 전체가 강화되었다.

이 경우, 우리가 몸으로 은혜를 이해할 때까지 은혜는 웹스터 사전이나 신학 주석에만 머물러 있을 것이다. 감각적 인식으로 은혜를 알지 못한다는 것은 은혜가 존재하지 않는다는 뜻이 아니라, 단지 우리 삶에 은혜를 적용하는 방식이 제한된다는 의미일 뿐이다. 칭의와 마찬가지로 우리가 은혜라 일컫는 것은 추상적 개념에 한정되어 우리가 이를 감지할 기회를 갖지 못할 수 있다. 아니 좀 더 정확히 말해, 은혜를 감지하고 있으면서도 이를 깨닫지 못할 때가 종종 있다.

바울은 한 사람, 즉 예수님께 우리의 관심을 몰아간다. 이분을 통해 일어난 일을 설명한다. 그리고 이제 나는 바울이 쓰는 용어에 당신의 관심을 집중시키고자 한다. 바울의 글을 읽고 나는 우리가 아직 볼 수 없는 영역, 즉 아버지 우편에 있는 하늘의 영역에 존재하는 실제적이고 육화된 분과의 관계 속에서 내가 감각하고, 상상하고, 느끼고, 인지적 반응과 더불어 신체적 반응을 보이는 만남을 갖게 된다는 것을 깨달았다. 예수님의 말씀이 다른 지체들과의 상호작용을 통해 전달될 때, 그 말씀에 대해 내가 감지하고 이미지화하고 느끼고 생각하는 것과 그 말씀에 대한 구체화된 반응이 나의 상상력을 통해 전달될 수 있도록 하는 것이다.

바울이 이 은혜를 언급하는 방식에서 우리는 예수님의 임재와 능력에 의존하는 어떤 일을 보게 된다. 즉 그분으로 "말미암아 우리가 … 들어감을 얻었다." 로마 제국의 유대인이었던 바울이 예수님에 관해 글을 쓸 당시 바울은 그분을 메시아, 곧 왕으로만 이해했다는 점을 기억해야 한다. 그리고 그분은 그저 이스라엘만의 왕이 아니라 온 세상, 실제 물질 세상의 왕이었다. 예수님은 주님이셨다.

바울은 철학이나 혹은 현실에서 유리된 '영성'에 관해 말하고 있지 않았다. 바울은 자기가 살고 있는 세상의 역사 가운데 일어나고 있는 일에 대해 말하고 있었다. 그리고 이 역사는 한 특정한 인물을 중심으로 하고 있었다. 그리고 예수님은 꾸준히 그리고 자주

타나크〔Tanakh, 히브리어 성경-율법서, 선지서, 시편 기자 등이 기록한 글들〕
를 인용했다.

　이 사실이 고통스러운 상황에서 소망을 품는 것과 무슨 상관
이 있는가? 첫째, 예수님은 사람들을 가르치실 때마다 히브리인들
의 상황이라는 기본적 텍스트에서 예증을 하거나 이야기를 인용
했음을 기억하는 게 중요하다. 예수님은 자신에게 유리하게 이용
하려고 텍스트를 정성스레 고르지 않으셨다. 예수님에게 텍스트는
'새로운 사고방식'을 진전시키는 편리한 방법이 아니었다. 혹은 예
수님 자신이 하고 싶은 말을 텍스트가 대신하게 함으로써 사람들을
제압하는 수단도 아니었다. 그보다 텍스트는 예수님의 사명이라는
씨가 싹을 틔우는 근본 토양이었다.

　예수님은 그저 이 텍스트들에 호소하기만 하지는 않으셨다.
예수님 자체가 이 텍스트들의 정점이었다. 예수님은 이 텍스트들
의 성취였다. 예수님의 존재는 이 텍스트들이 말하려는 이야기의
완성이었다. 예수님은 이 텍스트들이 말하려는 이야기 자체였다.
이 텍스트들은 하나같이 예수님을 가리키고 있었다. 그래서 단지
예수님이 어느 텍스트에 호소하느냐(즉 어느 텍스트가 그 자체만으로 중
요한가)가 아니라 그분이 텍스트에 호소한다는 사실 자체가 아주
중요하다.[6] 예수님이 이 텍스트들의 완성이라는 사실이 바로 우리
가 이 텍스트들에 관심을 기울이는 이유다.

성경이 말하는 인간의 몸

이어서 우리가 서 있는 은혜에 관해 말하기 위해서 먼저 창세기 2장 7절을 생각해 보자. 이 구절은 우리가 흙과 호흡으로 이뤄졌다는 사실을 깨닫게 한다. 여기서는 순서가 중요하다. 우리는 하나님께서 생명의 숨결을 불어넣으신 몸에서 출발한다. 이 사실은 바울이 고린도전서 12장에서 더 발전시켰는데, 여기서 바울은 예수님의 몸이 그분을 따르는 사람들의 공동체, 즉 개인으로나 집단으로나 하나님의 호흡인 성령이 거하는 공동체라는 개념을 탐구한다.

이는 당시에 널리 퍼져 있던 그리스-로마 문화와 상당히 대조되었다. 그리스-로마 문화는 몸을 아름답게 보면서도 원하는 대로 사용할 수 있는 것으로 여겼다. 로마 시민이 아닌 사람, 특히 노예의 경우, 로마 시민은 언제, 어떤 식으로든 자신이 원하는 대로 노예의 몸을 이용할 수 있었다.

그러나 히브리인들은 그렇지 않았다. 히브리인들에게 몸은 인간 됨의 본질이요, 하나님의 선한 창조의 일부였다. 이들에게 몸은 주변 문화와 달리, 그리고 우리 시대 문화와 달리 단순히 감정과 생각으로 구성된 '실제' 자아의 확장, '소유하여' 원하는 대로 하거나 처분할 수 있는 별도의 겉옷이 아니었다. 몸은 근본적으로 철학자 플라톤이 가르친 이상적인 상태에 이를 때까지 견뎌 내야 할 짐이 아니었다.

하나님은 자신이 만든 것을 보고 아주 좋다고 말씀하셨는데,

히브리인들에게 몸은 바로 그 아주 좋은 것의 일부였다. 더 나아가, 몸은 몸에 불어넣어진 호흡과 마찬가지로 하나의 선물이었다. 몸은 자기들 소유가 아니었다. 몸은 하나님의 것이었기 때문에 청지기로서 돌봐야 할 아름다운 것이었다. 그러므로 우리가 서 있는 이 은혜로 독자들의 관심을 몰아갈 때 바울은 몸을 경시하고 몸의 실용성만 중시하며 최악의 경우 몸을 혐오하며 그와 동시에 물질세계 전반의 중요성을 높이는 세상에서 몸의 성결함을 반향하는 물리적 은유를 의도적으로 사용한다. 그래서 우리는 물리적 은유를 강조하는 이 말씀이 우리에게 가르치는 바와 언어 자체의 직접성 너머 어떤 함축적 의미를 지니는지 보게 된다.

게다가 창세기 2장 7절로 다시 돌아가 보면, 아담('남자'를 뜻하는 히브리어)이 창조될 때의 전후 순서가 중요했음을 알게 된다. 하나님은 먼저 흙을 취하시고, 이어서 거기에 생명의 호흡을 불어넣으신다. 이 순서는 중추신경계가 작동하는 자연적 '순서'를 반영하는데, 일반적으로 중추신경계는 아래에서 위로, 오른쪽에서 왼쪽으로 작동하며, 이는 앞선 1장에서 이미 간략하게 살펴보았다.[7]

감각은 척수('밑')로 전달되고, 이어서 척수의 특정 관을 통해 신경 연결부를 거쳐 올라가, 뇌간 높이의 뇌 하부에 이른다. 특히 몸의 내부 기관에서 오는 감각은 오른쪽 뇌반구로 전해진다. 거기에서 왼쪽 뇌반구를 지나, 우리 뇌에서 전체 과정에 논리와 언어를 추가하기 시작하고 마침내 우리 자신과 세상에서의 체험에 관한 사연을 이야기하는 부분에 이른다.

이는 간략히 말해 우리가 지각을 먼저 하고, 그런 다음 지각한 것을 이해한다는 뜻이다. 세상에 관해 '생각하기' 전, 우리는 몸이 받아들이는 것을 지각한다. 이렇게 입력되는 내용은 생각을 하는 데 이용할 수 있는 정보를 제공한다. 이와 같이 몸은 점수를 기록하지만, 과학이 그렇게 하라고 말하기 때문은 아니다.[8] 오히려 과학이 하나님께서 어떻게 우리를 개인으로서나 전체 공동체로서 살고 움직이고 존재하게 만드셨는지를 우리에게 반영한다.

게다가 몸 안의 특정 체계는 우리의 애정을 조정하는 특별한 역할을 하는데, 각 체계는 고통 앞에서 소망을 품을 수 있는 우리의 궁극적 역량에 있어 매우 중요하다. 우리는 종종 이런 체계를 의식하지 못하거나 이 체계에 순응하지 못할 때가 많다. 하지만 일단 이 체계에 주목하면 이 체계의 작동 방식을 능동적으로 바꾸어 우리의 감정 상태를 변화시킬 수 있다. 예를 들어, 우리는 호흡 방식에 주목하여 이를 바꿀 수 있다. 불안감이 커지면 호흡이 얕아진다. 이때 호흡 속도를 늦추고 호흡을 깊게 하면 불안감이 줄어든다.

또 한 가지 예는 근골격계다. 싸울 것인지 도망칠 것인지 판단하는 체계는 말 그대로 우리의 커다란 근육 다발에 자극을 주고 긴장하게 만들어서, 도망치든지 맞서 싸우든지 할 태세를 갖추게 한다. 조치를 취하지 않을 경우 그 긴장은 우리의 고통스러운 느낌을 증대시킨다. 우리 몸에서 괴로움이 위치하는 곳에 주목하여 거기 관여하는 근육 조직을 이완하거나 장(腸)이 긴장을 풀고 있는 모습을 상상하면 이번에도 불안감이 줄어든다. 일단 불안감을 덜 느끼면, 자동으로 작동하는 뇌 하부의 통제가 아니라 전전두엽 피질의 제어를 받기 때문에 불안이 아닌 다른 존재 방식을 더 많이 상상할 수 있게 된다. 전전두엽 피질의 제어를 받으면 두려움, 수치심, 무력감을 강화하는 선택이 아닌 우리가 원하는 선택을 실시간으로 내릴 수 있기 때문이다.

이와 같은 연습들을 코라에게 소개하자 코라는 점차 자기 몸을 너그럽게 볼 뿐만 아니라, 자신의 기분 및 자신의 갈망을 전달할 때 몸이 차지하는 위치를 즐기고 존중할 수 있게 되었다. 이는 코라가 바라기도 했고 그녀에게 필요한 일이기도 했다.

코라는 마침내 이 모든 일들에 이름을 붙일 수 있는 어휘들을 찾아냈다. 먼저는 개인 심리치료 때 그렇게 했고, 이어서 여러분 모두가 이 책에서 만나게 되다시피 동일한 아픔을 고백하는 공동체 환경에서 그렇게 했다. 코라는 자기 몸의 파장을 맞추게 되었고, 그런 식으로 다른 사람들의 몸은 어떻게 의사소통을 하는지 알아차릴 수 있을 정도가 되었다. 즉 사람들이 자기 안에서 뿐만 아니라 방 안에 있는 다른 사람(때로는 코라)과의 사이에서 일어나는 일에 따라 어떻게 소망이나 두려움 또는 수치심을 나타내는지를 알게 된 것이다.

언제든 그런 일이 일어날 때면 누구도 혼자 남겨지지 않았다. 코라도 마찬가지였다. 코라와 상호작용하고 있던 다른 어떤 사람도 마찬가지였다. 그때 우리가 하고 있던 일, 불완전하지만 함께 공동체에 발을 들여놓을 때마다 하던 일은 구약성경에서 다윗이 시편

31편을 쓸 때 언급하던 바로 그 일이었기 때문이다.[9] 시편 31편은 여러 가지를 표현한다. 이 시는 다른 무엇보다도 죄를 고백하는 노래, 도움을 구하는 간청, 절망의 외침이다. 하지만 고통에 바치는 송가가 아니라면 이 시는 아무것도 아니다. 7절에서 시인은 이렇게 말한다.

내가 주의 인자하심을 기뻐하며 즐거워할 것은 주께서 나의 고난을 보시고 환난 중에 있는 내 영혼을 아셨으며

뒤이어 8절에서 시인은 다음과 같이 대답한다.

나를 원수의 수중에 가두지 아니하셨고 내 발을 넓은 곳에 세우셨음이니이다

시인은 자신의 고통, 고뇌, 괴로움을 거침없이 열거한다. 그러고 나서 이에 대해 하나님이 마련해 주신 방책을 구체화된 은유로 묘사한다. "주께서 … 내 발을 넓은 곳에 세우셨음이니이다"(8절). 다른 역본에서는 이 구절을 '넉넉한 곳', '광대한 곳', '안전한 곳'에 세우셨다고 번역한다. 떨어질 위험이 있는 어떤 곳에 서 있다고 잠시 상상해 보라. 깊은 구렁이 내려다보이는 좁은 길 위에 서 있고 싶은가? 지상 몇 미터 높이 기둥 꼭대기에 있는 작은 단에 서 있고 싶은가? 그보다는 푸르게 우거진 부드러운 풀이나 이끼가 무성

한 들판에 있고 싶지 않은가? 균형을 잡거나 유지해야 할 때, 혹은 균형을 잃었을 때 어떤 지형에 있고 싶은가?

시인이 그리는 그림은 하나님의 임재가 거대한 설 곳이 되어 주는 곳, 넘어져도 연착륙할 수 있는 곳의 풍경이다. 어슬렁거릴 공간이 넉넉해서 흔들림에도 아랑곳없이 균형을 잡을 만한 곳이 있는 넓은 평원 풍경이다.

이곳은 고백 공동체 환경에 있는 사람들을 위해 만들어진 공간이다. 이곳은 성령의 능력으로 예수님이 구체화되어 임재하시는 곳인 만큼 서 있기 좋은 넓은 곳이 된다. 하지만 이는 그저 우리 눈에 보이지 않는 무언가를 신학적으로 묘사한 은유에 그치지 않는다. 그렇다. 이곳은 우리 몸이 회전 안정성(gyroscopic stability)을 발견하는 바로 그곳으로, 고백 공동체 구성원들이 언어와 비언어로 표현하는 인애(仁愛)로써 서로에게 온전히 존재함에 따라 하나님의 새로운 생명의 영이 그 몸들에 호흡으로 불어넣어지는 곳이다.

고통의 소용돌이 속에서도 실행될 소망

우리의 몸은 서로의 영의 호흡에 의해 발견되고, 예수님의 영으로써 생기를 얻는다. 이런 식으로 우리는 창세기 2장 7절에 기록된 하나님의 일의 순서를 새창조 방식으로 반향하고 뒤좇는다. 여기에서는 땅의 흙이 하나님의 생명의 호흡에 의해 발견되고 그리하여 인간이 살아 있는 존재가 된다.

마찬가지로 바울이 고린도전서 12장에서 묘사하는 그리스도의 몸은 우리가 창세기 2장에서 만나고 뒤이어 사도행전 2장에서 보게 되는 바로 그 영의 호흡으로써 생기를 얻는다. 그리고 우리는 대인관계 신경생물학적 현실의 역학으로 표현되는 하나님의 역사가 하나님 백성인 우리가 소망을 품기 시작할 수 있도록 활력을 불어넣는 성령 충만한 삶으로 나타나는 것을 보게 된다. 그 소망은 고통이 소용돌이치는 바다에서 실행해야 할 소망이다.

그러나 코라를 비롯해 많은 사람의 경우, 소망을 품는 일 전에 선행되어야 할 것이 있다. 바로 우리가 사는 세상은 시인 제라드 맨리 홉킨스(Gerard Manley Hopkins)가 말하다시피 하나님의 영광으로 가득한 세상임을 깨닫는 것이다. 그 영광의 충만함은 종말이 이르기까지 우리가 다 알지 못할 테지만, 우리는 그 영광을 차지하라고 이미 권유받았다. 이제부터 그 영광에 대해 알아보겠다. 우리가 이 영광에 주의를 기울일 때, 이 영광은 우리를 부끄럽게 하지 않을 소망을 향해 인내하며 가는 우리를 변화시키는 고통의 특징이 된다.

4

영광

하나님의 영광에
초대받다

우리가 … 하나님의 영광을 바라고 즐거워하느니라

(롬 5:2하)

체니의 두 눈에서는 눈물이 쉴없이 흘렀다. 쉽게 그칠 것 같지 않았다. 하지만 체니는 할 수 있는 한 최선을 다해, 내가 그 홍수 같은 눈물 사이로 자신을 눈여겨볼 수 있게 허락했다. 울음은 거의 2-3분 가량 계속되었지만, 고백 공동체에 속한 다른 사람들 앞에서 벌어진 일인지라 그 시간은 더 길게 느껴질 수도 있다. 울음이 잦아들자 나는 잠시 진행을 멈추고 체니에게 방 안에 있는 사람들의 얼굴을 둘러보라고 했다. 이들은 체니가 그렇게 괴로워하는 시간에 온전히 그녀와 함께 있는 사람들이었다.

기질적으로 민감한 사람인 체니는 삼십 대 후반이다. 체니의 부모는 한 개발도상국가의 NGO에서 일하던 분들로, 사남매 중 셋째인 체니를 6학년 때 기숙학교로 보냈다. 체니가 5년 여 동안 선배 여학생들에게 계획적으로 괴롭힘을 당한 것은 바로 그 학교에서였다. 나중에는 정서적 피난처로 삼았던 남학생 선배에게 성적으로 이용당하기까지 했다. 체니는 이 일로 원치 않는 임신을 하게 되었으나 부모의 개입으로 임신 상태는 조용히 종식되었다. 부모가 일하는 곳과 체니가 다니는 학교 사이의 지리적 거리는 말할 것도 없고 자신들의 삶만으로도 바쁘고 힘든 상태였던 부모는 체니를 돌봐 줄 수 없었던 것이다.

체니는 대학 시절에 예수님을 만났는데, 이 일은 여러 면에서 체니의 인생을 바꿔 놓았다. 하지만 기숙학교에서 괴롭힘을 당한 일과 낙태 경험은 여전히 체니의 기억에서 떠나지 않았고, 이는 결혼하여 자녀를 둔 후에도 마찬가지였다. 오래전 체니와 부모님 사이에 마무리되지 않은 일이 다시 고개를 들기 시작한 것은 바로 이 때, 체니가 엄마가 되었을 때였다.

체니의 아버지와 어머니도 성장기에 나름대로 고통스러운 일을 겪은 적이 있었다. 소외된 사람들을 위해 희생적으로 일한 것도 정신적 외상을 남긴 과거로부터 자기를 보호하기 위한 한 방편이었다. 같은 일을 하는 사람들 사이에서는 영웅으로 존경받았지만, 이들의 가정생활에 독소(毒素)가 자리 잡고 있다고는 누구도 짐작하지 못했다. 그 독소는 이제 체니의 결혼 생활, 자녀 양육, 친구 관계는 물론 하나님과의 관계에까지 영향을 끼쳤다. 그리고 마침내 그녀를 우울과 절망 상태에 빠져들게 만들었다. 절망이 얼마나 깊은지, 한 번 잠들면 다시 깨어나지 말았으면 좋겠다고, 그보다 더 큰 위안은 없을 것이라고 생각할 정도였다. 체니가 내 진료실을 찾은 것도 바로 그 절망에서 벗어나기 위해서였다.

나와 처음 만났을 당시 체니는 고통이 의식 속에 하도 깊이 박혀 있어서 앞으로 그런 마음 상태가 어떻게든 달라질 거라고 소망을 품을 수 없을 정도였다. 하나님과의 관계가 가장 중요하며 자기 삶의 바탕이 된다고 인정하기는 했지만, 그 관계는 체니에게 전혀 위로를 주지 못했다. 아무리 생각해도 하나님께서 자신이 그토록 간절히 구하는 실체적 안도감을 주시는(적어도 체니는 하나님을 그런 분으로 상상했다) 미래가 상상되지 않았기 때문이다.

하지만 절망에도 불구하고 체니는 나와 함께 심리치료를 하면서 한 발 또 한 발 앞으로 나아가려는 의욕을 잃지 않았다. 이렇게 해서 체니는 예수님이 성령의 임재로 함께하시면서 애쓰고 계시다는 현실을 수용할 수 있게 되었다. 몇 달 간의 과정에 걸쳐, 내가 자신의 사연을 증언할 수 있도록 용기를 내어 준 덕분에 체니는 고백 공동체의 일원이 될 준비를 했다. 바로 이 공동체에서 이제 체니는 먼저 나를 바라보고, 이어서 다른 사람들을 바라보면서 그 사람들 또한 자신을 똑바로 바라볼 수 있게 해 주었다.

많은 사람 앞에 자신을 노출해야 한다는 것 때문에 처음에는 체니의 시선에는 공포가 스쳐 지나갔다. 방 안에 모인 사람은 8명이었는데, 적은 숫자가 아니다. 그러나 학대받은 과거 이야기를 하며 체니의 공포는 곧 수치와 슬픔에 잠긴 모습 그대로 위로와 신뢰 더 나아가 환영까지 받고 있다는 믿기지 않는 경험으로 바뀌었다. 수치와 슬픔에도 불구하고가 아닌 수치와 슬픔 때문에 하는 경험이었다.

체니가 겪는 고통의 불길을 진화시킬 샘물이요 체니의 현재 순간을 변화시키고 그럼으로써 미래에 대해 다른 기대를 갖게 하는 소망의 원천으로서 '하나님의 영광'이라는 개념이 초기에는 체니에게 아무런 의미가 없었다. 하나님의 영광이라는 개념은 트라우마 치유와 어떤 관련이 있는가? 그리고 그 영적 치유의 상호관계적이고 신경생물학적인 특징의 변화와는 무슨 관련이 있는가?

"하나님의 영광을 바란다"는 바울의 말은, 신학적으로 가정된 현실이 아니라 우리가 차지하고 있는 실제 시간과 공간에서 가능한 하나님과의 유형적 만남에 대해 우리에게 무엇을 말해 주는가?

나중에 드러나다시피, 앞에서 설명한 그 몇 분간의 울음과 응시의 순간, 그리고 그 후 이어지는 순간에 체니는 이를 곧 깨닫게 되었다.

하나님의 영광과 기쁨의 깊이

하나님의 영광에는 여러 가지 차원이 있으며, 성경의 다양한 정황에서 여러 방식으로 언급된다. 성경의 이런 구절들에서 성경 기록자들은 하나님의 아름다움과 권능과 경이로움, 그리고 우리가 하나님의 임재 앞에서 놀라고 압도되기까지 한다는 개념에 호응한다. 한스 우르스 폰 발타자르(Hans Urs von Balthasar)는 이 주제를, 특히 하나님의 아름다움 및 그 아름다움 자체가 어떻게 우리를 하나님의 선함과 참 본성에 이끌리게 하는지를 의미 있게 조명했다.[1]

성경 이야기는 창조 질서 자체가 어떻게 하나님의 영광을 증언하는지를 반영하며,[2] 우리는 성경 기록자들이 이를 나름대로 표현한 수많은 사례를 본다. 우리는 모세가 이 영광을 보기를 갈망하는 말을 듣는다.[3] 다른 예를 몇 가지만 더 언급하자면, 히브리인들은 역대상에서,[4] 이사야서에서,[5] 하박국서에서[6] 이 영광을 선포

한다.

더 나아가 우리는 하나님을 "영화롭게 하라"고 계속 권면과 훈계를 받는다. 이런 의미에서 우리는 모든 생각과 말과 행동으로 하나님이 어떤 분이신지에 화답하고 이를 찬미하는 삶을 살아야 한다.[7] 레슬리 뉴비긴의 말처럼, "'영광'은 명백히 성경의 기본 단어 중 하나다. 이 단어는 말하자면 하나님의 존재와 본질을 구성하는 것을 나타내며, 그와 동시에 하나님께 돌려야 할 존귀를 나타낸다."[8]

하지만 한 가지 인정해야 할 것이 있다. 나는 이 영광 개념을 추상적으로 이해하고 원리적으로 이 영광의 사실성을 믿지만(특히 내 눈 앞에 압도적 아름다움을 펼쳐 놓는 자연이나 예술 작품과의 만남으로, 그 아름다움을 초월하는 하나님의 영광을 좀 더 수월하게 상상할 수 있을 때), 내 삶으로 하나님을 영화롭게 하는 식으로 하나님의 영광을 이해한다는 개념은 내 능력 밖의 일로 보인다. 내면의 불안과 이런저런 깊은 생각, 또는 완수하지 못한 일이나(예를 들어, 이 원고를 완성하기) 크든 작든 충분히 잘 해내지 못하고 있는 일에 대한 걱정 때문에 하나님의 영광이 내 마음의 가장자리로 밀려날 때가 빈번하다.

게다가 바울이 말하는 영광이 체니의 고통은 차치하고 나의 고통 문제에 어떤 도움이 되는지 확실히 알지 못한다. 언뜻 생각하면, 하나님의 영광이 폭력과 수치로 얼룩진 체니의 사연(혹은 여러분이나 내 사연)과 도대체 무슨 관련이 있는지 궁금할 수 있다. 하나님의 참된 본질에 대한 신학적 표현이 전혀 의도되지 않은 정황, 그에 대한 통찰이나 실제적 의미가 별로 없는 정황에 내가 그런 표현을 무리하게 끼워 넣으려는 것은 아닐까? 더 나아가 설령 그런 신학적 표현이 들어설 만한 여지가 있다고 해도, 고백 공동체에서 눈물로 얼룩진 과거 이야기를 털어놓기 시작했을 때 체니는 '하나님의 영광'을 무언가 의미 있는 방식으로 자기 상황에 적용하는 것은 고사하고 이 개념을 과연 뭐라고 생각해야 했을까?

이는 바람직하고 마땅한 의문이다. 나는 하나님의 영광이라는 성경의 주제를 주해하고 있는 게 아니라는 점을 강조하고 싶다. 그것은 내 능력과 이 책의 범위를 넘어서는 일이다. 그보다 나는 하나님의 영광과 관련해 대인관계와 신경생물학과 영적인 면에서 우리 삶에 직접적 의미를 함축하는 중요한 측면에 사람들의 관심을 끌고자 한다. 영광의 특별한 측면에 여러분의 관심을 끌어서, 위와 같은 타당한 의문에 대답하고자 한다. 우리는 보통 이 측면에 큰 관심이 없지만, 만약 관심을 가질 경우 모든 지속적 변화가 싹터서 결실을 맺을 수 있는, '열매를 항상 맺게'[9] 하는 토양이 된다. 체니도 이것을 곧 알게 될 터였다.

신약성경에 이르면, 성경 기자들이 하나님의 영광에 관한 고찰을 표현하는 방식이 달라지는 것이 보인다. 이들은 예수님이라는 인격체로 나타나게 된 하나님의 영광을 더 자주 언급하고 설명한다. 그래서 이런 의미에서의 영광은 단지 하나님의 한 속성이 아니라 유형적이고 살아 있고 호흡하고 맥박이 뛰는 하나님, 곧 예수님으로 나타난 하나님이시다.[10] 더 나아가 특히 뉴비긴이 다시 한

번 유용하게 알려 주는 것처럼, 하나님의 영광을 구현한 것은 예수님만이 아니다. 물론 예수님이 자신의 존재로 하나님의 충만함을 나타내시지 않는다는 말은 아니다. 하지만 하나님의 영광에는 우리가 거의 주목하지 않는 또 다른 측면이 있다.

뉴비긴은 성부와 관계를 맺고 있는 예수님 안에서 하나님의 영광이 가장 드러난다고 말한다. 영광은 단순히 하나의 '단일한' 신성의 속성[11]으로 여겨지지 않는다(근동의 다른 종교의 신들은 상당수 그런 존재로 상상되었지만). 그보다 하나님의 영광은 예수님이 성부에 대한 사랑과 순종으로 십자가에서의 죽음이라는 수치를 당하기까지 완전하고도 철저하게 자기를 비우셨을 때 우리가 목격하는 어떤 것이다.[12]

제자들이 목격한 영광은 물론 성자의 영광이었지만, 이는 '아버지의 독생자의 영광'이었다. 요한복음에서 예수님은 자신이 아버지를 영화롭게 한 것처럼 아버지도 자신을 영화롭게 해 달라고 요청하신다. 이때 예수님은 자신이 아버지를 사랑하고 순종하는 바로 그 순간에 아버지도 자신을 사랑해 주시기를 요청하시는 것이기도 하다.[13] 예수님은 자신을 향한 사랑을 쏟아부어 달라고 아버지에게 요청하시며, 이어서 똑같은 방식으로 그 사랑을 아버지에게 돌려드린다.

이 경우, 폭력과 수치와 고통을 당하는 길을 통해 우리를 사랑하시고 자신을 우리에게, 그리고 우리를 위해 완전히 주심으로써 예수님은 우리 스스로는 절대 헤어나올 수 없는 죄를 짊어지신다.

이 전쟁은 얼마나 많은 평화 조약에 서명을 하든 우리 힘으로는 멈출 수 없는 전쟁이었다.

이것이 바로 하나님의 영광, 곧 예수님을 지극히 사랑하사 심판도 폭력도 없이, 철저히 상한 상태로 고통당하는 우리와 함께하심으로써 우리 또한 사랑하신 아버지의 영광이었다.[14] 삼위일체 하나님은 우리에게 수치나 폭력을 가하시는 일 없이 수치와 폭력 가운데 있는 우리와 함께하셨다. "하나님의 영광은 상호적인 관계다. 이는 언제까지나 값없이 주어지는 어떤 것이다."[15]

성 금요일, 하나님이 온전히 예수님에게 임재하시고 예수님과 함께 하시면서 아낌없이 사랑을 부어 주시던 날 제자들이 목격한 것이 바로 그 영광이다. 예수님은 자신의 죽음으로 세상과 온전히 하나가 되시고 기꺼이 세상에서 나오려는 사람들을 부활로 인도하심으로써 그 사랑을 아버지께 돌리셨다.

그 결과에 대해 히브리서 기자는 "많은 아들을 이끌어 영광에 들어가게"[16] 하셨다고 선포하는데, 이는 우리가 성령의 임재 가운데 성부와 성자 간 사랑 넘치는 관계의 역동성으로 인도되고 있음을 시사한다. 하나님은 우리가 이 영광의 경험을 공유하기를 바라신다. "내가 너를 기뻐하노라"라고 말씀하실 때 성부가 성자에게 주신 영광, 즉 세례 받으실 때[17]뿐만 아니라 변화산에서 별세의 여정을 위한 앞으로의 계획을 논하시던 때의 영광, 십자가와 거기 부수되는 온갖 수치와 고난을 포괄하는 영광을 말이다.[18] 두 경우 모두에서 성부는 성자를 기뻐한다고 선포하신다.

이는 우리가 갈망하는 바로 그 형태의 기쁨, 어린아이들이 자기를 찾는 누군가를 찾아 세상으로 나올 때 추구하는 바로 그런 기쁨이다. 우리는 누군가 나를 보아 주고 달래 주기를, 안전과 안정을 누릴 수 있기를 갈망한다.[19] 존재의 중심에서 우리는 "너를 보니 정말 반갑구나! 기다리고 있었단다! 너는 우리가 찾던 바로 그 사람이란다!"라는 말을 간절히 듣고 싶어 한다. 그리고 정말 그런 말을 들으면 놀라기도 하고 충격을 받기도 한다.

하나님과의 만남의 무게, 이 영광의 무게,[20] 바로 그것에 관심을 갖고 파장을 맞출 때 우리를 향한 하나님의 바람과 기쁨의 깊이를 느낄 수 있다. 우리는 우리를 향한 그 기쁨의 시선 앞에서 우리가 어떤 존재가 될지 별로 생각해 보지도 않고 그런 상상을 어려워한다. 하지만 우리가 이런 연습을 좀 더 자주 한다면 어떻게 될까? 지금과 같은 존재 상태에서, 우리가 그토록 깊은 사랑과 즐거움의 대상이 된다는 것이 얼마나 벅찬 일인지 생각하면, 비록 적당한 어휘를 찾기가 힘들더라도 하나님을 찬양하는 말을 선포하는 것 말고 다른 어떤 반응을 보일 수 있겠는가?

공동체의 친밀함이 주는 유익

C. S. 루이스는 《영광의 무게》에서 우리에게 이 점을 일깨운다.

영광에 대한 약속은 거의 믿을 수 없는 그리스도의 사역으로만 가능한 약속으로, 누구든 진정으로 선택하는 사람은 실제로 그 시험에서 살아남아 인정을 받고 하나님을 기쁘시게 할 것이다. 하나님을 기쁘시게 하기… 신적 행복의 실제 구성요소가 되기… 단순히 가엽게 여겨지는 게 아니라 화가가 자기 작품을 즐거워하고 아버지가 아들을 즐거워하듯 하나님에게 사랑받기— 이는 불가능해 보이고, 우리의 생각으로는 도저히 지탱할 수 없는 영광의 무게 혹은 짐으로 여겨진다. 하지만 이는 사실이다.[21]

루이스가 말하는 이런 유형의 영광, 하나님이 우리를 기뻐하신다는 이 불가해하고 무한히 벅찬 영광은 예수님이 요한복음 17장에서 기도하시는 영광을 직조(織造)하는 중요한 요소다. 또한 이는 우리에게 익숙한 유형은 아니다.

우리는 나 자신을 포함해 사람들이 스스로를 위해 추구하는 영광에 익숙하다. 나는 유명해지고 싶다. 내가 하는 말, 내가 쓰는 책, 내가 환자에게 제공하는 보살핌에 대해 칭송받고 싶고 찬사를 받고 싶다. 나는 사람들이 나를 중요한 인물로 여겨 주기를 원한다. 나의 시기심과 그에 따른 수치심에 대처하기 위해 나 자신의 영광을 추구하는 방법은 셀 수 없이 많다.

나는 숨기고 싶은 부분으로부터 나를 보호하기 위해 영광을 추구한다. 과거의 트라우마에서 살아남은 그 부분들은 모든 중독과 내가 만든 우상을 에워싸고 있다. 그런 것들이 겉으로 드러나 사람들의 눈에 띄면 모두 날 떠날 것이기 때문이다. 아니, 고백 공동체에서 사용하는 표현을 빌리자면, 사람들이 방을 나가 다시는 돌아오지 않을 것이기 때문이다.

내 삶의 상당 부분을 차지하는 그 아수라장을 다른 누군가 바라봄으로써 영광이 가장 강력하고 발전적으로 실현될 수 있다는 개념은 내 상상의 역량을 벗어난다. 나 혼자 상상하게 놔둔다고 해도 말이다. 이는 체니도 마찬가지였다. 나를 비롯해 고백 공동체의 다른 사람들이 자신을 응시하도록 허락한 순간까지 체니는 자신의 트라우마와 수치를 자기 이야기의 종점이요, 수년 간 지나온 행로의 끝에 있는 막다른 길로만 알고 있었다. 거기서 체니는 자신에 대해 반복해 온 이야기의 신경생물학적, 관계적 어둠의 덫에 걸려 있는 자신을 발견했다. 그 막다른 길, 절망 속에서 홀로 고통스러워하던 그 길 어디에서도 영광은 찾을 수 없었다. 지금까지도.

그래서 체니는 내 권유를 받아들여 방을 둘러보기 시작했다. 나를 보고 있던 시선을 방 안의 다른 사람에게, 그 옆의 또 다른 사람에게, 그리고 그 옆의 또 다른 사람에게로 옮기는 것이 얼마나 큰 노력을 요하는 일인지 모두들 알고 있었고 눈으로 확인할 수 있었다. 자신의 가장 혐오스러운 부분을 주변 사람들에게 드러내면서 이들의 연민 어린 시선을 기꺼이 받아들이는 것이 얼마나 큰 위험을 감수하는 일인지 모두들 이해하고 있었다.

그렇게 하는 동안 체니는 점점 침착해졌다. 체니의 몸은 눈에 보이게 편안해졌고, 호흡은 깊었다. 체니가 방 안의 사람들을 둘러보는 사이, 처음에 연민으로 체니를 바라보던 사람들의 표정은 기쁘고 즐겁게 미소 짓는 얼굴로 바뀌었다. 사람들의 표정이 변하자 체니의 행동에 또 다른 변화가 찾아왔다. 체니가 다시 울기 시작한 것이다. 하지만 이번에는 울음의 이유가 처음과 많이 달랐고, 마음 상태도 매우 달랐다. 체니의 눈물은 이제 수치감 때문에 흘리는 눈물이 아니었다. 이번 눈물은 기쁨의 눈물이었다. 도저히 믿어지지 않는 기쁨이었다.

처음 이 과정에는 당혹감이 없지 않았고 심지어 혼란스럽기까지 했다는 것을 기억하라! 그렇다면 지금 이와 같은 광경은 어느 지점에서 어떻게 발생하는가? 도대체 어떤 세상에서 수치심이 견실하고 온건하지만, 그지없는 기쁨으로 화답받는다는 말인가? 달리 표현해, 붕괴된 삶의 잔해 한가운데 선 상태에서, "당신이 여기 있어 줘서 기뻐요!"라고 말해 주는 사랑을 만날 기회가 어디에 있을까?

체니 같은 사람은 자기가 겪은 힘든 일을 털어놓으면 당연히 비난받을 것이라고 생각한다. 그러나 예상과 달리 사람들이 연민을 보여 주면 기쁘기도 하면서 두려움과 수치감이라는 오래된 감정이 뒤범벅되기 마련이다. 관계상의 친밀도가 점점 더 깊어짐에 따라 이들은 자기를 보호하기 위해 아주 자동적으로 이런 감정들을 예감한다. 고백 공동체는 이제 체니에게 친밀감을 주고 있었고, 체니는 이를 받아들이려 애쓰고 있었다.

체니는 한 분, 곧 삼위일체이신 한 분 하나님의 임재로 부드럽게 안아 올려졌으며, 하나님은 방 안에 있는 모든 사람을 통해 이런 메시지를 보내고 계셨다. "너를 만나 함께 있게 되어서 기쁘구나! 네게 일어났던 그 일, 그리고 네가 스스로에게 저지른 일 때문에 네가 겪은 고통과 수치를 우리가 안다. 우리가 너를 바라보고 있는 것을 보고, 사랑과 연민만 느꼈으면, 좋은 일만 바랐으면 해."

결정적으로 이 메시지는 체니가 품고 있던 수치감이 절정에 이른 바로 그 순간에 그녀에게 전달되고 있었다. 이 시간적 일치 덕분에 그 수치감은 변화되었다. 위로와 자신감의 새로운 신경망이 등장해 그 수치감은 물론 대인관계상으로나 신경생물학적으로 체니에게 나타난 모든 것을 무력화했다. 체니의 뇌간과 편도선은 전전두엽 피질뿐만 아니라 공동체의 다른 회원들의 전전두엽 피질에 의해(그리고 위와 같은 메시지를 전달 중인 이들의 몸과 더불어) 진정되고 있었다.

이렇게 다른 회원들과 연결되자 투쟁-도피 반응을 진정시키고 뇌의 사회적 참여 시스템에 접근하는 데 도움이 되었다. 이때 체니는 회원들에게서 느낀 평정심을 빌려와 여유 있게 자신의 신체적 감각 경험에 통합할 수 있었다. 이런 식으로 고백 공동체 회원들은 공동으로 체니가 고통을 조절하는 것을 돕고 있었다.

수치심에 깊이 잠긴 상태에서 "우리는 너를 사랑해. 네가 여기 와 줘서 정말 기뻐!"라는 메시지를 받을 때의 상반되는 기분은 마치 목마를 때 시원한 물 한 잔을 마시는 느낌처럼 우리가 살아가면서 할 수 있는 아주 진귀한 경험이다. 이런 메시지를 받는 사람은 가장 유용한 위로를 받을 뿐만 아니라 상상 가능한 최고의 활력에 잠기지만, 그와 동시에 주체 못할 수치감을 느끼기도 한다. 어쩌면 여러분은 이를 경험해서 알고 있을 수도 있고, 그렇지 않을 수도 있다.

체니의 경우, 지극히 혐오감을 불러일으키는 자기 사연을 나를 비롯해 공동체 회원들에게 털어놓고 불과 몇 분 지나지 않아 이렇게 깊은 환대를 받게 되자, 숨이 멎을 정도로 자유롭고 아름다운 감각이 느껴졌다고 한다. 바로 이 순간 나는 우리가 지금 바울이 로마 성도들에게 보내는 편지에서 말하는 그런 영광의 한 측면을 맛보고 있는 중이라고 체니와 회원들에게 떠올려 줄 수 있었다. 우리가 감각하고, 이미지화하고, 느끼고, 생각하고, 구체화된 마음 상태에서 이 측면을 기억하는 연습을 하면, 하나님 영광의 다른 측면을 더욱 열린 자세로 인식할 수 있다.

나는 공동체 사람들에게 바울의 또 다른 말을 상기시켰다. 골로새서 3장에서 바울은 "이는 너희가 죽었고 너희 생명이 그리스도와 함께 하나님 안에 감추어졌음이라"[22]고 말한다. 나는 이 말씀의 지극한 아름다움을 자주 묵상하는 동시에, 사실을 말하자면, 도대체 구체적 관점에서 이 말씀이 정말 무슨 의미일까 궁금해하기도 한다. 그런데 여기 대답이 있었다.

여기 이 방, 실제 시간과 공간에서 체니는 자신의 수치(그리고 그 수치가 자신에게 하는 이야기)가 죽음에 처해지고 다른 이야기로 대체된다는 게 무슨 의미인지 체험하고 있었다. 그 이야기는 방 안에 있는 그리스도의 몸된 지체들의 말과 구체화된 표정을 통해 체니에게 들려지고 있었다. 체니는 자신이 그 공동체에 안기고 있다고, 숨겨져서 보호받고 있다고 느꼈다. 그리스도와 함께 공동체 식구들 품에 숨겨졌다고 느꼈다. 그 순간, 그 방에서 우리는 신비가 완전한 현실이 된다면 어떠할지를 미리 맛보았다. 하나님 안에 그리스도와 함께 숨겨진다는 게 어떤 것인지를 말이다. 우리가 예수님의 몸을 단순히 은유가 아니라 그보다 더 깊은 현실을 말해 주는 것이라고 본다면, 그 몸 안에서 우리가 '하나님의 영광을 보았다'는 것은 그에 못지않게 진실이다. 우리의 만남은 오래 전 요한과 그의 동료들이 어떻게 '그의 영광을 보았'는지에 대해서 했던 말을[23] 되새기게 했다. 요한이 이 영광을 기억하고 기록할 수 있었던 것은 실제 시간과 공간에서 실제 사람과 구체화된 관계를 맺었기 때문이다. 그 사람은 요한을 심히 사랑했기에 요한은 자기 자신을 가리켜 '예수께서 사랑하시는 그 제자'[24]라고 할 수밖에 없었다.

소망이 있는 미래를 기대하는 삶

우리가 공동체 안에서 우리의 상상력을 확장하는 힘든 수고를 하고 있을 때, 성령께서는 우리가 흔히 보지 못하는 영역을 볼 수 있는 능력을 주신다. 이 영역에서, 성삼위 하나님은 (신경계와 인간관계가) 여전히 폭력과 수치심과 붕괴의 사연에 지배당하는 구체적 현실 속에 있는 사람에게 하나님의 가정이 이 고백 공동체를 배경으로 사랑을 부어 줄 수 있게 하셨다. 전쟁밖에 모르던 곳에 화평이 임하는 것을 목격할 수 있게 하셨다.

이 순간, 즉 하나님의 영광의 이 측면을 어렴풋이 보여 주는 광경과의 이 만남은 체니가 획득한 안정형 애착을 위해 노력한 결과이기도 했고 그렇게 노력할 수 있는 힘의 원천이기도 했다. 체니는 다른 사람들이 언어를 통해 베푸는, 그리고 굳이 말을 하지 않아도 구체적으로 표현되는 따뜻한 정을 받아들이는 연습을 시작했다. 자신의 슬픔에 명확한 이름을 붙이기 시작했고(그 슬픔에 부수되는 모든 아픔과 비애, 무력함, 분노와 함께), 폭력 대신 자비로 자신과 타인, 하나님(자신의 사연 속에서 비록 물리적으로는 아니더라도 감정적으로 그토록 오래 세월 동안 전쟁을 벌여 온)에게 관심을 돌리기 시작했다.

이렇게 해서 체니는 자신의 고통이 진짜가 아닌 척하는 게 아니라, 친구들 앞에서 그 고통이 가장 극심하고 깊이 느껴질 때 이들의 존재에 마음을 열어서 자신의 고통에 대응하기 시작했다. 친구들 중 누구도 그 순간에 방을 나가려고 한다거나 체니를 고통 속에 홀로 남겨 두려고 하지 않았다. 우리는 바울도 이런 경험을 했을 거라고 어렵지 않게 상상할 수 있다.

그래서 바울은 하나님의 영광에 대한 소망에 대해 말했다. 이 영광은 그 핵심에서 성령이 매개하는 성부와 성자 사이 사랑의 관계, 곧 삼위 간 사랑의 관계, 영광의 관계를 반영하며, 이 영광으로 우리도 초대받았다. 우리는 아직 온전히 그 임재 안에 살지 못하고 있다. 하지만 그렇게 될 날이 올 것이다. 그때까지 우리는 온전히 소망을 품는 연습을 한다.

체니는 그 영광의 순간들을 기억하는 연습을 시작했다. 그리고 이 연습은 우리 각 사람의 경우와 마찬가지로, 체니가 기대하는 미래로 자라날 씨앗이 될 터였다. 이와 같은 영광을 목격하고 이를 기억하는 연습을 한 후, 체니는 마침내 소망이 있는 미래를 기대하기 시작했다. 이는 바울의 말처럼 우리가 하나님의 영광 가운데 거하게 될 날에 대한 소망이며, 예수님의 몸인 공동체의 사랑으로 처음 살아 숨을 쉬는 소망이다. 그 공동체는 우리가 가장 깊은 두려움, 가장 악한 죄, 도무지 치유할 수 없어 보이는 트라우마 가운데 있는 것을 보고 우리에게 위로와 확신을 주고 해야 할 일을 알려 준다.

하지만 이 소망은 모진 고통을 참고 견딤으로써 형성되기도 한다. 바로 거기에 또 하나의 신비가 있다. 체니가 하나님의 영광에 감동받은 것은 평생 겪은 고통을 해결하지는 못하더라도 적어도 피해 가려는 의도가 아니었는가? 백미러를 통해 고통이 점점 더 멀어지는 것을 보아야 하지 않겠는가? 언제 어디서 고통을 발견하든 이를 없애고 저지하는 것이 우리의 의무가 아닌가? 이런 질문들은 인간 조건에 관해 우리를 성가시게 한다. 하나님의 영광 앞에서도, 심지어 하나님이 그처럼 우리를 사랑하시는데도 우리 인간이 여러 가지 방식으로 고통을 겪는 것은 무엇을 의미하는가?

그러므로 이제 고통이라는 주제로 넘어가서, 고통의 본질이 무엇인지, 고통의 그늘 아래서도 어떻게 소망을 품을 수 있는지를 간략히 살펴보자.

(PART 2)

고통을
지나

산 소망에
이르다

The Deepest Place

기쁨

고통의 기원을 알면
기쁘게 길을 갈 수 있다

다만 이뿐 아니라 우리가 환난 중에도 즐거워하나니…

(롬 5:3상)

고통이 존재한다는 사실이나 고통이 무엇인지를 알려고 굳이 정신과 의사를 찾아갈 필요는 없다. 누구나 고통을 겪고, 고통은 아무도 원치 않고, 고통이 사실상 다양한 방식으로 무한히 모습을 드러낸다는 것은 정신과 의사가 말해 주지 않아도 알 수 있기 때문이다. 짐작컨대 우리는 삶 가운데서 고통을 느낀다. 그리고 인간으로 존재한다는 것은 곧 고통을 겪는다는 의미라는 것도 우리는 다 알고 있다.

그러나 이를 안다고 해서 고통을 생각할 때 기분이 나아지지는 않는다. 사실 하나님의 영광이 그토록 영광스러운 것이라면, 그 영광 앞에서 어떻게 내 고통은 여전할 수 있을까? 내가 무얼 놓치고 있는 것일까?

나는 고통 문제에 관해서는 서론도 결론도 알지 못한다. 그 서론과 결론 사이에서(그런 것이 있기는 하다면) 우리에게 남겨지는 것은 욥 이야기만큼이나 오래되고 모래알처럼 무수히 많은 질문뿐이다. 나 자신을 포함해 누구도 이 질문에 쉽게 대답하지 못한다.

내가 바라는 바는, 바울이 보여 주는 자세로 우리가 이 주제에 기꺼이 접근하는 것이다. 여기에 더하여 나는 대인관계 신경생물학 분야에서 밝혀진 사실들에 비추어서, 바울이 고통을 소망과 연결시킬 때 언급하는 내용들에 우리가 더 깊이 마음을 열 수 있도록 몇 가지 통찰들을 제시하고자 한다.

내가 말하는 바울의 '자세'란 그의 신학적 틀을 가리키는 말이 아니다. 물론 그 틀은 꼭 필요하고 중요하다. 또한 나는 '인간' 바울을 보여 주는 완전한 그림을 제공하려는 것도 아니다.[1] 그보다 우리가 하나님의 영광에 푹 잠기면 어떻게 고통에 관한 우리의 가설이 달라질 수 있는지 생각해 보고자 한다. 하지만 단순히 우리가 겪는 일에 대한 인지적 이해의 관점에서 생각해 보자는 말은 아니다. 고통에 관한 우리의 가설은 우리가 알지 못하는 사이, 고통이 생겨나 번성하는 대인관계적, 신경생물학적 고립에 바탕을 둘 때가 많다. 악은 그런 고립에 의존한다. 하지만 자신의 취약한 부분을 다 드러낼 수 있는 공동체와 깊이 연결되면 이를 되돌릴 수 있다. 체니처럼 고백 공동체에 들어가면, 자신과 자신의 고통뿐만 아니라 자신의 고통을 변화시킨 다른 사람들에게도 더 열린 자세가 되면 우리가 그렇게 점점 더 열린 자세가 됨에 따라, 하나님은 고통을 이용해 우리를 소망의 사람들로 만드시는 방식에 관해 우리의 상상력을 확장하기 시작하신다. 그 소망은 우리를 부끄럽게 하지 않을 소망이다.

웬디와 켄트 이야기

"더는 못 버티겠어요!" 웬디는 고백 공동체의 다른 회원들 앞에서 슬피 부르짖었다. "제가 무슨 일을 겪은 건지 깨닫고 나면 다시는 이런 일들이 되풀이되지 않을 줄 알았어요. 그런데 도무지 잊히지 않는 것 같아요!"

모든 과정이 다 끝났는데도 웬디는 왜 여전히 고통스러운 것일까? 웬디는 여러 달 동안 힘써 노력했다. 처음 해결해야 할 것은 진정제 중독 문제였는데, 이 문제로 예상보다 많이 고생해야 했다. 진정제의 올가미에서 일단 벗어나자 웬디는 그 대신 생겨난 식습관 문제를 해결해야만 했다. 회복 작업의 초기 단계인 이때 웬디는 전혀 다른 또 하나의 질병과 싸우기 시작했다. 이는 웬디가 간직한 또 다른 비밀로, 이 비밀은 마치 좀 먹은 직물 같은 웬디의 삶 속으로 상당히 많이 엮여 들어갔다.

웬디는 30대 중반까지 비혼이었다. 연애에 관심이 없어서도 아니었고 구애하는 사람이 없어서도 아니었다. 사실 결혼하자고 하는 사람이 3명이나 있었지만, 그때마다 웬디는 너무 두려워졌다. 확신 없는 결혼에 대한 두려움이었다. 그래서 결혼 대신 유부남들과 연이어 불륜관계를 맺었다. 그중엔 아내와 헤어지고 웬디와 결혼하겠다고 하는 남자도 있었다. 남자가 그런 말을 할 때마다 웬디는 서둘러 관계를 끊었다.

웬디는 내 사람이 아닌 이런 남자들이 자신을 쫓아다니는 것에 중독성이 있음을 알게 되었다. 이 남자들과의 관계에서 친밀함을 경험하게 되리라 기대하고, 남자들이 자신을 갈구하는 모습에서 짧은 전율을 느끼면서 웬디는 무엇에도 비할 수 없는 위안을 받았다. 이런 일은 거의 10년 가까이 되풀이되었다. 그러다가 웬디는 켄트를 만났다.

　진정제 중독에서 벗어나는 과정이 1년째에 접어들고 식습관을 다시 들이기 시작한 지 여섯 달이 되던 때였다. 웬디는 온라인 데이팅 앱을 통해 켄트를 알게 되었다. 켄트는 비혼이었다. 게다가 잘 생긴 남자였다. 유머러스하고 똑똑했다. 켄트는 성품이 다정했고, 기회가 있을 때마다 그 다정함을 보여 주었다. 켄트는 웬디와 함께 있을수록 웬디의 존재가 더 기쁘게 느껴진다고 말했다. 실제로 웬디가 켄트와의 관계를 끊지 않고 지속해 나갈 수 있었던 것은 켄트가 다정하게 대해 주고 웬디에게 잘 맞춰 주었기 때문이었다. 물론 다른 남자들도 웬디에게 잘 맞춰 주긴 했다. 하지만 이들에게서는 보통 웬디에게서 단물만 빨아 먹으려는 역겨운 냄새가 났지만 켄트의 다정함에는 그런 냄새가 없었다. 그렇다고 해서 켄트와의 관계를 끝내고 싶은 마음이 전혀 없지는 않았다.

　두 사람은 처음에 문자만 나누다가 만나서 커피를 마시고 곧이어 함께 저녁을 먹고 데이트하는 사이가 되었다. 그러던 어느 날 켄트는 웬디에게 자기가 다니는 교회에 와 보지 않겠느냐고 했다. 웬디로서는 예상치 못한 일이었다. 웬디는 교회가 어떤 곳인지 늘 궁금하긴 했다. 하지만 한 번도 가본 적은 없었다. 성장기에는 종교에 노출된 적이 없었고, 대학 시절 캠퍼스 사역을 잠깐 접한 것 외에 웬디의 삶에는 신앙생활이라고 부를 만한 범주가 거의 없었다. 하지만 웬디는 켄트의 교회를 찾아갔다. 가장 큰 이유는 호기심 때문이었고, 켄트가 계속 성실한 자세를 보여 주기 때문이기도 했다. 웬디는 켄트의 그런 자세에서 저항할 수 없는 힘을 느꼈고, 겁이 나기도 했다. 특히 섹스 문제와 관련해서 그러했다.

켄트는 웬디가 예뻤다. 그리고 마침내 적당한 순간이 왔을 때 웬디에게 그 말을 해 주었다. 하지만 직접적으로든 미묘하게든 웬디를 즉시 침대로 데려가고 싶다는 암시를 주지는 않았다. 그러자 웬디는 혼란스러웠다. 과거에 사귀었던 남자들과의 관계에서는 그것이 통상적인 수순이었다. 사실 웬디는 왜 켄트와의 사이에서는 곧 그런 일이 일어나지 않는지 의아했다. 웬디는 당혹스러웠다. 무언가 두렵기까지 했다.

웬디에게 섹스는 상대가 나를 원하고 있다고 느낄 수 있는 하나의 방법이었다. 뿐만 아니라 섹스를 통해 상대와의 관계에서 주도권을 쥔 듯한 기분이 될 수 있었다. 남자가 섹스를 원할 경우, 웬디는 언제 어디서 섹스를 할 것인지를 자신이 결정함으로써 자기 편한 대로 남자를 가까이 할 수도 있었고 거리를 둘 수도 있었다. 하지만 켄트와의 관계에서는 극을 연출하는 데 사용하는 중요 소품 하나가 등장하지 않았다. 그렇다면 켄트와의 관계극은 어떻게 연출해야 하는 것일까?

당연한 일이지만, 섹스를 더는 협상 카드로 사용할 수 없게 되자 웬디는 켄트가 사실은 자신에게 관심이 없고, 켄트가 투사하는 다른 모든 것은 그저 투사일 뿐이라는 두려움을 갖게 되었다. 웬디는 켄트가 보여 주는 고상한 태도 이면에 무언가 사악한 것이 자리 잡고 있지 않을까 의심했다. 정확히 말하자면, 그게 무엇인지 웬디는 깊이 생각하지 않았다. 하지만 두려움은 웬디를 당황하게 만들고 숨을 곳을 찾아 도망치게 만들었다.

그러나 켄트는 웬디가 그런 정서적 자기 보호 수단에 의지하게 내버려두지 않고, 가만히 웬디를 뒤따라왔다. 켄트는 웬디의 불안을 눈치채고 이에 대해 물었다. 웬디가 질문을 피하려 해도 켄트는 신중하게 그러나 단호하게 밀고 나갔다. 웬디에게는 이 또한 충격이었다. 지금까지 누구도 웬디의 감정에 대해 그처럼 깊이 따지고 든 적이 없었기 때문이다.

물론 회복 작업이 진행되는 동안, 웬디를 지지하는 이들은 여러 면에서 도움을 주었다. 이 사람들을 비롯해 회복을 위한 만남을 통해 웬디는 진정제와 음식 중독이라는 복잡한 문제를 해결할 수 있었다. 하지만 웬디는 한 사람의 성인으로서 그와 같은 이성 관계 패턴을 형성하게 된 배경에 관해서는 누구에게도 말하지 않았다.

웬디는 아버지의 연이은 불륜에 관해서 누구에게도 말한 적이 없었다. 어머니의 만성적 우울증에 관해서도, 언니가 열일곱 살 때 집을 나가 부모님과 연락을 끊었다는 이야기도 한 적이 없었다. 학업 성적이 뛰어나 학부생으로서는 처음으로 존경하던 교수의 연구실에 들어갔다는 이야기도 하지 않았다. 이어서 그 교수의 사무실에도 드나들었고, 교수의 아내와 아이들이 외출한 사이 그의 아파트 침실까지 가게 되었다는 이야기도 하지 않았다. 원하던 것을 얻자 그 교수가 자신을 버렸다는 이야기도 하지 않았다.

웬디는 진정제와 소란스러운 음주 파티가 자신이 갈망하는 것을 대신해 준다는 것을 알게 되었다. 그리고 자신이 원하는 것은 친밀한 관계라는 것도 알고 있었다. 하지만 웬디는 너무 수치스러워서 지금까지의 남자 관계에 대해 다 말하지 못했다. 그 관계들은 웬디에게 트라우마를 남겼고 웬디의 영혼에 콘크리트만큼 단단한 수치감을 형성시켰다. 웬디는 회복 프로그램이 진행되는 동안 자신을 고통스럽게 하는 문제들을 일부 털어놓았다. 하지만 이런 부분에 대해서는 절대 이야기하지 않았다. 켄트가 보기 드물게 끈질기면서도 상냥한 태도로 그 일들을 자신에게 털어놓으라고 하기까지는 말이다. 그리고 웬디가 드디어 그 일에 대해 입을 열 즈음, 켄트는 웬디가 겪어 온 일들을 자신이 충분히 품지 못한다는 것을 알게 되었다. 그런 과정들을 거쳐서 웬디는 내 동료의 진료실을 찾게 된 것이었다.

켄트도 일찌감치 고백 공동체의 일원이 되어 프로그램에 참여했다. 몇 달에 걸쳐 웬디는 자기 인생 이야기에서 가장 떠올리기 싫은 부분을 호의로 대하는 방법을 배우는 매우 힘든 개별 심리치료 작업을 거친 후 별도의 프로그램에 들어갔다.[2] 그 별도 프로그램 과정에서 치료사는 웬디가 얼마나 고통을 많이 겪었는지 인정해 주었다. 웬디는 똑똑했다. 자기 인생이 수월하지 않았다는 것을 잘 알고 있었다. 웬디는 고통스러운 결과를 낳은 선택을 했다는 것을 알고 있었다. 자신의 수치를 잘 알고 있었다.

하지만 그동안 어느 한 사람도 웬디의 눈을 들여다보며 웬디의 고통을 그 정도로 알아주지 않았다. 웬디는 마치 평생 숨을 억

제한 채 살다가 치료를 시작하면서 난생처음 숨을 쉴 기회가 생긴 것 같았다. 그동안 겪은 고통을 치료사가 하나하나 거명해 주자 웬디에게는 다른 무언가가 열린 듯했다. 어떻게 그렇게 되었을까?

이야기는 거기서 끝이 아니었다. 고백 공동체에서 자신의 정서적 트라우마 해결을 위해 노력하는 사이 웬디는 자신의 갈망뿐만 아니라 자신의 슬픔에도 이름을 붙여 주는 법을 알게 되었다. 그렇게 하는 동안 웬디와 켄트는 계속 함께 교회에 나갔다. 웬디는 그 교회 목사님도 만났다. 그리고 성경을 읽기 시작했다.

어느 시점이 되자 웬디는 십자가의 그리스도 앞에 무릎을 꿇었다. 나중에 말하기를, 그 교수 연구실에 처음 들어갔을 때 웬디가 정말로 찾던 분이 바로 예수님이었다고 했다. 예수님이라면 자신이 지각하고 상상하고 느끼고 생각하는 모든 것을 납득할 수 있게 도와주실 것 같았다. 지금까지 털어놓은 그 모든 사연들을 듣고 용납해 주실 것만 같았다. 그리고 실제로 자신의 모든 고통을 해결해 주실 것만 같았다.

하지만 쉬운 일은 단 한 가지도 없었다. 고통은 웬디가 완전히 벗어날 수 없는 특별한 방식으로 존재했고, 웬디는 그 사실이 놀라웠다. 나 자신을 포함해 다른 많은 사람처럼 웬디는 치유가 자신의 고통 전부는 아니더라도 대부분을 해결해 줄 거라고 생각했다. 특히 하나님이 어떤 식으로든 그 과정에 개입하신다면 말이다.

하지만 웬디는 한 걸음 한 걸음 내딛는 게 다 힘들었다. 바로 그런 상태에서 그날 웬디는 고백 공동체의 다른 회원들 앞에서 마치 심한 진통에 시달리는 산모처럼 괴로워 흐느끼며 자기도 모르게 "더는 못 버티겠어요!"라고 말하고 말았다. 회복 과정에 접어들기 전 웬디의 인생에서 가장 현실적이었던 고통이 지금까지도 웬디를 떠나지 않고 괴롭히는 것처럼 보이다니 어찌된 일일까? 약물, 음식, 연애 중독에 이어 처음 등장하게 된 인간 관계상 트라우마에 이르기까지, 자신의 삶을 밑바닥까지 파헤쳤는데도 왜 그녀는 더 고통스러워 보였을까?

고백 공동체 안에서, 켄트와의 안정적인 관계 속에서, 가정이 실제로 어떤 모습일 수 있는지 가르쳐 주는 교회 가족 안에서 여정을 시작한 지 여섯 달이 넘었는데, 고통은 어떻게 여전히 문 앞에 진치고 있는 늑대처럼 느껴질까? 로마서 5장에 기록된 바울의 말과 씨름할 때, 어떻게 영광과 고난과 소망이 서로 연관된다고 생각할 수 있을까? 정말로 그렇다면 웬디의 삶에는 어떤 변화가 생길까?

삶의 결정적 현실

고통은 삶의 결정적 현실이다. 체나나 마이클이나 웬디, 혹은 이 책의 서두를 연 짤막한 사연의 다른 주인공 누구에게든 물어보라. 스캇 펙(Scott Peck)이 40여 년 전 자신의 고전적 저서 《아직도 가야 할 길》(The Road Less Traveled)을 시작하면서 우리에게 일깨워 주었다시피, "인생은 힘들다."[3] 이는 중력만큼이나 진리이며, 이 진리는 결코 사라지지 않을 것이다.

나는 이를 믿고 싶지 않다. 사실 나는 이를 믿지 않으려고 적극적으로 애쓴다. 나는 어떤 대가를 치러서라도 고통을 피하고자 한다. 게다가 나도 웬디처럼, 방금 살펴본 하나님의 영광이 어떻게 수치심과 나란히 놓이고 어떤 신비한 방식으로 상호 작용하여 우리를 아름답고 선한 사람으로 변화시키는지 이해할 수 있는 범주가 거의 없다. 이에 대해 내게 제시되는 모든 성경과 신학에도 불구하고 말이다. 언뜻 생각하기에 하나님이 고통을 이용해 나를 상상을 초월하는 아름다운 사람으로 변화시킨다는 것은 정말 심술궂어 보인다. 아름다워지지 않아도 좋으니 고통은 넣어 두서도 좋겠단 생각이 든다.

그래서 나는 이 지극히 달갑지 않은 현실을 회피한다. 나 나름의 중독 행위를 통해 쉽고도 능청스럽게 관심을 다른 데로 돌린다. 아니, 성경 기자들이라면 아마 이를 우상숭배라고 표현할지도 모르겠다. 그리고 확실히 해 두자. 내게는 우상이 헤아릴 수 없을 만큼 많다. 하지만 그 사실이 자랑스럽지는 않다. 내가 죽었을 때 내 자녀들이 내 물건을 처분하느라 수고할 필요가 없도록 집 안의 방들을 정리하는 것처럼, 나는 내 영혼의 방에서 우상들을 치워 버리고 싶다. 어떤 날은 다른 날들에 비해 방 정리를 더 잘 한다. 하지만 그건 또 다른 이야기다.

내 우상 놀음의 중요한 역할 중 한 가지는 나를 고통에서 보호해 주는 것이라는 사실을 아는 게 중요하다. 우상들이 우리 각 사람을 위해 이 역할을 해 주기 때문에 우리는 기꺼이 우상을 둔다.

누가 이를 반박하겠는가? 우리 인간처럼 수없이 많은 방식으로 고통을 겪고 싶은 사람이 어디 있겠는가? 체니와 마이클과 웬디도 애초에 그래서 도움을 받으러 오지 않았는가? 혈루증 앓는 여인도 그래서 예수님을 찾아온 것 아닌가?[4] 고통을 면하기 위해서라면 뭐든지 다하지 않을 사람이 어디 있겠는가? 더 나아가 진정으로 어떤 사람에게 유익이 된다면 그 사람에게 도움을 주지 않을 사람이 어디 있겠는가?

이 모든 질문들은 무언가 한 가지를 말하려 한다. 나는 고통에 관해 묻고 있다. 고통은 왜 존재하는가? 어떻게 해야 고통을 납득할 수 있는가? 어떻게 해야 고통이 멈추는가? 이는 주로 내 삶에서 고통을 없애 줄 힘을 갖기 위해서다. 하지만 이런 질문들, 즉 내 아들은 왜 아프가니스탄에서 죽었는가? 나는 왜 세 살배기 아이를 암으로 잃었는가? 내 동업자는 왜 나를 배신했는가? 내 남편은 왜 나와 우리 아이들을 버렸는가? 등은 무엇보다도 이제 말하기도 지친 우리 영혼의 괴로운 갈망들을 대신 나타내 주는 질문들이다.

이런 질문들의 한 가지 역할은, 고통이 체감되는 방식에서 나를 보호해 주는 것이다. 고통이 고통인 이유는 아픔 자체 때문이 아니라 우리가 실감하는 것보다 더 오래되고 강력한 어떤 현상 때문이다. 이런 질문 어느 한 가지도 우리가 경험하는 고통의 현실을 조금이라도 바꿔 주지는 않는다. 살아 있는 한, 어느 시점에서든 우리는 고통을 겪는다. 피하려고 아무리 애를 써도 소용없다. 대처 전략을 얼마나 짜내든, 치유 노력을 얼마나 많이 하든, 우상을 얼마나 많이 만들어 내든, 고통은 곧 나를 찾아낼 것이다. 우리는 어떻게 해야 할까?

고통의 본질, 고통과 우리와의 관계, 의미 있는 방식으로 고통에 대응하는 데 도움이 될 만한 수단 계발하기 등에 대해 아름답고 감동적으로, 그리고 효과적으로 고찰하는 많은 책들이 있다.[5] 고통은 음악·시각 예술·연극·영화에서도 묘사되어 왔고, 성경은 말할 것도 없다. 성경에는 고통을 겪는 이들의 이야기가 가득하다.

고통은 강도(强度)와 지속 기간도 다양하다. 고통은 흔히 변덕스럽게 느껴지고, 끝이 없는 것 같고, 말이 안 된다고 여겨진다. 암 진단을 받고 각각 예상보다 훨씬 빨리 세상을 떠난 나의 세 형제, 9·11 사건, 인종차별 등의 일들이 가득하다. 우리 인간이 짊어지는 고통은, 그 고통의 깊이는 말할 것도 없고 그냥 쭉 나열하는 것만으로도 잉크가 모자랄 지경이다. 그렇다면 이제 무엇이 남는가? 고통에 대해 무엇을 말해야 할까? 웬디, 체니, 마이클에게. 고통에 관한 최고의 대사(臺詞)는 이미 주어져 있다.[6]

그렇지만 고통의 몇 가지 특징이 있는데, 우리가 새로이 조율한 방식으로 그 특징을 다시 숙지하게 되면 고통과의 관계가 달라질 가능성도 있다. 삶의 현실(이는 곧 죽음의 현실을 뜻한다)을 외면하고 피하려는 무모한 작전으로, 우리는 태초부터 고통에 관해 우리에게 이야기되어 온 것을 경청하려 하지 않는다. 인간이 이에 주목하게 하려고 하나님이 애써 오신 만큼, 사실 고통의 이러한 특성은 우리가 얼마든지 알 수 있었다.

하지만 하나님이 훈계하실 때 우리는 대개 옛 히브리인들처럼 대응한다.

> 너희는 길에 서서 보며
>
> 옛적 길 곧 선한 길이 어디인지 알아보고
>
> 그리로 가라
>
> 너희 심령이 평강을 얻으리라 하나
>
> 그들의 대답이 우리는 그리로 가지 않겠노라 하였으며.[7]

나는 고통에 직면하는 게 아니라 고통에 등을 돌리고, 이제 곧 보게 되겠지만 그 결과로 하나님에게도 등을 돌린다.

웬디에게 말한 것처럼 나는 여러분에게도 고통의 이런 요소들 앞에서 숨지 말라고, 궁금히 여기라고 말하고 싶다. 그래야 고통을 우리가 지금까지 탐구한 구체적 믿음, 은혜, 영광과 연관시킬 수 있다. 그 과정에서 우리의 체험은 예상치 못한 곳에서 예상치 못한 방식으로 소망을 불러일으킬 것이다.

그런 호기심 어린 자세를 염두에 두고, 먼저 대인관계 신경생물학 관점에서 고통의 역학을 관찰하고 묘사해 보기를 바란다. 이 작업에서 우리는 그 역학이 작동하는 정황을 제공하는 인간 체험의 범주를 발견하게 될 것이다. 나는 로마서 5장의 조명 아래서 함께 이 특징들을 생각해 볼 작정이며, 로마서 5장이 줄곧 우리의 대화를 인도해 나갈 것이다.

내 의도는 고통에 관해 무언가 새로운 사실을 밝히거나 추가적 정보를 제공해서 고통에 대해 우리가 내리는 '정의'를 극적으로 수정하려는 것이 아니다. 그보다 나는 소망과 관련된 우리 체험의 특정 측면에 주목하고, 고통 앞에서 어떻게 그 소망을 불러일으키고 유지할 것인가에 관심을 기울이고자 한다. 그런 소망은 현실 세상에서 좀 더 온전히 살아갈 수 있도록 우리를 구비시켜 줄 것이다. 예수님이 말씀하셨다시피, 우리가 환란을 당하게 될 세상에서 말이다.[8]

아픔 견디기: 고립

우리는 아픔(pain)과 고통(suffering)을 구별하는 경향이 있다. 아픔은 육체적으로나 정서적으로 불편한 상태를 감지하는 것을 가리키는 말로 쓴다. 고통이라는 말은 장시간 겪는 아픔, 특별히 더 괴로운 아픔을 견뎌 낸다는 의미로 쓴다. 아픔은 불편함을 체험하는 것이고, 고통은 그 체험을 견뎌야 하는 시간까지 포함하는 개념이다.

여기서 우리는 대인관계 신경생물학이 웬디에게 일어난 일을 설명하는 첫 번째 방식 한 가지를 알게 된다. 더하여, 로마서 5장에 기록된 바울의 말에 비추어서 대인관계 신경생물학은 먼저 우리의 상상력을 포착하고, 이어서 하나님이 새롭게 창조하신 아름다움과 선함 가운데 있는 우리의 삶 전체를 설명하고자 한다. 그러려면 불편함(아픔)과 시간(고통)과의 관계, 그리고 어쩌면 놀랍게도 불안의 전반적 현상을 잠시 먼저 살펴봐야 한다.

불안 반응의 주요한 기원(起源) 한 가지는, 신경학과 관련된 버려짐에 대한 실존적 공포다.[9] 여기서 내 말은, 우리의 수치 상태에 대한 직접적 반응으로서 자신이 의도적으로 버려지고 있다는 인식 상태(늘 그렇지는 않지만 대개 무의식적으로)를 가리킨다.

하나님이 남자가 혼자 사는 것이 좋지 않다고 말씀하시고 하와를 만드신 것에서 볼 수 있는 것처럼,[10] 우리는 태초부터 그런 버려짐과 싸워 왔다. 뱀이 하나님을, 그리고 간접적으로는 하와를 고소한 결과 하와의 내면에 등장한 혼자 됨을 알 수 있다. 하와와 아담 사이에서, 그리고 이어서 아담과 하나님 사이에 커져간 혼자라는 느낌을 받을 것이다.

이 혼자 됨은 가인에게도 전해졌고, 가인은 자기 동행을 광포하게 살해함으로써 이에 대처했다. 이 혼자 됨은 수치심과 트라우마를 통해 타인에게서 멀어지는 것으로 변모했다. 하와와 아담이 서로에게서 멀어졌다. 하나님에게서 멀어졌다. 가인은 동생의 생명을 끝장낸 뒤 자기 집에서 멀어졌다.

이 '혼자' 됨, '멀어짐'의 예측 가능한 결말은 죽음이다. 혹은 지옥이나, 그밖에 어떤 표현으로 불러도 좋다. C. S. 루이스가 《천국과 지옥의 이혼》에서 말하는 멀어짐이며, 여기서 지옥은 사람들이 서로에게서 점점 더 멀리 떨어져 집을 짓는 곳이 된다.[11]

물론 창세기의 창조 기사에는 버려짐 외에도 여러 가지 스토리라인이 있으며, 우리는 그것들에도 주목해야 한다. 악과 유혹의 실재, 본질, 역할. 죄의 가능성과 신비에 주목해야 한다. 아담과 하와 서로 간의 관계, 하나님과의 관계, 이들이 관리인 역할을 해야 하는 땅과의 관계를 살펴야 한다. 결국 자신들이 하고 싶은 대로 하는 인간을 대하는 하나님의 자세 등을 보아야 한다. 이외에도 스토리라인은 수없이 많으며, 모두 강한 흥미를 불러일으킨다. 겉으로 보기에 너무 흥미진진해서 굳이 주목하라고 말하지 않아도 될지 모른다.

나는 악(惡)이 그것을 바라지 않을까 생각한다. 왜냐하면 우리를 삼키지 않고 함께하시려는 하나님의 무한한 권능, 즉 우리가 존재하는 모든 순간에 즐거운 인자(仁慈)와 창조적 가능성으로 우리와 함께하시려는 그분의 헤아릴 수 없고 막을 수 없는 갈망에 우리 자신을 조율하는 순간, 우리 존재의 모든 것이 달라지기 때문이다. 애초에 우리를 만드신 이유 중 결코 적지 않은 부분이 바로 우리와 함께하시고자 하는 하나님의 갈망이다.

그래서 우리에 대한 사랑이 하나님의 임재에 얼마나 깊고 강하게 표현되었는지를 생각할 때, 하나님이 우리를 버리시는 것에 대한 공포가 그렇게 큰 것도 당연하다. 실제로 하나님의 광대함의 임재를 잃는다는 것은 우리로서는 감당할 수 없는 일일 것이다. 이것이 바로 뱀이 자기 논거의 한 부분으로서 하와를 교묘하게 암시적으로 설득한 내용이다. 하나님이 자기 사랑을 거두어 가지고 떠나실 것이라고 말이다. 위험하게도 그 이후 우리도 그렇게 믿어 오고 있다.

우리의 불안이 얼마나 일시적이든 지속적이든, 그 불안이 얼마나 경미하거나 심각해 보이든, 우리가 끝내 버림받았다는 지속적인 인식이 불안의 근원이라는 사실을 우리는 너무 자주 그리고 너무 심하게 과소평가한다. 이는 우리의 불안이 단지 버림받음에 관한 것이라는 뜻이 아니다. 하지만 버림받음과 관련 없는 불안은 거의 없다.

그래서 하나님의 임재가 우리를 버렸다는 두려움에 직면하여 우리는 과거에 아담과 하와가 그랬던 것처럼 감정과 행동을 보호하는 덮개로 겹겹이 우리 자신을 감싸서, 궁지에 몰린 그 두려움을 막는다. 버림받았다는 믿음대로 현실을 보고 아무 대처도 하지 못하는 우리 모습을 보지 않으려고 말이다. 역설적인 사실은 우리를 보호하려고 이렇게 겹겹이 둘러싼 덮개 때문에 애초에 하나님의 임재를 지각하기는커녕 그 임재를 상상하는 것조차 방해받는다는 것이다.

그런데 고립에 관한 이 이야기, 우리가 지구상에 존재하는 동안 계속 싸워 온 '혼자' 됨에 대한 이 이야기가 고통, 특히 웬디의 고통과 무슨 관련이 있는가? 상당히 큰 관련이 있다. 우리가 방금 살펴본 내용은 실생활에 실제적으로 적용된다. 이 이야기는 웬디는 물론 우리 모두에게 더할 나위 없이 현실적이고 실제적인 의미를 지닌다. 이유를 말해 보겠다. 우리의 가장 큰 갈망은 수치스러워 할 일이 없는 상태로 세상에 알려지는 것이며 우리가 그런 갈망을 지닌 존재로 만들어졌다는 개념을 받아들일 경우,[12] 아무도 나를 보아 주지 않고 위로해 주지 않으며 그래서 안전하지 않고 안정되지 않는다는 전망 때문에 우리의 갈망과는 정반대의 상황이 초래된다는 것을 우리는 곧 인식하게 된다. 내 존재와 내 고통이 주변 세상에 알려지지 않고, 그 결과 수치스러움 가운데 혼자 버려지는 것이다.

더 나아가 안정적인 애착 관계가 발전하면 건전하고 역동적인 공감이 활성화되어 작용한다는 것을 깨달을 때 우리는 고통을 공동으로 조절하는(coregulation) 방법을 배우게 된다. 우리는 고통 중에 있는 사람의 상태에 조응하면서 그 사람과 함께 있어 준다. 그리고 그 사람도 우리의 그런 태도에 조응하는 것, 즉 우리가 공동체로 서로 함께하는 것이 가장 효과적인 대인관계 신경생물학적 고통 조절 장치이다.[13]

그러므로 신생아든 유아든 십대 청소년이든 혹은 서른다섯 살 여성이든, 고통(아픔)은 먼저 다른 사람들이 나에게 조응해 줌으로써 가장 크게 완화된다. 조응은 충분 조건이 아니라 필요 조건이다. 누가 어떤 식으로 개입하든, 아픔을 해결하려면 그 아픔이 존재한다는 사실을 인식하는 것에서 출발해야 한다. 트라우마를 치료하는 최고의 외과의사라면 먼저 치료할 환자와 실제로 함께 있어야 한다. 환자가 무의식 상태로 수술대 위에 누워 있을지라도 말이다.

웬디는 상대방의 행복을 증진시켜 줄 생각으로 조응해 주는 사람과의 진실한 만남을 거의 경험하지 못했다. 웬디의 부모도 딸의 상태에 거의 조응해 주지 않았다. 예의 그 대학 교수는 육식동물이 먹이를 대하는 것처럼 웬디에게 조응했다. 켄트를 만나기 전 웬디의 삶은 그 대학 시절을 거듭 재현하는 것일 뿐이었다.

누구든 웬디의 마음에 공감하며 함께 있어 주고 웬디가 슬픔에 잠겨 있을 때 치유의 장소로 함께 들어갈 목적으로 옆에 머물러 줄 것이라는 개념은 웬디의 체험에는 없는 개념이었다. 웬디는 물론 우리들 중 누구라도 이렇게 진지한 관심의 대상이 되면 소망을 품을 능력이 생긴다. 이는 주의력, 기억력, 기대감, 그리고 이 모든 것을 하나로 묶어 주는 신경가소성과 큰 관련이 있다.

마음의 아홉 가지 통합 영역

우리는 관심을 기울이는 것을 기억한다. 그리고 기억은 곧 자신이 예상하는 미래가 된다.[14] 생각이 작용하는 방식의 이 기본 기능은 뇌의 신경망이 발화되어 함께 연결되는 능력에 기반을 두며, 다른 말로는 '헵의 공리'(Hebb's axiom)라고 알려져 있다.[15] 의식적으로든 무의식적으로든 버림받는 것에 대한 두려움에 관심을 기울일 경우, 마음이 만들어 내는 것이 실제 살고 있는 세상이라고 믿게 되고 기억하게 된다. 그 세상에서 버림받고 있다고 계속 인지한다. 하지만 예측하는 미래, 즉 소망이 자리 잡고 있는 정신 활동의 영역은 기억 속에 암호화해서 그 미래를 상상할 수 있게 해 주는 것에 의존한다.

웬디가 그랬던 것처럼, 조용해 주고 연민을 품고 내 이야기를 경청해 주는 사람의 존재로 아픔이 줄어드는 경험을 한 적이 없을 경우, 자신의 아픔에 끝이 없을 것이라고 생각하게 된다. 할 수 있는 일이라고는 이 상황에 대해 아무 생각도 하지 않는 것이다. 이 상황을 부인하는 것이다. 다른 일로 관심을 돌리는 것이다. 하지만 그러는 동안에도 아픔이 거기 존재하며 결코 사라지지 않으리라는 것을 온몸으로 알고 있다. 장담하건대 그런 상황에서는 소망이 거의 없다.

이 과정에는 대인관계 신경생물학에서 '아홉 가지 통합 영역'(nine domains of integration)이라고 부르는 것이 다수 개입한다. 이는 마음의 기능적 영역으로, 우리 마음이 제 역할을 할 수 있도록 협력하여 작용한다.[16] 이중 고통 문제에 관해서는 특히 두 가지 영역이 두드러진다. 하나는 서사 영역이고 다른 하나는 시간 영역이다. 우리는 이야기하는 사람들로서(서사 영역), 과거를 바탕으로 미래에 관해 이야기한다. 고통은 어째서 우리의 아픔이 결코 끝나지 않을 것인가에 관해 우리가 하는 이야기인 경우가 적지 않다. 하지만 우리가 그렇게 이야기하는 이유는 생각이 시간 인식을 만들어 내기 때문이다.

인간은 현재의 존재 상태에 따라 과거와 미래를 인식하는 유일한 생물이다. 우리는 동물 비버(beaver)들이 지난해 홍수 이야기를 한다거나 부모들의 수명에 비춰 볼 때 자기들이 얼마나 오래 살지 따져 볼 것이라고는 생각하지 않는다. 그리고 우리는 현재 우리 행동에 비추어 미래를 상상하기 때문에 비버들과는 달리 우리가 지금 겪는 아픔이 가까운 미래에도 지속될 것이라고 상상할 수 있는 능력이 있다. 그 미래는 우리가 지금 이 순간 관심을 쏟는 일을 바탕으로 상상 속에 구축하는 미래다.

우리는 아픔을 얼마나 오래 겪어야 하는지 알 수 없는 상태를 견디지 못한다. 만약 그 아픔이 6주 동안 계속될 거라고 말해 주면, 좀 못마땅하기는 해도 기한이 정해져 있어서 시간 영역이 확정되기 때문에 달력을 보면서 편안함을 느낄 수 있다. 마찬가지로 아픔이 평생 계속될 것이라고 말해 주면, 정말 기분이 안 좋을 것이다. 하지만 이 경우에도 여전히 일정한 경계가 주어져서 마음으로 인생 경로를 계획할 수 있다.

하지만 당신의 아픔이 얼마나 지속될지 나도 잘 모르겠다고 말하면, 그 사람은 어떻게 대응해야 할지 몰라 마음이 몹시 힘들 것이다. 대개 이는 고통이 우리의 시간 인식과 연결되어 있기 때문이다. 따라서 자신의 아픔과 더불어 얼마나 오래 고립되어 있을지 이야기하는 순간에도 우리는 그 아픔이 끝나기를 바라고 싶은 마음이 든다. 물론 웬디의 경우가 그랬듯이 아픔이 끝나지 않으면 고통은 우리 영혼의 해변으로 다시 밀려들어온다.

이 사실이 가리키는 것은 우리 마음의 시간 영역과 서사 영역이 만나 기대들을 형성하고, 우리의 고통에 기여하는 하나의 과정을 만들어 낸다는 것이다. 뇌란 하나의 거대한 예측 기기라는 것이 뇌를 설명하는 한 가지 방식이다. 마루 위를 걸을 때 우리는 마루가 내 무게를 지탱해 줄 것이고 그래서 마루가 꺼져서 바닥으로 떨어지는 일은 없을 거라고 기대한다. 자동차의 가속기를 밟을 때, 우리는 차가 앞으로 움직일 것을 기대한다. 퇴근해서 돌아오는 배우자를 따뜻하게 맞아들이면서 우리는 배우자도 따뜻하게 반응해 주기를 기대한다. 우리의 행동 대부분은 그 행동 뒤에 이어질 일들에 대한 무의식적 예측, 즉 기대 가운데 행해진다. 사실로 입증되다시피, 미래를 예측하는, 즉 기대하는 능력은 우리가 고통으로 인식하는 것을 체험하는 방식의 핵심 요소다.

당연한 일이지만, 미래를 예측하는 이 능력과 관련해 우리가 겪는 어려움은 그 기대가 충족되지 않을 때 찾아온다. 우리가 가진 기대가 아주 합리적일 때, 예를 들어 빵집에 가면 빵을 살 수 있을 것이라고 생각할 때에도 그런 문제가 이따금 발생한다. 우리는 차 시동이 걸릴 거라고 기대한다. 집의 지붕이 비를 막아 줄 것이라고 기대한다. 매우 타당한 기대들이다. 그러나 타당한 기대라고 해서 그 결과가 보장되지는 않는다. 우리가 생각하는 확실성에는 사실 확실한 것이 전혀 없기 때문이다. 그러나 이는 일상생활에서 예측 가능성이 높은 사건의 사례들이다. 실제로 빵집에 가면 빵이 있는 빈도가 높기 때문이다.

하지만 지난 한 세기 넘도록, 그리고 특히 지난 25년 동안 우리 문화는 합리적이지 않은 것을 기대하도록 우리를 점점 길들여 왔다(특히 과학 기술과 인터넷을 통해). 합리적이지 않다는 말은 우리가

성숙하고 쾌활하기도 하고 융통성도 있고 참을성이 있고 지혜로
운 사람이 되기를 바란다는 뜻이다. 우리는 만족을 뒤로 미뤄서는
안 된다고 믿도록 길들여지며 살았다. 우리는 자기 생각에 몰두하
지 말고 항상 즐거운 것을 보고 들으면서 다른 데로 관심을 돌리도
록 훈련받아 왔다. 그래서 주유소에서 차에 기름을 넣을 때나 대형
마트에서 줄을 서 있는 동안에도 우리는 동영상을 봐야 한다. 이것
은 4초에서 7초 이상 집중해야 할 때 우리가 이를 견디지 못하고
초조해지는 이유이기도 하다. 《전쟁과 평화》와 같은 책은 오늘날
이라면 출간될 수 없었을 것이다.

우리가 알아차리지 못하는 사이, 우리 시대 문화는 고통당해
서는 안 된다고 기대하도록 우리를 길들이며, 어떤 이유로든 고통
을 당할 경우 주변 환경이 달라져서 우리가 더는 고통을 당하지 말
아야 한다고, 가능한 한 신속히 환경이 바뀌어야 한다고 기대하도
록 길들인다. 고통이 사실은 우리를 회복력 있는 사람으로 만들어
줄 잠재력이 있다는 기대는 거의 하지 않는다. 이런 기대는 우리 시
대 문화의 행위 규범에 반하는 신성모독일 것이다.

이것이 무슨 의미인가 하면, (통합의 서사 영역과 시간 영역을 사용해
서 말하자면) 나는 마음이 고립된 상태에서 스스로에게 이렇게 말하
도록 훈련받아 왔다는 것이다. 즉 예상보다 더 오래 불편함을 견
뎌야 하고 고통을 겪어야 한다면 이런 일은 할 필요가 없다는 것이
다. 유념하라. 이는 내 인생 체험 구석구석에서 아주 교묘하게 이
루어지고 있다! 실로 이런 교묘함이 바로 악이 가장 효과적으로

작동하는 방식이기 때문이다. 과거에는 헬리콥터 부모라는 말이 있었고, 요즘은 잔디 깎기 부모라는 말이 있는데, 이는 고통을 겪는 일은 없을 것이라고 기대하도록 자녀를 교육하고, 교수가 준 성적이 마음에 들지 않으면 대학을 고소하겠다고 위협하는 부모를 가리키는 말이다. 이는 우리 시대 모든 부모의 특유의 행동은 아니다. 성경의 처음 4장만 읽어 봐도 이를 확인할 수 있다. 우리 현대인들은 고통뿐만 아니라 고통이 존재해야 한다는 개념마저도 피하기 위해 할 수 있는 모든 일을 다하는 데 특히 능숙해졌을 뿐이다.

이는 우리에게 일어나는 일과 우리 스스로 저지르는 일을 조합하여 고통을 경험하는 식으로 세상을 인식하는 방법의 한 예일 뿐이다. 이렇게 되면 겪을 이유가 없어 보이는 고통스러운 상태가 생겨나며, 자기도 모르는 사이 고통이 생겨나는 데 직접 기여하기도 하고 악이 문화를 교묘하게 휘두르며 필사적으로 우리를 삼키려고 할 때 이에 협력하기도 한다.

우리는 서사와 시간이라는 이 두 영역이 어떤 역할을 하는지도 알 수 있는데, 모든 게 괜찮을 것이라고 하면서 어떤 사람이 나를 도와주려고 할 때 특히 그렇다. 앞에서 말했다시피, 무엇이 가장 현실적인가에 대한 내 인식은 결국 몸으로 느끼는 방식으로 그 일을 감지할 수 있느냐에 달려 있다. 정말로 모든 것이 괜찮다는 구체화된 감각을 몸으로 만나지 못하면, 다른 사람이 아무리 그렇게 말해 준다 해도 내 실생활이 별로 달라지지 않는다. 오히려 내가 느끼는 아픔에 계속 집중하면서 기억에 새기게 되고, 이어서 그 아픔이 지속되는 미래를 예상하게 된다. 달리 말하자면, 나는 고통을 겪는다.

지금까지와는 다른 유형으로 아픔과 조우하지 않는 한 나는 이 아픔이 무한정 지속되리라고 예측하면서 아픔을 견딘다. 지금까지와 다른 유형으로 아픔과 조우한다는 것은 내게 조응해 주는 타인의 존재 덕분에 아픔을 사실상 달리 지각하는 것, 몸으로 느낄 수 있을 만큼 달리 지각하는 것을 말한다. 아픔이 완화되려면 아픔이 줄어들어야 한다. 그런데 고통은 아픔 자체가 달라지지 않아도 완화될 수 있다.

버지니아대학교 제임스 코언(James Coan)은 관계로 연결된 타인의 존재에는 고통의 실제적 경험을 변화시키는 능력이 있음을 연구 입증했다.[17] 실제로 웬디가 현실과 조우하는 방식이 달라지기 시작한 것은 켄트의 존재 덕분이었다. 웬디가 당시에는 알아차리지 못했지만, 웬디 마음의 서사 영역과 시간 영역이 달라짐으로써 이런 일이 가능했다.

이 효력 있는 과정은 우리 삶에서 감정의 역할을 강조한다. 사실 미래에 관해 마음이 예측하는 것은 실제 사건과는 별 관계가 없고(직장을 계속 다닐 수 있을까? 아들이 암에서 회복될까? 휴가 때 날씨가 좋을까?) 그 사건들이 일어날 때의 감정 상태와 더 관련된다. 사실상 나는 내 기분이 좋을지, 슬플지, 실망스러울지, 만족스러울지를 예측한다. 하지만 거기엔 그 이상의 무언가가 있다.

고통 문제에 관해서는 자신의 감정 상태를 예측할 뿐만 아니라 홀로 그 괴로운 정서 상태를 감당할 것이고 이 상황을 바꿀 수 있는 어떠한 힘도 없을 것이라고 짐작한다. 이러한 심적 경향을 이해하는 게 중요하다. 왜냐하면 이는 불안정한 애착 타입으로 누군가 찾아와서 내가 바라는 만큼 나를 봐 주고, 달래 주고, 안전하게 해 주고, 안정시켜 주기를 어느 정도 기대하는지 때문이다. 여기서도 우리는 홀로 남겨질 것을 두려워하고, 이 고립 상태를 악이 이용하고, 수치심도 자리를 잡는다. 우리 마음의 서사와 시간 영역의 이러한 특징들 속에서 감정은 고통에 대한 인식을 강화하는 결정적인 역할을 한다.

켄트와의 관계가 발전함에 따라 웬디는 자신이 수치스러운 사연을 지녔다는 암시를 주기 시작했는데, 그럼에도 켄트가 별로 거부감을 보이지 않자 충격을 받았다. 켄트의 그런 태도에 웬디는 더 용기를 갖고 더 많은 것을 털어놓았다. 하지만 이야기가 점점 더 많이 쏟아져 나올수록 웬디는 더 많은 지지를 필요로 했고, 켄트는 이에 부응할 수가 없었다.

게다가 웬디는 감정을 완화시키기 위해 치료사가 제공하는 수단 외에 더 많은 것이 필요했다. 웬디의 마음(구체적으로 관계를 맺는 전체 과정)은 다른 사람들이 자신을 봐 주고 달래 주며, 자신이 안전하고 안정되어 있다고 느낄 수 있는 계속적인 기회를 필요로 했다. 웬디는 여러 가지 방식으로 그런 확신을 얻었다. 켄트에게서도 받았고, 치료사에게도 받았고, 이제 고백 공동체에서도 받았다.

힘들었던 것은 타인들의 존재, 함께함에도 불구하고 부모님이 자신을 두고 떠났던 기억, 혹은 불륜 관계가 남긴 트라우마로 여전히 아픔을 느낄 때가 있다는 것이었다.

다시 말해, 웬디가 "더는 못 버티겠어요!"라고 외치며 고통의 가장 깊은 곳에 이른 순간, 그 순간이 바로 웬디의 고통이 전환점을 맞이하는 순간이었고, 실제로 전환점이 찾아왔다. 나는 어떤 해답을 제시함으로써 웬디의 감정 상태를 다루려 하지 않고 대신 지금 어떤 기분인지 궁금증을 갖고 물었다. 나를 비롯해 고백 공동체 사람들의 목적은 웬디의 감정과 하나가 되어, 웬디가 다른 감정 상태로 기꺼이 들어가고자 할 때 호위해 주려는 것이었다.

고통의 원인이 될 수 있는 일들

먼저 우리 인간은 상황에 따라 살아가는 존재들임을 인정하는 게 도움이 될 수 있다. 즉 우리는 자신이 만나는 상이한 변수들의 영향에 부응하여, 혹은 그 영향을 조건으로 살아간다. 이는 간단해 보인다. 우리는 다른 일들에 우리 삶이 영향을 받는 세상에 살고 있다.

하지만 우리가 다른 동물들과 구별되는 점은 위와 같은 사실을 인식하고 있다는 것이다. 그렇다고 해서 엘크 사슴이 이리떼 때문에 그날 오후 풀을 뜯어 먹을 계획이 변경되리라는 것을 모른다는 뜻이 아니다. 다만 엘크가 정말로 그런 인식의 결과에 대해 생각한다거나 이 문제에 대해 궁금해하거나 다른 엘크와 이야기를 나눈다는 증거가 없다는 것이다.

그런 인식은 게리 라슨의 '파 사이드'(Far Side)라는 만화를 그렇게 설득력 있게 만들어 주는 한 가지 요소일 뿐이다. 이 만화는 우리가 집중할 때는 확실히 드러나지만 우리가 대개는 인식하지 못하는 것들에 주의를 환기시킨다. 이를 고통의 문제와 연관시켜 보면, 우리는 가장 깊은 기저에 있는 고통의 근원에 주의를 기울이지 않고 스스로 하등 포유류처럼 살아간다. 고통의 근원에 대한 질문을 하지 않은 채, 그 고통을 안고 찾아갈 곳 하나 없이 고통 가운데 살아간다.

주의를 기울여 보면, 우리의 고통이 대개 세 가지 원인에 따라 발생한다는 것을 알 수 있다. 첫째, 우리는 타인의 의도나 상황 때문에 우리에게 일어난 일로 고통당한다. 둘째, 우리는 스스로에게 행한 일 때문에 고통당한다. 셋째, 우리는 힘을 다해 예수님을 따르려 노력하면서 성장 과정 중에 고통당한다.

빛을 향해 조금씩 천천히 직접적으로 고개를 돌리면 점점 밝아지는 빛에 우리 눈이 계속 적응한다는 것을 알게 된다. 우리가 겪는 고통의 근원(들)을 정확히 알고 이름을 붙여 줌으로써 소망을 향해 점점 가까이 나갈 때 바울의 알고리즘에 따라 다음 발걸음을 내디딜 수 있다.

삶이 우리에게 하는 일

첫째, 우리는 우리 힘으로 어찌할 수 없는 사건들의 결과로 고통당한다. 그런 사건들이 일어날 때마다 꼭 집어 명명하고 싶지는 않더라도, 사건을 식별하기는 어렵지 않다. 예를 들어, 가족 구성원이나 교회 지도자들에게 성적 학대를 당한다. 부모 중 어느 한쪽, 혹은 두 사람 모두가 불륜을 저지르고 이혼한 뒤 후폭풍을 맞는다. 암으로 자녀를 잃는다. 만성 질환으로 한 번도 상상해 본 적 없는 무력한 삶을 살게 된다. 친부모가 양육을 포기하고 나를 입양 보냈다. 성인이 된 자녀가 사고를 당해 영구 장애를 입었고, 이 일로 나도 모르게 세상에서 고립되어 뭔지 모를 사회적 위축감에 짓눌려 있다. 인종이나 피부색을 이유로 조직적으로 학대당하고 있다. 조부모 세대의 트라우마가 부모 세대에 대물림되고, 그 트라우마가 다시 내게 대물림되는 재앙을 당한다. 가족 구성원 중에 약물 중독자가 있다. 어머니나 아버지의 해결되지 않은 문제를 나와 내 형제자매가 고스란히 물려받았다.

우리는 이런 일을 당한다. 이런 일을 나도 당한다. 웬디도 당했다. 웬디는 아버지의 불륜과 교수의 성 학대, 그리고 상처에 대처하는 과정에서 자신을 이용했던 남자들의 학대가 자신의 고통 이야기를 구성하는 실타래이며, 스스로에게 저지른 일들 때문에 이것이 드러났음을 알게 되었다. 우리에게 강요된 아픔과 거기 부수되는 고통을 처리하다 보면 우리 마음이 꽤 까다로운 상태가 된다. 스스로 인식하는 고통의 근원에 너무 집중한 나머지 이 근원에 분노, 분개, 실망, 경멸을 쏟아붓느라 치유 쪽으로 관심을 돌리려는 노력을 거의 하지 않는다. 그렇게 집중하다 보면 대인관계적으로나 신경생물학적으로, 지금 견디고 있는 바로 그 고통의 상태로 거듭 되돌아가게 되고, 벗어나고 싶은 그 고통의 상태를 강화하게 된다.

웬디는 인생의 많은 날 동안 그 길을 밟아 왔다. 웬디가 느끼는 분노와 슬픔은 도무지 대처할 수 없는 마음 상태였으며, 이 때문에 진정제와 음식으로 그런 감각을 둔화시켜야 했다. 그 교수를, 혹은 잠자리를 함께했던 남자들을 떠올릴수록 감정적 고통의 무게는 더 무거워졌다. 그에 따라 웬디는 더 많은 유부남들을 만나야 했고 더 많은 진정제를 써야 했다.

다른 한편 우리가 치유 방향으로 움직이기 시작할 때 악은 우리의 수치심이라는 촘촘한 기억을 이용해, 우리가 말하려고 하는 서사를 가로막는다. 우리는 누군가를 욕함으로써 기분이 나빠지기를 원하지 않으며, 그래서 그 누군가의 행동이 내 고통에 아무런 역할도 하지 않은 체한다. 처음에 치유 과정을 시작할 때 웬디는 부모에 대해 많은 말을 하기를 꺼렸다. 부모에 대해 이런저런 이야기를 한다는 것은 자신의 인생에 대한 책임을 오롯이 부모에게 묻는 것과 똑같고, 그것은 그저 자기 행동 인격적으로 책임지기를 회피하는 것일 뿐이라고 생각했기 때문이다. 책임 소재 따지기를 회피하면 그와 연관된 반응을 하게 된다. 수치심이 바로 그 반응이며, 이는 우리 마음의 신경 영역 상당 부분을 차지하고는 내가 당하는 고통은 내 선택 때문이라고 속삭인다. 나 자신이 내가 당하는 고통의 본질이라고 말이다. 우리는 자기가 겪은 트라우마에 대해 자기에게 전적으로 책임을 지우며 자책하고 싶어한다.

치유 과정을 시작할 때 웬디는 고백 공동체와 함께 몇 달을 지낸 후에도 여전히 자신이 자기 연극의 유일한 등장인물인 양 자기 이야기로 돌아온다는 것을 자각하곤 했다. "그때 더 잘 알았어야 했어요." "교수님 방에 들어가지만 않았다면." "아버지가 내 기분을 고려해 주기를 자꾸 기대한다니 제가 문제 아닌가요?" "나와 사귄 남자들이 대부분 나쁜 놈들이라는 걸 알고 있었으면서 내가 무슨 생각으로 그랬던 걸까요?"

이 모든 사례에서 웬디는 자기에게 일어난 일을 고심해서 다루고 있었지만 그 방식은 웬디에게 고통만 더해 줄 뿐이었다. 중요한 사실은 웬디의 사연에는 타인이 웬디에게 저지른 일이나 웬디가 자기 힘으로 어찌할 수 없는 상황 때문에 벌어진 일이 있는데, 그게 어느 부분인지 제대로 파악할 필요가 있었다는 것이다. 그런 후에야 웬디는 그 일에 대해 적절한 대인관계 신경생물학적 대응을 시작할 수 있었다.

앞으로 살펴보겠지만, 자신에게 일어난 그 일들의 본질을 파악하고 이름을 붙여 주지 않으면 우리의 사연에서 그 일들이 나타내는 부분들이 계속 감춰지게 된다. 반대로 그 일들에 적절한 이름을 붙여 주면 소망을 품을 수 있는 길에 들어서게 된다.

앞에서 살펴보았다시피 아픔이란 육체적, 심리적, 정서적, 인간관계상 부상을 입은 결과로 겪는 직접적 괴로움이다. 고통은 시간이 지나면서 그 아픔에 대해 우리가 보이는 반응이다. 웬디의 아버지는 정말 악한 사람이었다. 어머니마저 우울증이어서 웬디는 의지할 언덕이 없었다. 그러나 웬디의 고통의 근원은 이렇게 트라우마를 남기는 사건들에 국한되지 않았다.

이런 현실에 대한 웬디의 대응 자세도 웬디의 고통에 크게 일조했다. 이는 다섯 살, 혹은 열세 살 아이였던 웬디가 자신의 고통에 홀로 책임이 있다는 말은 아니다. 웬디가 이 고통이나 이 고통을 낳은 사건들을 막을 수 있었다는 말도 물론 아니고, 그 사건들이 중요하지 않았다는 말도 아니다. 전혀 그렇지 않다. 웬디가 겪은 고통의 핵심에는 그 사건들이 자리 잡고 있었다. 웬디가 자신의 아픔에 대처한 자세는 웬디로서는 최선을 다한 것이었다. 따라서 그런 자세에 대해 웬디를 비난해서는 안 되었다.

하지만 그렇다고 해서 대인관계 신경생물학의 관점에서 보는 사실이 달라지지는 않았다. 즉 웬디의 대응 자세는 자신이 주체가 될 수 있다고 인식한 일에 대해서 보인 자세이기 때문에 나중에 정기적으로 그 일을 회상할 때 검사, 배심원, 판사의 입장에서 떠올리게 되었다는 것이다. 단지 진정제를 남용한 일에 대해서만이 아니었다. 대학교수나 다른 남자들이 유부남인 줄 알면서도 기꺼이 잠자리를 한 것에 대해서만이 아니었다. 자신을 정죄할 때 웬디는 어릴 때였으므로 어떻게 할 도리가 없었던 사건들에 대해서도 마음속으로 자연스럽고도 자동적으로 자책을 했다. 더 교묘하고 해롭고 고통스러운 것은, 웬디가 자신에 관해 하는 이야기였는데, 이는 웬디의 행실을 부채질하기도 했고 그 행실의 결과이기도 했다.

웬디는 이런 말을 했다. "나는 아무것도 아니에요." "누구도 나를 원하지 않아요." "내 인생은 쓸모없다고요." "아버지는 나를 전혀 이해 못해요." "엄마는 내가 살았는지 죽었는지 신경 쓸 겨를이 없었어요." 이는 트라우마와 스트레스에 대한 반응과 함께 웬디의 뇌리에서 늘 떠나지 않는 말이 되었다.

웬디는 이런 말들이 자신이 살아온 날들의 내면의 대화를 지배하는 판단이었음을 인정했다. 더 나아가 웬디는 수치심의 작동 방식에 관해 우리가 앞에서 알게 된 사실을 차용해서, 자기 인생이 지금처럼 된 것은 자신의 잘못이라고 말했다. "전 잘 알고 있었어요." "그 정도로 바보는 아니었어요." "누구도 그 남자들이랑 자라고 등 떠밀지는 않았지요."

여기서도 우리는 악이 수치심을 이용해 우리 마음의 서사 영역을 탈취하여, 풍성한 소망보다는 상상 속의 절망적 미래를 구축하는 식으로 우리의 관심을 끄는 것을 볼 수 있다. 악은 우리가 스스로에게 고통을 강화하는 행동을 하게 함으로써 고통을 조장한다.

이것이 당신에게 놀라울 만큼 새로운 정보일 것으로 기대하지는 않는다. 중요한 것은, 위와 같은 생각을 통해 우리 스스로 고통이 발생하는 데 협력자가 된다는 사실에 우리가 거의 주의를 기울이지 않는다는 점이다. 게다가 우리는 이런 행동을 많이 한다. 그런데 우리가 혼자만의 생각 속에 고립되어 있을 때가 얼마나 많은지를 감안하면 이런 습성은 선천적이라고 할 수 있다.

반가운 소식은, 우리가 이런 행동을 더 많이 자각할수록 이 습성을 변화시켜 고통과의 관계를 바꿀 수 있다는 것이다. 즉 우리가 소망을 품을 때 고통이 중요한 역할을 한다는 것을 알게 되는 것이다.

두 시간대를 동시에 살기

우리는 서로 겹치는 표준 시간대에 살고 있다. 이런저런 시간대에 산다는 것이 무슨 의미인지 우리는 모두 알고 있다. 심지어 대도시 지역 사람들은 서로 다른 시간대에서 살기도 한다. 예를 들어 채타후치강 동쪽에 있는 조지아주 콜럼버스는 동부 표준시에 속해 있다. 그런데 인접한 앨라배마주 피닉스시는 채타후치강 바로 건너편인데 중부 표준시에 속한다. 그러나 대도시 권역이 이렇게 강을 사이에 두고 연속되어 있어도 주민들이 두 시간대에 동시에 주소를 두지는 않는다. 이 시간대 아니면 저 시간대이지 두 시간대에 동시에 살 수는 없다. 내 말의 요점이 무엇인지 파악했을 것이다. 그러나 이 세상에서의 삶에 관한 한, 이는 이쪽 아니면 저쪽 시간대 이야기가 아니다. 이 삶은 양 시간대의 문제다.

성경 내러티브가 시간을 측정하는 가장 흔한 방식 한 가지는,

시대의 관점이다. 구체적으로 시간을 이 현시대와 다가올 시대로 나누는 것이다. 예수님은 이 시대에 대해 말씀하셨다.[18] 바울도 이에 대해 말했다.[19] 우리는 현시대가 지나가는 중이고 다가올 시대는 예수님의 부활과 더불어 시작되어 그 완성을 기다리고 있는 시간에 살고 있다.

바로 이 양 시대가 겹치는 시대(원한다면 두 시간대라고 해도 좋다)에 우리가 살고 있다. 우리의 사연 중 우리가 죽이려고 애쓰는 것을 나타내는 부분(바울은 우리의 그 부분을 가리켜 육신이라고 한다)은[20] 여전히 남아 있으며, 우리의 기억 및 그 기억과 연결된 신경망에 새겨져 있다.

웬디는 개인 심리치료와 고백 공동체 활동을 통해 새로운 신경망을 만들어 가고 있었지만 그에 못지않게 웬디의 삶에는 오래된 신경망이 여전히 다시 활성화될 때가 있었다. 그리고 그때마다 웬디는 고통을 겪었다.

바로 여기에 우리가 고통을 겪는 세 번째 방식이 있다. 이는 기본적으로 우리에게 일어난 일이나 스스로에게 저지르는 일에 관한 것이 아니다(그 두 범주가 다 관련되기는 하지만). 이 유형의 고통은 우리가 계속 견뎌야 하고 변함도 없는 아픔에 대한 절실한 인식으로서, 새 창조의 직접적 결과다. 바울이 에둘러 말하는 것처럼 이는 출산의 고통이라고 해도 좋다.

이 아픔, 이 출산의 고통은 누구도 바라지 않을 것이다. 하지만 특히 고백 공동체에서 우리가 이 아픔을 견디는 것은 이것이

'새롭게 됨'에 따르는 부작용이기 때문이다. 이는 대퇴골 골절 환자나 알코올 중독자가 겪는 재활의 고통과 다르지 않다. 혹은 C. S. 루이스의 《새벽 출정호의 항해》(The Voyage of the Dawn Treader)에서 유스티스가 아슬란에 의해 '용 껍질이 벗겨지'는 경험을 하는 것과 비슷하다.[21] 혹은 역도 선수가 역기 무게를 증량할 때 근육의 미세 파열로 아픔을 느끼는 것과도 비슷하다.

웬디는 우리가 지금까지 살펴본 이런 식의 고통에 대해서는 잘 알고 있었다. 하지만 치유를 추구하는 과정에서 곧바로 겪게 될 고통은 실제 겪어 본 적도 없고 예측할 수도 없었다. 웬디는 곧 알게 되었다. 빛으로 걸어 들어간다는 것, 통합 상태를 향해, 온전함을 향해 나간다는 것은 많은 노력이 요구되는 힘든 여정이라는 것임을 처음 경험하고 있었다.

요한복음 5장에서 예수님이 병을 고쳐 주신 사람의 경우도 다르지 않았다. 38년이나 병자(invalid)로 있었는데 낫고 싶지 않은 사람이 어디 있겠는가?(invalid라는 영어 단어가 in-valid[쓸모없는, 무가치한이라는 뜻]에서 나왔다는 사실을 놓치지 말라) 그런데 예수님을 만난 덕분에 걸을 수 있게 되고 건강해진 지금, 이제 그 사람은 직업이 없고 기술이 없다는 사실과 싸워야 한다. 그런데 예수님은 이 이야기 후반부에 그 사람을 찾아가 죄 짓기를 그만두라고 경고하신다. 그 사람은 어떻게 해야 할까?[22]

돌에 맞아 죽을 위기에서 예수님이 보호해 주신 여인은 또 어떤가. 죽을 뻔한 위험에서 구조되었으니 얼마나 안도감을 느꼈겠는가. 그런데 그때 예수님은 가서 다시는 죄를 짓지 말라고 여인에게 말씀하신다. 여인은 어떻게 해야 할까? 아이들은 어떻게 먹여 살려야 할까? 당시 여인의 직업이 무엇이었을지 뻔히 보이는데, 그 일이 아니면 누가 여인을 부양할까? 여인과 결혼하려는 사람이 있기는 할까?[23]

무엇엔가 중독되었다가 이를 끊고 회복하는 일에 전념 중인 사람에게 물어보라. 술이든, 섹스든, 물질이든, 정치든, 동영상이든 자신이 선택한 마약을 끊는다는 것은 고통스러운 과정이다. 초기 단계에서부터 고통이 시작된다. 예수님처럼 되는 일에 진지하게 임하고자 할 경우, 독특한 고통을 필연적으로 대면하게 될 것이다. 독특하다고 한 것은 우리가 여전히 지금 이 시대에 속해 있으면서도 다가올 시대를 살기로 선택해야 한다는 점에서 하는 말이다.

웬디는 고통에 대처하는 과거의 전략으로 돌아가지 않으려고 열심히, 때로는 힘들게 노력했기 때문에 고통당하고 있었다. 웬디는 진정제 남용을 중단하거나 해로운 식습관을 버리는 것도 힘들었지만 잠자리를 함께하던 남자들과의 만남을 일절 끊는 데는 그보다 더한 초인적 노력이 필요했다고 말했다. 웬디는 다가올 시대를 살기 위해 눈에 띄게 애쓰고 있었다.

예를 들어, 고백 공동체 회원의 어떤 이야기에 웬디의 오랜 갈망이 되살아난다면 어떻게 되겠는지 생각해 보자. 웬디는 아버지가 자신을 인정해 주는 말 한마디, 어머니가 따뜻한 위로의 말 한마디만 해 준다면 좋겠다고 생각했다. 하지만 이날까지도 그 갈망은 이뤄지지 않고 있었다. 그런 갈망이 되살아나면, 누구도 나를 달가워하지 않는다고 속살거리는 오래된 사연들이 다시 떠오르기 마련이다. 그런 순간이면 웬디는 공동체 사람들에게서 위로받았다는 사실에만 집중하려고 무진 애를 쓴다. 그리고 그런 일이 있을 때마다 웬디는 아버지와 어머니의 사랑의 부재에 가슴이 아플 뿐만 아니라 자신이 여전히 그 사랑을 갈구한다는 사실에 수치스러운 마음이 들려고 한다.

"얻을 수 없다는 걸 알면서도 왜 나는 계속 갈구하는 것일까요? 예수님과 여러분들에게 받는 사랑으로 만족할 수 있다면 좋겠어요. 하지만 자꾸 그런 갈망이 생기고, 그러면 사실은 나를 원하지 않는 남자의 품에 안겨 있으면서 그때만큼은 이 사람이 정말 나를 원한다고 느꼈던 그때 생각이 물밀 듯 밀려들어요. 그저 하나님과 켄트만을 사랑할 수 있다면, 하나님과 켄트의 사랑을 느낄 수 있다면 좋겠어요. 그리고 여러분의 사랑도요." 웬디는 고백 공동체 사람들을 둘러보며 말했다. "하지만 그게 그렇게 어렵네요."

사실 이는 또 다른 유형의 고통이었다. 이는 웬디에게 일어난 일이나 웬디가 스스로에게 저지른 일의 결과가 아니었다. 그보다 이는 웬디에게 불행을 안겨 준 삶의 물결을 거슬러 올라가려고 방향을 바꿈에 따라 만나게 된 저항이었다.

얼마나 오랫동안 과거의 서사에 맞춰 수영을 해 왔는지를 생각해 본 웬디는 바로 그 방향 전환으로 자신의 영법(泳法)에 어떤 약점이 있으며 그것이 노출되었다는 것을 이제야 알게 되었다. 물결을 거슬러 헤엄치기는 곧 고통을 겪는 일이었다. 그 고통은 현시대가 지나가면서 웬디를 데려가려고 할 때, 그 물결에 휩쓸리지 않고 다가올 시대를 사는 법을 연습하고 있는 사람으로서 겪는 고통이었다.

다른 많은 사람과 마찬가지로 웬디에게도 이런 유형의 고통에 수반되는 자각이 있었다. 부모는 웬디의 정당한 요구를 들어줄 능력이 없는데, 그럼에도 웬디는 여전히 그것을 갈구한다는 것이었다. 얻을 수 없다는 것을 알면 더 바라지 말아야 할 텐데 우리는 그러지 못한다. 특히 부모와 관계된 일에서는 절대 그 갈망을 버릴 수가 없다.

마찬가지로 개인적 변화를 그토록 간절히 바라면서도 이뤄지지 않을 때 조급하게 자책하는 경우는 또 얼마나 많은가? 우리는 받지 못할 것이라면 더는 원하지 않기를 바라거나, 하나님이 바라시는 사람이 되기를 원하거나 둘 중 하나다. 우리의 시간표에 둘 중 어느 일도 일어나지 않을 경우, 고통을 겪는다.

우리는 현실 세상에 삶으로써 고통을 겪는데, 이 현실 세상에서 우리는 왕을 좇아 정말 열심히 달리고 있지만, 우리가 얼마나 자주 넘어지는지 스스로 잘 알고 있고, 현시대의 현실을 벗어날 수 없으며 다른 모든 일들과 더불어 악이 우리를 삼키려고 추격해 오고 있다는 것 또한 잘 알고 있다.

내 친구 캐서린과 제이 울프는 호프 힐스(Hope Heals) 공동체에서 함께 일하며 섬기는 사람들과 더불어, 사랑으로 동역하는 공동체 안에서까지 우리를 쫓아다니며 괴롭히는 (육체적으로든, 정서적으로든, 영적으로든) 이 세상의 일들에서 벗어날 수 없다는 게 무슨 의미인지 절실히 알고 있다.[24] 캐서린은 20대 중반에 뇌졸중으로 죽을 뻔한 위기를 겪은 후에도 여전히 남편 제이와 함께 신실하게 예수님을 따르려고 열심히 노력하는 한편, 큰 고통 속에서도 서로를 사랑하는 일에 애를 썼다. 두 사람은 역경이 소용돌이치는 중에 하나님과 사람들에게 깊이 사랑받는다는 게 어떤 의미인지 잘 알고 있었다.

실제로 이들의 여정은 계속 새로운 형태의 고통을 선사한다. 캐서린의 신체적 한계만이 이들이 고생하는 원인은 아니다. 문제는 세상이 이들을 많은 어려움에 빠뜨릴 때 예수님과 서로에게 신실함을 유지하는 것이다.

웬디가 싸우고 있는 상대가 바로 고통의 이러한 특징이다. 웬디의 고통은 웬디에게 일어난 일들에 일부 뿌리를 두고 있었고, 일부는 웬디가 스스로에게 저지른 일이 원인이 되었다. 하지만 지금 웬디가 겪는 고통은 빛 쪽으로, 아름다움을 향해서 시선을 돌린 직접적 결과였다. 이렇게 해서 웬디는 사실상 그리스도의 고난에 참여하고 있었지만,[25] 함께 같은 길을 가는 사람들의 무리와 어울려서 고통의 본질 자체를 변화시키는 방식으로 참여하고 있었다.

마지막으로 우리가 이 두 시간대에 살고 있다는 점을 감안할 때, 앞으로 평생 고통을 헤쳐 나가며 살아야 한다는 것은 비밀이 아니다. 실제로 우리가 알고 있듯이 로마인들에게는 사람을 죽이는 방법이 무수히 많았고, 그중 아주 신속한 방법도 많았다. 반면 십자가형은 본질적으로 그 처벌을 받는 사람은 물론 이를 지켜보는 사람까지도 수치스럽게 만들었을 뿐만 아니라, 장시간을 참기 어려운 고통 속에서 죽어 가게 만드는 방법이었다.

예수님은 (자신이 그러셨듯) 우리가 고통을 감내하는 게 얼마나 힘든지 아신다. 뿐만 아니라 예수님은 우리가 자각하기를 바라실 것이다. 예수님처럼 산다는 게 그분에게는 어떤 것이었을지 우리가 이제는 조금 더 이해하게 되었다는 것을 말이다. 실제로 예수님은 여러분과 나처럼 아버지뿐만 아니라 형제자매들에게도 알려지기를 갈망하신다. 이는 우리가 그리스도의 고난에 참여하는 또 하나의 방법이다.

예수님이 이렇게 말씀하시는 것을 상상해 볼 수 있다. "이제 너희는 내 입장을 더 많이 알게 되었다. 그래서 내가 세상을 위해 어떤 존재였는지를 본받아 너희도 그렇게 될 수 있다. 나는 세상과 함께 있다. 너희가 세상과 함께하며 고통을 겪어야 하는 것처럼, 그리하여 마침내 구속의 방향으로 세상을 인도해야 하는 것처럼 말이다."

그렇다면 이는 고통에 대해 세상이 제시하는 다른 어떤 것과도 비교할 수 없는 서사이다. 고통을 부인하거나 고통을 없애기 위해 몸과 거리를 두고 실제 세상과 거리를 두려 한 영지주의자들과 달리, 예수님을 따르는 우리는 세상을 향해, 예수님 아니었다면 회피했을 곳을 향해 굽힘없이 나아간다. 우리가 그렇게 할 수 있는 이유는 우리와 함께하는 사람들의 몸에서 보이는 영광으로 힘을 얻기 때문이다. 그 사람들은 예수님이 십자가에 달려 돌아가신 날 앞에서도 부활절이 다가오고 있다고 믿는 사람들이다.

우리의 고통이 어디에서 생겨나오는지를 이야기하는 이 세 가지 방법을 탐구하는 과정에서, 이 세 가지가 서로 엮일 수 없는 전혀 별개의 이야기를 담고 있지는 않다는 것이 분명해졌을 것이다. 우리의 고통이 생겨나오는 특정한 근원을 늘 뚜렷하게 식별하지 못할 수도 있다. 고통은 한 가지 원인이 아니라 두 가지 이상의 근원에서 동시에 생겨나올 수도 있다.

우리의 고통이 어디에서 비롯되는지 정확히 아는 것은 궁극적으로 중요하지 않다. 하지만 고통의 기원을 어떻게 경험했는지 인식하면 우리 여정의 다음 단계로 나아갈 때 우리가 고통에 의해 어떻게 변화되는지, 그리고 동시에 고통에 대한 우리의 인식이 어떻게 변화되는지를 이해하는 데 도움이 될 것이다. 인내를 실천할 때 우리는 하나님이 우리 생각을 형성하신 방식을 활용해 우리를 치유하시고 우리의 성품을 빚으시며 소망을 품을 수 있게 하시는 것을 깨닫게 된다. 우리를 부끄럽게 하지 않을 그분의 소망을 고통을 통해 발견하게 될 것이다.

6

인내

지속적 견딤,
미래를 품게 하다

이는 환난은 인내를 … 이루는 줄 앎이로다

(롬 5:3하-4)

누구든 고통을 겪는 사람이라면 지금 영혼 가장 깊은 곳에서 마주하고 있는 고통에서 살아남으려면 인내와 견딤이 필요하다는 것을 안다. 내 말을 오해하지는 말라. 나는 인내라는 개념을 정말 좋아한다. 인내하는 내 모습을 상상하면, 세상에서 가장 고상한 일을 하고 있다는 느낌이 든다. 힘든 일을 견뎌 내는 사람, 계속되는 괴로움 앞에서 회복력을 키워 나간 사람으로 알려지고 싶지 않은 이가 어디 있겠는가?

실제로 인내하기 위해 무엇이 필요한가 하는 문제에 이르렀을 때 고민되는 것은, 사실 나는 인내에 그다지 관심이 없다는 점이다. 알고 보면 인내는 정말 힘든 일이다. 그뿐이다. 나는 인내가 약속해 주는 상급은 받고 싶다. 그런데 그 상급을 받기 위해서 인내하기는 싫다.

사실 약간이라도 고통이 예견될 때 나는 인내보다는 우상이나 혹은 제럴드 메이가 일깨워 주는 것처럼 중독에 더 가까운 다수의 대처 전략들로 시선을 돌림으로써 그런 예측에 대응할 때가 많다.[1] 그리고 나만 그런 것은 아니다. 고통을 느끼는 감각을 마비시킴으로써 고통을 버티는 이들이 많다. 어떤 사람은 분노하고 분개하며 고통을 견디다가 원한을 품는다. 어떤 사람은 고통에 짓눌리다가 더는 견딜 수 없다 생각하고 자기 목숨을 끊기도 한다. 왜 이런 일이 벌어질까?

당연한 말이지만, 인내하기 위해서는(그리고 채찍질이 지나쳐 말이 죽는 일이 없으려면) 아주 힘든 노력이 요구되기 때문이다. 힘든 노력이란 트라우마나 수치심·두려움 등에 대처하는 단기적 전략을 제공하는 외면의 태도를 바꾸기 위한 것이기도 하고, 자기 자신에 관해 믿어 오고 이야기해 온 사연들을 재구성하려는 시도이기도 하다. 자신에 얽힌 이 사연들은 애초에 겉으로 드러나는 행동의 연합체로서, 그 과정의 일부로서 신경을 통해 우리 뇌에 전달된다. 우리의 오래된 사연들이 차지하는 신경계의 영역은 엄청나며, 이에 대해서는 곧 다시 살펴보겠다.

고통의 친구, 인내와 성장

어쨌든 바울의 예수님 체험은 인내에 대한 내 두려움의 코앞까지 다가와서, 그 두려움을 뒤집어 놓는다. 바울이 로마 성도들에게 보내는 편지를 보면, 그는 예수님과 예수님의 몸 된 초대교회 성도들의 교회 관계에서 고통이 붕괴나 부정이나 중독으로 귀결되지 않고 인내의 길로 곧장 연결된다고 생각하는 것 같다. 이런 이유로 예수님이 바울에게 매우 설득력 있는 분이셨기에 바울은 인내란 단지 어떤 일을 참기만 하는 게 아니라고 생각한다. 바울이 생각한 인내는 사실 소망으로 연결되는 핵심 열쇠다. 불안한 삶 가운데서도 고통 없이 확실하게 얻을 수 있다는 소망으로

향하는 열쇠를 인내로 여겼던 것이다. 편지 수신인들의 절망을 소망으로 바꾸어 주는 듯한 이 말씀에서 바울이 하려는 말은 무엇인가?

이 구절은 역본마다 다르게 번역되는데, 이 역본들은 두 가지의 서로 연관된, 그러나 서로 다른 영어 단어로 바울이 의도하는 의미를 표현한다. 그 두 단어는 견딤(endurance)과 인내(혹은 견인, perseverance)로, 의미가 살짝 다르다. 견딤은 역경 앞에서 계속 행하는 능력, 혹은 지속성, 그리고 그 과정에 내재된 회복력을 가리키는 경향이 있다. 반면 인내는 역경에 대응하는 좀 더 능동적인 자세를 암시한다.

두 단어 모두 어려운 환경에도 불구하고 현재 가는 길을 계속 가는 것을 뜻한다. 바울은 고통이 닥칠 때 이를 헤쳐 나가는 방식에 우리의 관심을 집중시킨다. 편의를 위해서 이제 나는 주로 인내라는 단어를 쓸 텐데, 이는 무엇보다도 인내가 뜻하는 힘을 강조하기 위해서지만, 인내의 특성인 지속성과 회복력을 가리키기 위함이기도 하다.

뜻을 명료히 하기 위해서 하는 말인데, 바울은 모든 고통이 당연히 인내를 낳는다고 말하지 않는다. 많은 이에게 고통은 길의 종점이지 소망으로 가는 경로가 아니다. 그러나 절대적인 사실은 불멸의 소망은 필연적으로 고통에서 탄생한다는 것이다. 그 고통이 더할 수 없이 큰 고통이 아니더라도 말이다.

고통이 없으면 성장이 없다. 인격이 자라는 것과 소망이 자라는 것도 다르지 않다. 인내는 고통과 소망 사이에 다리를 놓아 준다. 반가운 소식은 우리가 하나님의 선한 창조에서 배우는 내용들(이 경우에는 대인관계 신경생물학)이 우리가 그런 노력을 기울일 때 도움이 될 수 있다는 것이다.

그러나 기억해야 할 것은 바울에게 인내는 영광과 더불어 시작된다는 점이다. 고통에 선행하고, 고통을 에워싸며, 고통에 뒤따르는 영광 말이다. 이 영광은 예수님에게 안정감 있게 깊은 애착을 형성하는 데서 두드러지는 영광이다. 바울은 자신을 위해 오신 분(예수님)을 신뢰하는데, 이 신뢰의 한 기능으로 등장하는 것이 애착이며, 그분은 하나님과 더불어 바울의 무죄를 선언하시고 바울을 하나님의 가족으로 반갑게 맞아들이신다(칭의). 성령으로써 바울의 인식을 그분 자신으로, 하나님의 영광으로 가득 채우신 예수님에 대한 애착과 바울을 사랑하시는 하나님의 영광스러운 기쁨, 그리고 그 사랑의 무게를 깨닫는 바울의 기쁨이 가득하다. 바울에게 새 마음을 창조해 주는 것이 바로 이것, 즉 하나님의 영광이며, 바울은 그 마음이 날마다 더 새로워진다고 말한다.[2]

이는 바울이 상상으로 꾸며 낸 허구가 아니다. 이는 멋있고 아름답기는 하지만 단순한 신학적 사색이 아니다. 바울은 인내가 무슨 의미인지 아시는 예수님께 인내를 강권받는다. 예수님도 하나님과 성령의 영광, 아버지와 아들 사이 사랑의 영광이 있는 가운데서 그 영광의 힘으로 그렇게 하셨기 때문이다.

예수님의 경우 이 인내는 부모님이 사람들에게 수치를 당할 수도 있는 임신 앞에서, 그리고 이집트로 피신해야 하는 상황 앞에서 기꺼이 그 길을 가려고 했던 것으로 시작되었다. 두 가지 모두 트라우마를 남기는 사건이었다. 상황은 이들 가족이 약속의 땅으로 돌아와, 헤롯의 뒤를 이은 통치자에게서 더 큰 위험을 당할 가능성을 피해 나사렛으로 이주한 일로 계속 이어졌다.

이어서 우리는 예수님이 세례 받으신 후 성령에게 이끌려 광야로 들어가 시험 당하시는 광경을 보게 된다. 하지만 성령의 시험은 이번만이 아니었을 것이다. 누가는 예수님을 상대로 한 마귀의 일이 끝나지 않았다고 말한다. "마귀가 모든 시험을 다 한 후에 얼마 동안 떠나" 있었다고 한 걸로 보아서 알 수 있다.[3]

예수님은 한 걸음 한 걸음 내디딜 때마다 인내하셨다. 특히 마지막 발걸음이 인내 그 자체였다. 예수님의 인내는 단순히 예수님을 십자가로 데려가기만 하지 않았다. 예수님의 인내는 예수님으로 참혹한 십자가형을 당하게 만들었다. 또한 예수님은 수 세기 동안 하나님께 부르짖으며 인내해 온 교회 공동체 지체들과 한목소리로 시편 22편을 기도하며 인내하신다.

이 시편은 불완전하게 읽음으로써 오독(誤讀)하기 쉽다. "내 하나님이여 내 하나님이여 어찌 나를 버리셨나이까"라는 첫 구절은 익히 잘 알 것이다.[4] 하지만 시가 진행되는 동안 화자, 독자, 청자를 인내의 여정으로 데려가, 고뇌 대신 위로와 확신을 얻게 하고 피해자 입장에서 변호 받는 입장이 되게 하는 것에는 익숙하지 않을 수 있다.[5]

예수님은 이 시편으로 기도하시면서 자신이 처한 상황과 고통의 현실을 인정하는 것으로 시작하여 시간을 여행하신다. 그러나 추측컨대 이 시의 경로를 따라가다가 예수님은 중간 지점에 이르고, 그 다음에는 결론에 이르는데, 여기서 예수님은 하나님께서 자신을 궁극적으로 변론해 주시리라는 확신에 관심을 집중하신다. 이는 아직 태어나지 않은 세대들에게 전해질 이야기다. 이 시편을 기도하실 때 예수님은 본질적으로 하나님이 자신의 고통을 아신다고, 하나님이 그 고통 가운데 자신과 함께하신다고 확신하는 방식으로 하시며, 그리하여 이 시어(詩語)들에서 자신을 확증해 주는 말씀과 소망을 발견하신다.

(광야에서 시험받을 때와 마찬가지로 여기 시편 22편에서도) 성경에 몰두하는 연습을 할 때, 예수님이 성경에 의지하고 그렇게 인내하실 수 있음은 성경이 예수님을 이끌어 성령의 능력으로 성부가 임재하시는 현재의 순간으로 데려가기 때문이다. 이런 식으로 예수님은 우리가 견디는 고통의 큰 원인이 되는 시간의 폭정을 초월하신다.

바울은 이 예수님을 알게 되었다. 예수님은 멀찍이 떨어져서 우리의 고통에 대해 말씀하시는 분이 아니라 친밀하고도 아주 익숙하게 고통을 아시는 분이요, 고통 앞에서 성부와 성령에게 대한 조응을 실천하시며, 그리하여 고통을 변화시키는 분이다. 예수님은 이 인내를 실천하셔서 하나님의 구원을 소망할 수 있게 되고, 폭력을 삼가며, 대장의 명령을 기다리며 대기 중인 열두 군단 천사들을 부르기를 자제할 수 있게 된다.[6]

이렇게 바울은 소망으로 가는 길에 인내한다는 게 무슨 의미인지 참으로 아시는 예수님을 만났다. 더 나아가 우리는 바울의 체험이 고립된 개인적 자아의 사적 영역에서만 일어나지 않는다는 것을 알 수 있다. 바울의 인내는 신자들의 공동체를 배경으로 자양분을 얻으며 깊어졌고, 이 공동체는 연약함을 다 드러내며, 심지어 두려워하면서도 바울의 옆에 머물며 바울의 구체적 필요들을 지원하고 그의 생각을 지지했다. 그리하여 마침내 바울은 대단한 확신을 가지고 이 편지를 쓰게 되었을 것이다.[7]

이렇게 사랑받아서, 고통 한가운데서도 취약한 모습을 다 드러낼 수 있는 다정한 공동체 안에서 성령의 능력으로 하나님의 영광을 향해 열린 마음을 갖게 되면, 인내가 실제로 어떤 모습인지에 대한 우리의 상상이 확장되기 시작한다. 이것이 혹시 이를 악물고 노력해야 하는 일은 아닐까 걱정되지만, 아마 그렇지는 않을 것이다. 나로서는 반가운 소식이다. 받아들일 수만 있다면 말이다. 그렇다면 어떻게 받아들일 수 있는가?

공동체 앞에 보이는 자기 취약성

반드시 기억할 점은, 현대인들은 모든 것을 주로 개인주의 렌즈를 통해 생각하고 읽고 해석하는 경향이 있다는 것이다. 바울이 로마 성도들에게 보낸 편지를 읽을 때 나도 그렇게 하기 쉽다. 마치 이 편지가 나에게 써 보낸 편지인 양 읽는다. 하나님이 내게, 즉 커트에게 하시는 말씀을 읽고 듣는 게 도움이 안 되지는 않는다. 종종 그렇게 해야 할 때도 있고, 거기서 많은 유익을 얻을 수 있고 실제로 얻기도 한다.

하지만 이 서신은 로마에 있는 공동체 전체에게 보낸 편지다. 로마서를 먼저 그런 식으로 읽지 않으면, 한 번도 만나 본 적 없는 왕을 따르는 사람들, 그러나 그 왕의 실재와 임재를 전적으로 믿는 사람들의 공동체 가운데 취약한 모습으로 내가 서 있다는 사실을 놓치게 된다.

이들은 이 공동체적이고 구체화된 방식으로 하나님의 영광의 암시들을 체험하고 있다. 각자 자기 생각이라는 사적 영역에서 그 영광의 모습을 자기 상상대로 구축하면서 개별적으로 체험하려고 하지는 않는 것이다. 공동체 정황에서, 그리고 성령의 임재와 권능으로 이들은 함께 나누는 기쁨과 서로에게 보이는 사랑으로 하나님의 영광을 구체화한다. 바로 얼마 전만 해도 원수로 여기던 사람들, 유대인과 이방인으로 이뤄진 이 공동체에서 그리스도의 사랑을 나눈다니! 영광을 그렇게 표현하고 체험하는 데서 고통을 함께 겪으려는 공동의 노력이 등장한다. 그리고 그렇게 해서 애초에 고통을 겪는다는 게 무슨 의미인지가 달라진다.

나는 사람들에게 자주 뇌는 스스로 알아서 하는 것만 아니라면, 장시간 많은 노력을 할 수 있다고 말한다. 그래서 고통이 인내를 낳는다는 바울의 성찰은 각 개인이 자기 스스로 방법을 터득해야 한다고 가정하지 않는다. 그보다는 취약성을 드러내며 공동체가 함께하는 삶을 통해 인내를 공동체 차원의 실천 문제로 만들어야 할 것을 말한다.

이러한 실천은 숨 쉬는 것만큼이나 자연스러워질 것이다. 예수님에 대한 안정 애착이 구체화되고, 하나님의 영광에 사로잡히며, 그리고 지금 하나님과 함께 화평을 체험하는 데서 나오는 자연스러운 결과물인 것이다. 각 사람이 자기 마음과 생각과 몸에 공동체를 받아들이는 것처럼, 이들은 이 인내를 삶 속에서 관계를 맺은 사람들과의 상호작용에 적용할 것이다. 웬디가 고백 공동체에서 회복 과정을 밟는 동안 시작한 일이 바로 이것이다.

'나는 나 혼자'라는 사고방식은 우리가 생각하는 것보다 훨씬 더 널리 퍼져 있고 더 파괴적이며, 애초에 우리 고통의 원인이 되는 중요한 문화 구조(성경의 표현을 빌려 정사와 권세라고 해도 좋다)로 자리 잡고 있다. 실제로 내 사연에서 고통과 수치심이 자리 잡은 부분을 따로 떼어내서 나 자신에게 말하면, 이는 이야기 전체를 심히 불쾌하게 인식하는 감각을 강화한다.

이는 에덴에서 우리의 첫 조상과 더불어 시작되어 그 자녀들에게로 확장되었다. 가인은 수치심이 가득한 상태로 관계상 고립되어 더는 자기 자신을 용납할 수 없게 되었다. 동생 아벨을 죽임으로써 형제 중 한 사람은 죽고 한 사람은 거의 죽을 지경이 되었다. 그 이후 다양한 방식으로 우리는 타인과 우리 자신에게 똑같은 행동을 하고 있다. 이는 우리가 혼자가 되는 데 대한 궁극적 결과다.

하지만 우리 마음은 몸으로 구체화되어 주변 사람들과 관계를 맺는 작용을 하기에, 원래 그런 식으로 작동하게 되어 있지 않았다. 우리는 삼위일체 하나님에게 받아들여져 왔으며, 이 하나님은 우리가 긴 고통 중에 있을 때에도 그 고통 한가운데서 하나님의 임재를 알기를 바라신다. 그리고 자신의 임재로써 하나님은 우리의 고통을 생각보다 훨씬 더 많이 알고 계신다는 것을 깨달을 수 있게 하신다. 성 금요일이 그 증거다.

더 나아가 하나님의 임재는 예수님의 몸, 즉 고통 한가운데서 우리와 함께하는 사람들을 통해 성령에 의해 중재된다. 사실 인내가 그렇게 힘든 것은 우리에게 그 몸이 부재하기 때문이다. 반면에 예수님의 몸, 신자들의 연약한 공동체의 존재는 인내를 가능하게 할 뿐만 아니라 우리에게 활력을 주기까지 한다.

이는 우리가 고통 중에 있을 때 혼자라는 느낌을 조금도 경험하지 않는다는 뜻이 아니다. 그보다 이는 그 느낌을(우리의 사연과 그 사연에 담긴 모든 고통에 대한) 그대로 가지고 자기의 취약성을 다 내보일 수 있는 공동체로 들어가서, 시간이 얼마나 걸리든 우리의 여전한 슬픔을 다 드러내 보일 수 있고 거듭 그렇게 할 수 있다는 뜻이다. 우리의 수치와 두려움이(육체적 상처와 한계는 말할 것도 없고) 우리 마음에 신경학적으로 깊이 새겨져 있기 때문에 이 일에는 시간이 많이 걸릴 것이다.

그래서 인내한다는 것은 자기의 취약성을 다 내보일 수 있는 공동체 앞에서 자신의 고통 이야기를 거듭 털어놓는 것이며, 이 과정을 통해 인내할 수 있는 역량이 강화된다. 나는 이것이 사실임을 알고 있다. 웬디를 비롯해 우리가 만난 다른 많은 사람에게 일어난 일로 봐서도 그렇고 내게 일어난 일을 봐서도 그렇다.

내 서사의 일부가 처음으로 드러난 것은 십대 초반이었다. 간단히 말하자면, 마음 한구석으로 나는 내가 달갑지 않은 존재라고 생각한다. 이는 단순히 사람들이 나를 원하지 않는다는 뜻이 아니라, 다른 누군가에게 책임을 전가하는 것이다. 나는 스스로 달갑지 않은 존재라고 생각하는데, 내 이야기 방식대로라면 이는 사람들, 특히 내가 정말 가까이 하고 싶은 사람들이 나를 원한다 할지라도 이들이 결국 내게 무언가 본질적으로 악의적인 게 있음을 알게 된다는 뜻이다. 그 악의적인 것이 재미도 없고 매력도 없는 내 존재의 어떤 융합점이기는 하지만 그게 정확히 무엇인지, 어디에서 비롯되는 것인지 나는 알지 못한다. 하지만 일단 타인들이 이 암 덩어리의 존재를 알게 되면 즉시 나를 떠나갈 거라고 생각한다.

근본적으로 내가 염려하는 것은, 사람들이 너무 가까이 다가오게 허용하면 필시 나를 떠나가리라는 것이다. 복부와 왼쪽 가슴 윗부분에서 이 이별이 예감되면 파국이 느껴진다. 그래서 나도 모르게 사람들과 최소한의 거리를 두는 방법을 개발해 왔다. 그보다 좋은 것은 타인이 내게 너무 가까이 다가오게 만들지 말고, 그리하여 그 사람이 나를 떠나가는 일을 겪지 않도록 나를 보호하는 것이다.

물론 그 결과는, 나의 이 부분이 여전히 혼자로 남는다는 것이다. 홀로 남겨졌다고 언제까지나 인식하는 상태로 혼자 있는 것이다. 이는 내가 달갑지 않은 존재라고 하는 내 서사를 강화하기만 한다. 바로 여기서 문제점이 보인다.

나와 가까이 지내는 사람들은 나에게 이런 서사가 있다고는 상상도 못할 것이다. 내가 이를 감추려고 안간힘을 쓰기 때문이다. 실제로 나는 정말 열심히 노력했고, 그래서 "달갑지 않다"라는 말에 깊은 수치 의식이 배어 있다는 것을 나조차도 최근에야 깨달았다. 그런 느낌을 감추려고, 그런 느낌을 피하려고 내가 정말 애를 쓰고 있음은 말할 것도 없다.

나의 이 이야기들은 내 영혼 속의 깨진 안경 파편과 같다. 그리고 나는 그 파편에 찔리는 아픔을 잠재우려고 수많은 대처 전략들을 만들어 왔다. 원한다면 그 전략들을 우상이라고 불러도 좋다. 이는 하나의 이야기로 시작하지 않았다는 것을 명심하라! 이 일은 아주 어렸을 때 "나는 달갑지 않은 존재야"라고 의식적으로 생각하는 데서 시작하지 않았다.

지금까지 살펴보았다시피, 처음에는 그저 지각(知覺)할 뿐이다. 그리고 나서 그 지각의 의미를 깨닫는다. 내 기질, 치유되지 않은 채 후생적으로 내게 전해진 부모님의 치유되지 않은 상처, 그리고 내가 그 상처들을 가지고 형성한 애착 패턴, 이 세 가지가 합쳐진 것에서 출발한다.

내 부모님은 사십 대 중반에 나를 낳으셨다. 1962년에 마흔넷의 나이로 임신을 한다는 것은 그 임신의 결과에 대해 매우 불안해지기 쉽다는 의미였다. 나는 우리 부모님이 내가 태어나기 전날 밤에 찍은 사진을 갖고 있다. 그 사진을 보면 이제 곧 아기의 탄생을 맞게 될 분들이 아니라 방금 아이를 잃은 사람들의 얼굴 같다.

부모님 이야기를 자세히 살펴보면 두 분의 삶이 각자의 가정에서 누군가 보아 주고, 달래 주며, 안전하고, 안정된 상태에서 산 삶이 아니었음을 알 수 있다. 부모님은 부모로서 할 수 있는 한 최선을 다하려 매우 노력하셨고, 여러 면에서, 정말 여러 면에서 아주 효과적으로 부모 역할을 하셨다. 두 분은 하나님을 사랑하셨고, 서로 사랑하셨으며, 마찬가지의 신뢰와 믿음으로 최선을 다해 나를 가르치고자 하셨다. 지금까지 내가 살아온 삶에서 무엇이든 선한 것이 있다면 다 부모님 덕분이라고 할 수 있다. 나는 나를 향한 두 분의 헌신적 사랑과 애정에 한 치의 의심도 없다.

그와 동시에, 치유되지 않은 각자의 정서적 트라우마 때문에 두 분은 애착과 관련된 상처를 내게 대물림해 주셨고, 이는 내게 당시에는 알지 못했던 결핍을 남겼다. 나는 그중 일부를 지난 십여 년 간 조금씩이나마 인식하게 되었다. 예를 들어 나는 다른 사람들이 화를 내거나 불안해하면 나도 불편해진다(그래서 그런 상황을 일으키지 않으려고 매우 노력한다). 그리고 내가 누군가를 실망시켰다고 생각되면, 혹은 실망스러운 사람이 되었다고 생각하면 몹시 괴로워

진다. 이는 내가 달갑지 않은 존재라고 하는 인식의 한 변형이라고
할 수 있다.

성장기를 돌아보면서 내가 하는 이야기는, 처음에는 이런 상
처를 분노·슬픔·불안·실망과 관련된 수많은 부정적 대인관계
상호작용에서 오는 불편한 감정으로 인식했다는 것이다. 부모님
이 내 안에 있는 이런 감정 상태를 인지하셨다 해도, 내가 그런 감
정들을 조절하는 방법을 익힐 수 있도록 도와주신 기억은 거의 없
다. 부모님과의 사이에 불쾌한 일이 벌어질 경우, 나는 그 불쾌한
감정들을 어떻게 처리해야 하는지 스스로 알아내야 했다. 그때 내
가 한 일은, 이 불편함의 원인이 나라고 무의식중에 이야기하기 시
작한 것이다. 내가 문제였다. 누구도 그렇지 않다고 이야기해 주
지 않았기에 나는 이런 순간들을 나에게 무언가 부모님이 원치 않
는 부분, 달갑지 않은 부분이 있다는 뜻으로 해석했다. 나는 그 부
분을 변화시키기 위해 무언가를 해야 했다.

그런 한편, 나는 어렸을 때 또래들과 잘 어울려 지내는 아이였
다. 내가 좋아하는 친구도 있었고 나를 좋아하는 친구도 있었다(그
게 나 혼자만의 억측은 아니었는지 곧 의심을 품게 되지만). 나는 운동도 잘하
고 공부도 잘하는 학생이었다. 당연히 어른들의 권위를 무시하는
일도 없었다. 남들 앞에서 혼날 행동을 한다는 것은 너무 수치스러
워서 생각도 할 수 없는 일이었다. 이런 여러 가지 일들은 그 자체
로는 아주 바람직했고, 정말로 기뻐할 만한 이유였다.

그와 동시에, 내 의식의 레이더 아래에서 이런 장점들은 내가

달갑지 않은 존재는 느낌에 맞서 나를 보호해 주기도 했다. 어울려 놀 때나 농구 코트에서나 친구들은 겉으로 보이는 내 모습에 살짝 가려져 있는 그 감정의 파편들에 찔려 아파할 때 나의 그 아픔을 넉넉히 보듬어 주었다. 원만한 학교생활은 위로와 자신감의 근원이 되어 주었다. 특히 이는 선생님들에게서 잘한다는 평판을 받는다고 인식한 덕분이었다. 하지만 알고 보니 내가 느끼는 이 모든 위로와 자신감은 빈약하기 짝이 없었다. 시험을 그르치는 일이 없었던 것도, 늘 어울려 다니는 친구들 무리에 핵심 그룹이 따로 있다는 걸 몰랐던 것도 다 하늘이 도운 일이었다(결국은 알게 되었지만).

그리고 신앙 문제가 있었는데, 얄궂게도 이 문제 때문에 내가 달갑지 않은 존재라는 인식이 전면으로 드러났다. 나는 열세 살 때 하나님과 만났고 이 만남이 내 삶을 결정지었다. 이 만남에서 나는 무한히 깊은 내 죄(당시에는 몰랐지만 이 표현에도 내가 '달갑지 않은 존재'라는 그 인식이 담겨 있었다)가 예수님의 사랑에 완전히 삼켜졌음을 지각했다. 나는 이것을 온몸으로 느꼈다. 그 체험을 설명하는 방식은 여러 가지겠지만, 웨스트버지니아의 캠프에서 내가 예수님을 대면한 것은 바울이 다메섹 가던 길에 예수님을 대면한 것 못지않게 실제적이고 극적인 일이라고 생각했고, 지금도 그렇게 생각한다.

이 체험 직후 여러 달 동안 나는 신약성경에 푹 빠져 지냈다. 그때까지 한 번도 없던 일이었다. 그런 기쁨, 그런 안도감은 난생 처음이었다. 그렇게 누군가가 나를 보아 주고 위로해 준다고 느껴 본 적이 없었고 그렇게 안전하고 안정된 느낌도 처음이었다. 그보다 더 자신감이 있었던 적도 없었다. 나의 달갑지 않은 부분(그 부분에 이런 이름을 붙인 것은 아주 최근의 일이지만)은 완전히 사라져 버린 것 같았다.

그러나 그때 예기치 못하게, 그리고 변덕스럽게도 나는 정서적으로 고통스러운 실존적 위기의 첫 번째 물결에 휩쓸리게 되었다. 그리고 그 상태는 20년 넘게 지속되었다. 이 모든 일에서 내가 틀렸을 수도 있다는 가능성 때문에 나는 괴로웠다. 이 모든 경이와 기쁨과 사랑받는다는 것에 대해 내가 잘못 생각한 것은 아닐까 두려웠다. 예수님에 대해 잘못 알고 있었고, 애초에 나를 예수님에게 인도한 사람들에게 눈속임당한건 아닐까 고민했다. 실은 무지하고 무식한 중동 사람들이 날조한 끔찍한 거짓말을 사실로 믿는 바보짓을 한 것은 아닐까? 단순히 수학 문제 하나를 틀린 것과는 다른 엄청난 잘못을 저질렀다. 충분히 똑똑하지 못해서, 충분히 알지 못해서, 충분히 … 하지 못해서 잘못이었다.

이런 몸부림 끝에 내가 이른 결론은 내가 어지간하기만 했어도 누군가 하나님의 사랑으로 이 위기에서 나를 도와줬으리라는 것이다. 또한 이 모든 일이 내게 일어났다는 것은 애초에 하나님 따위는 없거나, 있다 해도 그저 심술궂은 존재일 뿐임을 입증하는 것 아닐까? 이 모든 걱정들은 내가 달갑지 않은 존재라는 확신을 더 굳게 만들었다.

바로 그거다. 나의 궁금증은 내가 사실로 알고 있는 일이 아니라 느낌으로 시작되었다. 나는 달갑지 않은 존재라는 생각에 타당성을 부여하게 만든 느낌이 출발점이었다.

돌이켜 보면 이 모든 일은 내 부모님을 비롯해 중요한 애착 인물들을 대상으로 내가 전개해 온 애착 패턴과 긴밀히 연결되어 있었다는 것을 이제야 알게 된다. 하지만 그때 나는 외부의 도움을 받아 이 애착 패턴 문제를 해결하기는커녕 이 문제에 궁금증조차 없었다. 결국 나는 이 패턴을 예수님과의 관계에도 적용했다.

물론 그때는 이런 상황을 전혀 몰랐다. 살아가면서 내가 달갑지 않은 존재라고 하는 그 느낌을 묻어 두거나 해소하기 위해 여러 가지 대처 전략, 즉 우상을 만들어 섬김으로써 내가 지각한 것에 대응했다. 그중 십계명을 하나하나 노골적으로 범하는 전략도 있었다. 그러나 대개 나는 명백히 드러나지 않는 우상을 만들어 내는 훨씬 교묘한 방식을 썼다. 이를테면 나는 충분히 똑똑하지 않고, 충분히 자신감이 없고, 충분히 능숙하지 않고, 충분히 적격이거나 매력적이지 않으며, 충분히 재미있지 않다고 끊임없이 조용하게 스스로를 정죄하는 것이었다.

나는 충분해지기 위해 일이나 인간관계에 적지 않은 노력을 쏟아부었다. 그리고 이런 노력을 하면서도 나는 애초에 이런 노력을 이렇게 열심히 해야 한다는 것만으로도 달갑지 않은 존재임이 틀림없다는 생각을 강화한다.

문제를 더욱 복잡하게 만들기라도 하려는 듯, 인생을 살아가면서 정서적으로나 인지적으로 고통을 겪던 때를 되돌아볼 때마다 나는 스스로에 대한 경멸을 차곡차곡 쌓아 나갔다. "그때 더 잘 알았어야 하잖아." "인생에서 나를 지도해 줄 사람만 있었더라도…" "그때 다른 선택을 하기만 했어도…" "나는 뭐가 문제일까?"

자, 내 말을 오해하지 말라. 감히 이 말을 생략할 수는 없다. 즉 나에게는 내가 달갑지 않은 존재라고 여기는 부분 말고 다른 부분들도 있다. 사실 몸으로 대인관계를 구현하는 내 생각 속에는 진정으로 사람들이 나를 사랑하고 나를 원한다고 지각하는 부분들이 많다. 그 부분들은 기쁘게 인생을 살며 남편과 아버지와 정신과 의사로서의 일을 해나가게 만든다. 예수님이 나를 사랑하시며 하나님이 우리를 위해 계신다고 전심으로 믿는다. 선하고 아름다운 새 창조 세상, 지금 임하여 있고 앞으로 충만하게 임할 하나님 나라를 상상한다. 이는 가장 현실적인 부분, 내가 믿기로 하나님이 지금 빚어 가시는 내 모습에 가장 충실한 부분들이다. 대부분 나는 이런 부분들로 주변 사람들과 내 영혼을 대한다.

나 스스로를 달갑지 않은 존재라고 여기는 부분이 위와 같은 다른 부분들을 헤집고 불쑥불쑥 고개를 내밀지는 않는다. 문제가 발생하는 때는 그 부분이 모습을 드러내는 때, 특히 호된 두려움이나 수치심에 시달리는 순간이다.

내 이야기를 이렇게 털어놓는 의도는, 비록 제한적이지만 내 경험을 들려줌으로써 우리 모두가 씨름하는 적어도 두 가지의 만만찮고 도전적인 우리 마음의 현실을 분명히 하기 위해서다. 그 두 가지 현실은 웬디가 "더는 못 버티겠어요!"라고 울부짖던 그날, 웬디를 짓누르고 있던 두 가지 대인관계 신경생물학 역학과 동일하다. 악은 이 역학을 이용해 우리의 고통을 강화해서, 예수님이 명하신 만큼 그분을 친밀히 따르려는 우리의 의지를 꺾는다. 이 역학은 가장 먼저 인내를 요구한다.

첫째, 앞에서 언급했다시피 나 스스로를 달갑지 않은 존재라고 여기는 그 부분이 우리의 신경에서 얼마나 많은 공간을 차지하고 있는가 하는 문제다. 웬디의 경우, 수치스럽게 만드는 온갖 거친 심상과 대화로 너는 사랑받을 가치가 없다고 계속 이야기하는 바로 그 부분이다. 그 부분을 간단히 식별해서 그 대사를 내 서사에서 영구 삭제해 버릴 수도 있을 것이다. 컴퓨터에서 문서를 삭제하는 것과 다르지 않다. 남은 일은 휴지통을 비우는 것뿐이다. 그렇게 해서 내 영혼의 하드 드라이브 공간을 확보한 뒤 새롭고 더 마음에 들고 건강과 치유에 더 도움이 되는 자료들을 저장할 수 있다.

하지만 이 일이 누구에게나 그런 식으로 작동하지는 않는다. 그래서 화가 치밀어 오른다. 웬디를 비롯해 이 책에서 만난 여러 인물들도 그래서 미칠 지경이었다. 이런 구체화된 현실은 우리의 오래된 중독증, 우상을 추구하며 대처 전략을 찾으려는 우리의 오랜 갈망이 결코 완전히 사라지지는 않으리라는 의미다. 웬디가 그러했고 나도 여러 번 그랬던 것처럼, 완전히 해결했다고 생각했던 어떤 반응을 우리 안에 다시 유발하는 사건이 일어날 가능성은 언제나 있다.

하지만 하나님은 이 일을 모르시지 않으며 당연히 이런 경우를 염려하신다. 하나님은 우리를 만드셨으며 그래서 우리 뇌가 어떻게 작동하는지 알고 계신다. 하나님은 우리를 하나님의 영광을 함께 나눌 수 있는 존재들로 변화시키기 위해 바닥나지 않는 인내와 자원으로 영원히 성실하게 애쓰신다. 마침내 하나님의 시선을 직접 마주할 때 이를 감당할 수 있는 사람, 실제로 그 시선을 버텨 내고 똑같이 하나님을 바라볼 수 있는 사람들로 변화시키기 위해서 말이다. 더 나아가 우리는 성경의 인물들과도 잘 어울리는 한 무리가 된다. 이런 사실들로 기분이 늘 더 좋아지지는 않지만, 그렇다고 이것이 무가치하지는 않다.

성경에서 말해 주는 인내

모세에게 한 번 물어보라. 나는 모세도 동일한 딜레마에 빠지지 않았었나 생각한다. 역사 속에서 정당하게 받은 모든 찬사에도 불구하고 모세는 여전히 분노 문제를 해결하지 못한 채 무덤으로 갔다.[8] 하나님은 모세가 이스라엘 백성을 이끌고 약속의 땅으로 들어가는 것을 허용하지 않기로 하셨는데, 이 결정 이면에 어떤 미묘한 의미가 있는지 우리로서는 다 알지 못하지만, 모세가 온유하고 단호한 권위를 가지고 반석을 향해 말하지 않고 분노에 차서 반석을 친 직후에 이 일이 있었다는 것은 알고 있다. 하지만 모세 인생의 모든 부침(浮沈)을 생각해 볼 때, 그에게 분노 문제가 있었다는 사실은 그다지 놀랍지 않다. 모세의 인생은 우리 삶에서 통합과 온전함을 지향하며 효과적으로 일할 수 있는 방법을 보여 주되, 그럼에도 우리 안에 너무 깊이 박혀 있어 그 존재를 확인한 후에도 계속해서 고통의 원인이 되는 부분이 여전히 존재한다는 것을 알려 주는 두드러진 사례다.

모세는 동족인 히브리인들이 혹사당하는 것을 보고 이들을 괴롭히는 이집트 사람을 용의주도하게 살해한 뒤 시신을 파묻었다. 나중에 다른 히브리인 두 사람의 말다툼을 말리던 중 자신의 범죄가 알려졌다는 사실을 알게 된다. 두려움에 빠진 모세는 광야로 피신했고, 거기서 목자로서, 그리고 한 여인의 남편으로서 새롭게 시작한 일에 슬픔과 수치와 두려움을 다 묻어 버리고 조용하고 나름 평화로운 삶을 살았다.

하지만 하나님에게는 다른 계획이 있었다. 모세가 취약점 많은 은사를 가지고 지도자의 삶으로 돌아가자 그가 마무리해야 할 일이 드러났다. 하나님의 인도에 따라 모세는 자신의 분노와 다시 직면했다. 기록에 따르면 이 분노는 동족인 이스라엘 백성을 향한 것이었다. 이해할 만하다.

하지만 모세의 분노는 모세 자신의 불안함에서 스스로를 구하여 지키려는 것이 아니었나 하는 생각도 든다. 그 불안함은 모세의 마음 깊이 똬리 틀고 있는, 버림받았다는 인식과 수치감에 뿌리를 두고 있었다. 모세는 큰 은사를 받았으면서도 겸손한 사람으로 묘사되는데[9] 그렇다고 해서 친부모가 자신을 포기한 뒤 다른 집에 입양되어 자라게 했다는 사실의 의미를 다 이해했다는 뜻은 아니다. 입양된 가정에서 모세는 자신이 그 집 사람들과 다르다는 것을 깨달았지만 아마 자신이 지각하는 것을 다 납득할 수는 없었을 것이다. 모세의 모든 분노, 즉 처음에는 자신이 살해한 이집트 사람을 향했고, 이어서 서로 싸우고 있는 동족을 향하다가 마지막으로 므리바에서 이스라엘 백성과 반석을 향했던 그 모든 분노는 이유 없고 엉뚱한 분노가 아니었다.

어쨌든 모세의 미해결 문제는 무대에 올려질 수밖에 없었다. 몇 세기 후 다윗 왕이 밧세바와 밀회하고 그 남편을 살해한 일에서 해결되지 못한 문제가 무대에 올려진 것과 마찬가지였다.[10] 모세나 다윗이 그 탁월한 영적 자본을 잘 활용했다면 경력의 정점에 이르러서 그런 종류의 곤경에 처하는 일은 없었을 것이라고 생각할 수도 있다. 그러나 이들이 그렇게 곤경에 처한 것은 우리와 마찬가지로 이들의 해묵은 사역이 이들의 서사에 아주 교묘하게 속속들이 스며들어 있었고, 이 서사를 지원하는 신경망에 연결되어 있었기 때문일 것이다. 이 신경망은 새로운 신경망의 해석이 더 낫다는 이유만으로 자기 역할을 새 신경망에 넘겨 주려 하지 않았을 것이다.

하지만 인내를 그토록 어렵게 만드는 두 번째의 가공할 만한 문제가 또 있다. 나는 내가 달갑지 않은 존재라는 인식을 내 신경망에 깊이 새겨 넣기만 한 게 아니었다. 얼마나 깊게 새겨 넣었는지 이 인식은 그곳에 영구히 자리 잡은 것처럼 보였다. 게다가 나는 그 일을 주로 마음속으로 은밀하게, 인간관계상 고립된 상태에서 수행해 왔다. 그렇게 함으로써 나는 어렸을 때부터 지금까지 수치심이 그 서사를 좌우할 수 있는 정황을 제공했다.

내 고통이 얼마나 오래가는지는 괴로운 지각·이미지·감정·생각·삶의 경험에 대한 인식, 그리고 이 모든 것을 하나로 묶는 전체적 서사와 함께 내가 어느 정도나 고립되어 있는지와 직접 연관된다. 내 서사가 뇌 공간을 그렇게 많이 차지할 수 있었던 이유는 그 이야기를 하는 동안 내가 하도 고립되어 있어서, 신경 가소성이 뛰어난 사춘기 뇌가 이러한 생각들을 내가 하는 이야기 속으로 매끄럽게 발화하고 연결했기 때문이다.

여러 해 동안 웬디는 어둠 속에서 자신에 관한 이야기를 스스로에게 했다. 회복 과정을 밟는 동안에도, 그리고 고백 공동체에 들어가 자기 사연을 반복해서 이야기하는 동안에도, 혼자만의 생각과 심상, 감정 속에서 웬디는 여전히 수치심이라는 오래된 아픔을 느꼈다. 그리고 그 즉시 이런 생각이 뒤따르곤 했다. "똑같은 이야기를 이 사람들에게 자꾸 할 수는 없어. 할 만큼 했으니까 나 자신이 성가신 건 둘째 치고 이제 이 사람들도 내 마음에서 걷어 내야 해. 내가 똑같은 이야기를 하고 또 하니 이 사람들도 결국은 지치고 말 거야."

이 내면의 독백이 사실상 하는 말은, 공동체 사람들이 웬디를 너그럽게 받아 주지 못하리라는 것이 아니라, 사람들이 반드시 떠나갈 것이라고 스스로에게 이야기한 것처럼 이들이 떠나갈 때 자신이 이를 견디지 못하리라는 의미다. 공동체 사람들의 입장에서, 결함투성이에다가 치유와 갱생 과정도 제대로 따라가지 못하는 당신 같은 사람은 더는 봐 줄 수 없으니 다 집어치우고 떠나가라고 할 수 있다는 것이었다. 웬디는 "더는 못 버티겠다"고 했는데, 이는 사람들에게 사랑을 받으면서 그 사랑에 불완전하고 변변치 않게 반응하는 일을 더는 못하겠다는 말이었다.

수치심에도 불구하고 우리는 이런 유형의 고통에 대해 가룟 유다처럼 행동해서는 안 된다. 그보다는 베드로가 한 행동으로 나아가야 한다. 사실 베드로와 유다는 똑같이 예수님을 배신했다. 결국 차이점은 두 사람이 어떤 행동을 했느냐가 아니었다. 베드로는 기꺼이 그분 곁에 계속 머물고자 했다. 기꺼이 돌아가서, 예수님을 배신한 자신의 그 부분과 더불어 예수님의 곁에 있고자 했다. 이것이 바로 차이점이다. 그래서 유다는 다가갈 수 없었던 어떤 것에 베드로는 다가갈 수 있었다.

왜, 무엇 때문에, 이들이 그렇게 다른 선택을 했는지 성경에서는 이야기해 주지 않는다. 우리가 아는 한 가지는, 베드로는 인내했고, 베드로가 인내한 지점에서 유다는 그렇게 하지 않았다는 것이다. 하지만 베드로의 오래 참음에 고통이 수반되었음은 오래 생각해 보지 않아도 알 수 있다. 그 고통은 자기 행동에 대한 수치심으로 인한 고통이었지만, 그뿐 아니라 친구를 배신한 기억에도 불구하고 자기 길을 벗어나지 않고 기꺼이 다른 제자들과 함께 머물며 예수님을 향해 마음을 열었기 때문에 겪는 고통이기도 했다.

하나님은 베드로의 몸부림을 모르시지 않았던 것이 분명하다. 예수님은 베드로가 어떤 행동을 할지 알고 말씀하셨으며, 집으로 돌아갈 길이 필요하다는 것을 베드로보다 먼저 아시고 기도하는 마음으로 그 길을 닦고 계셨다.[11] 마가복음을 보면, 빈 무덤에서 여인들을 만난 천사가 이들에게 지시했다. 예수님이 갈릴리에서 제자들을 만날 계획이라고 소식을 전할 때 베드로도 꼭 그 소식을 들을 수 있도록 하라고 말이다.[12]

삼위일체 하나님은 베드로가 잘못을 저지르고 수치심으로 고통을 겪은 뒤 인내하기 위해 노력할 때 그 노력에 힘을 더해 주시기 위해 할 수 있는 일을 다 하셨다. "할 수 있는 모든 일"에는 요한복음 21장에 기록된 것처럼 예수님이 베드로를 추적해 오신 일도 포함되었다.[13] 이 광경을 보면 예수님은 우리의 진보 못지않게 우리의 인내에도(더하면 더했지 못하지 않게) 관심이 있다는 사실을 알게 된다. 예수님은 우리의 수치심이 신경 영역에서 얼마나 많은 공간을 차지하고 있는지, 우리가 얼마나 홀로 고립되어 그 수치심의 서사를 강화하는지 잘 알고 계신다.

베드로의 인내가 가능했던 이유는 혼자가 아니었기 때문이다. 베드로에게는 친구가 있었다. 베드로는 삼위일체의 권능을 크게 힘입고 있는 친구들이 있었다. 그들은 베드로가 자신들의 존재를 기꺼이 받아들이기만 한다면 시간이 오래 걸리거나 많은 수고를 해야 하더라도 베드로의 고통에 충실히 함께할 것이었다. 이것이 바로 나를 포함해 우리 각 사람이 인내하기를 배우는 방법이다.

나에게도 친구들이 있다. 그중 몇몇은 나에 관한 사연들을 다 알고 있다(그 친구들이 누군지는 스스로 알고 있을 것이다). 우리는 자기 자신에 관해 알고 있는 부분들을 서로에게 가능한 한 많이 털어놓는 한편, 열린 마음으로 서로를 탐색해서 스스로 알지 못하고 있는 부분들을 찾아내는 연습을 해 왔고, 앞으로도 계속할 것이다. 우리는 이 연습을 거듭하고 또 한다. 친구들이 나라는 사람을 알게 되는 게 싫어서 이를 가로막고 싶을 때가 있음에도 계속한다. 친구들은 나 스스로를 달갑지 않은 존재라고 생각하는 인식이 유리 조각처럼 내 눈에 박혀 있는 것을 보라고 말한다. 그리고 그 인식에 내가 대개 수치심과 슬픔으로 대응하는 것을 알라고 말한다. 나는 갖가지 대응 전략, 중독증, 우상숭배에 골몰함으로써 그 인식에 대응할 때가 너무 많았다. 내 수치심을 예수님께 넘겨 드리는 게 아니라 그 수치심에 빠져들었다. 그때 친구들은 자신들이 나를 바라보는 것처럼 자신을 바라보라고 함으로써 내가 예수님께 모든 것을 맡길 수 있게 도와준다. 예수님과 내가 똑같은 일을 하고 있다고 상상하고 실천하는 일의 연장선상에서 말이다.

나에게나 웬디에게나 우리 모두에게 이 과정은 애통(lament)이라는 방식을 필연적으로 요구하는데, 지면상 이 책에서는 이를 충분히 다룰 수 없다. 어쨌든 인내의 여정에는 내 행동이든 내가 잃은 것이든 내가 아쉬워하는 일들, 하지 말았어야 하거나 했어야 하는 일들에 대해 애통하는 과정이 있다. 구체적으로 명명한 내 삶의 현실, 그 과정에서 하나님을 향해 느끼는 감정, 거기 따르는 모든 갈망과 슬픔, 기쁨과 분노, 수치심과 자신감이 다 애통의 대상이다.

토드 빌링스(Todd Billings)는 애통 과정 및 그 과정이 고통 앞에서 어떻게 우리를 빚어 가고 인내의 수고를 이어 가게 하는지에 대해 감동적으로 말한다.[14] 비슷한 예로 심리학자 리즈 홀(Liz Hall)의 연구를 보면, 애통은 불평·간구·찬양이라는 세 부분으로 이뤄지는 과정이며,[15] 세 가지 모두 획득된 안정 애착 발전 과정의 핵심 요소라고 한다. 리즈 홀이 유방암과 그 치료에 수반되는 일들을 겪어 온 여정을 생각하면, 고통을 겪는다는 게 무슨 의미인지 리즈보다 더 잘 아는 사람은 없을 것이다.[16]

이렇게 애통을 실천하면 우리가 가장 깊은 소외를 느끼는 부분, 가장 깊은 상실을 체험하는 부분, 가장 깊은 아픔을 느끼는 부분을 하나님이 알고 인정하신다고 지각할 수 있으며, 그리하여 우리의 예상이나 체험보다 더 깊이 하나님 사랑을 경험하게 된다. 이렇게 해서 고통은 우리를 향한 하나님 사랑을 느끼고 지각할 수 있는 곳으로 우리를 밀어 넣을 뿐만 아니라 하나님으로 존재한다는 게 어떤 것인지 더 예리하게 인식하게 해 준다. 이런 방식으로 고통은 우리를 하나님의 형상에 더 가깝게 빚어 주며, 우리는 하나님을 닮아 가기 시작한다.

이 인식은 뱀의 거짓말을 바로잡아 준다. 우리가 하나님을 더 많이 닮아 간다는 것은 점점 더 능력 있게 되어 아픔을 당하지 않는다는 의미라고 생각한다. 그러나 우리가 실제로 하나님을 더 많이 닮는 것은 고통을 통해서이고, 우리의 취약성을 드러낼 수 있는 공동체, 예수님의 몸을 통해 구현된 삼위일체 하나님의 교통 앞에서 인내하는 과정을 통해서이다.

여러 가지 측면에서, 인내하며 애통하는 데에는 슬픔이 반복되는 과정에 거듭 기꺼이 동참하겠다는 우리의 약속이 내재되어 있다. 이 슬픔은 우리의 해묵은 사연들이 무엇이고 그에 대처한 전략이 무엇이었는지 정확히 명명하고, 그런 다음 아름다움과 선함이 들어설 수 있도록 이를 놓아 보내는 과정으로 이뤄진다.

웬디는 과거의 이 모든 아픈 기억을 다 놓아 보내고 싶었지만 마음만큼 빨리 그렇게 되지 않았다. 이 책에 등장한 다른 사람들도 마찬가지였다. 하지만 웬디는 그 기억이 되살아나 머릿속을 떠나지 않을 때마다 자신을 정말 좋아한다고 믿게 된 사람들에게 관심을 돌렸다. 그렇게 함으로써 웬디는 해묵은 이야기와 그 이야기가 지금까지 제공한 보호 요소들을 놓아 보내야 했다. 그 보호 요소들은 잠시 유익하기는 했지만 대가가 따르는 것들이었다.

이렇게 되면 성장이란 우리가 말하는 진보가 아니라 가장 깊은 곳에 자리 잡은 감정들이 더 편안해지고, 슬픔과 함께하며, 역설적으로 그곳에서 더 깊어지는 기쁨을 발견하는 것임을 알 수 있다. 이는 광야에서 이스라엘 지파들이 반역할 때 하나님의 변함없는 신실하심을 보여 주는 것과 다르지 않다.[17]

이스라엘에도 여전히 신실한 사람들이 있었다. 그들이 신실할 수 있었던 것은 혼자가 아니었기 때문이다. 혼자라고 생각했을 때도 이들은 혼자가 아니었다. 엘리야 이야기만 찾아봐도 자기 혼자만 인내하고 있다고 생각하기가 얼마나 쉬운지 알 수 있다. 이는 두려움과 수치심에 사로잡힌 우리의 정서 상태 탓에 눈앞에 있는

것을 볼 수 있는 능력이 왜곡되기 때문이다.[18]

반복적인 인내 훈련

내가 얼마나 수없이 저항하든 예수님은 내 친구들을 통해 굽힘 없고 다함없는 사랑으로 거듭 나를 추적하며 찾아와 주신다. 친구들과 매번 만날 때마다, 더할 수 없이 깊고 구체적인 방식으로, 내가 달가운 존재이고 용서 받은 존재이며, 내가 재미있는 사람이며 친구들에게 매력적인 사람이고, 내게는 그 사랑을 받을 기회가 주어졌으며 그 유리 파편이 돌아다니며 내 마음을 아프게 할 때(예를 들어, 어떤 중요한 일 때문에 내가 능력 없는 사람임이 드러날까 두려워할 때. 사실 이 무능력은 내가 달갑지 않은 존재라고 하는 인식에 뿌리를 두고 있다) 이를 친구들에게 털어놓는 연습을 할 기회가 주어졌음을 내게 알려 주신다.

그러다가 친구들의 목소리, 눈물과 웃는 얼굴의 이미지, 포옹의 느낌을 받아들이는 연습을 할 수 있는 기회가 주어지면 나는 단순히 "기분만 좋아지는" 게 아니다. 그렇다. 나는 변화된다. 이 연습을 많이 할수록 변화는 계속적인 것이 된다. 계속되는 변화는 본질상 내 성품이 된다.

수치심의 필연적 결과가 계속 작용해서 특별한 형태의 고통을 낳는다는 것을 생각하면(비록 중독에 굴복하는 것과는 매우 다른 결과를 낳지만) 이런 방식의 연습이 종종 힘들기도 하다. 그러나 사실은 이런 아픔이 성장으로 이어진다. 친구들과의 이런 만남 후 매번 나는 기억하기를 연습해야 했다. 말 그대로 우리가 방금 함께 나눈 순간들을 자세히 재상상하는 연습이었다. 나는 그 다음 며칠 동안 이 순간들을 반추하고 날마다 일지에 기록하면서 꼼꼼히 머릿속에 떠올리고, 그렇게 해서 내가 달갑지 않은 존재라는 느낌이 들 때만이 아니라 어느 때든 호출할 수 있는 새롭고 지속성 있는 신경망을 만들어 낸다. 새롭게 되기 위해서는 이 연습을 일상으로 삼아야 한다. 곧 살펴보겠지만, 그렇게 해서 나는 소망이 있는 미래를 예측하기 시작한다.

나는 1년 전이나 3개월 전보다 중독성 있는 행동 성향이 줄어든 것에 감사하고 있다. 시기, 제멋대로 하기, 짜증 경향이 줄어든 것이 실감된다. 대체적으로 여러 가지 일에 대해 덜 불안해한다. 너는 달갑지 않은 존재라고 나를 고소하는 마귀에게 먹이를 던져 주는 일도 줄어들었다.

그와 동시에, 일 년 전만 해도 내 삶에 예수님이 변화시키고 싶어 하시는 영역이 있다는 것을 알지 못했는데 이제 그 영역에 대한 인식이 계속 커져 가고 있다. 앞에서 보았다시피, 이 모든 일은 일정한 고통 없이 일어나지 않는다. 이 인내 연습은 내가 무한히 해야 할 연습이라는 사실에 이따금 화가 나는 것도 그런 고통의 한 부분이다.

웬디의 경우, 어떤 기억이 떠오른 끝에 한 달이나 일 년 전에 비해 별로 인격 통합이 이뤄지지 않았다는 생각을 할 때마다 그렇게 아파했고, 고통을 지각하는 순간에 고백 공동체가 웬디를 만나곤 했다. 그러면 웬디는 그 순간에 공동체가 제공하는 것을 기꺼이다 받아들임으로써 이에 화답했다. 나는 웬디에게 오른손을 가슴에 대고 지긋이 누르라고 하고, 공동체 사람들에게도 똑같이 하라고 한 뒤, 웬디가 그저 자기 시간을 갖고 자신을 바라보는 사람들의 얼굴을 응시하게 했다.

내가 지시한 대로 할 때 웬디는 가슴의 긴장이 풀리는 것을 느끼곤 했다. 얕았던 호흡이 깊어지는 것을 느꼈다. 웬디라는 사람을 알아 가는 사람들의 눈에서 눈물을 볼 때면 웬디의 눈에서도 곧잘 눈물이 흘렀고 자의식도 줄어들었다. 그러면 몸에서도 전반적으로 긴장이 풀리기 시작했다. 그리고 그 순간, 웬디는 악이 자신의 영혼을 까부르는 것에 굴복하지 않고 오히려 예수님의 몸을 시편 31편 8절에서 말하는 넓은 곳으로 삼아 자신이 거기 발 딛고 서 있다는 것을 다시 한번 알게 된다. 그리고 인내한다.

인내 연습은 의식 통합 영역의 대인관계 신경생물학적 특징, 특히 깨어서 경계하고 세상과 우리 내면의 삶에 조응하는 능력을 활용한다.[19] 관심 집중하기 과정이 하는 역할이 이 영역의 인증마크이며, 이 영역에 관해 가장 유익하게 제기되는 질문은 "나는 내가 관심을 집중하는 일에 얼마나 잘 집중하고 있는가?"이다. 사실 어떤 일에 주의를 집중하는지를 보면 그 사람을 어느 정도 파악할 수 있으며, 과거에 주의를 집중한 적이 없는 일들에 집중하려면 의도적인 노력이 필요하다.

웬디는 처음에는 자기 몸의 반응에 주의를 집중하고, 몸 동작으로 표현된(손을 가슴에 대기) 달라진 마음 상태로 관심을 옮기고, 마지막으로 다른 사람에게 주의를 돌렸는데(주변 사람들과 연결되는 기회를 만들고, 자신을 향한 공감적 자세에서 나오는 에너지에 접근하기), 이 과정은 방금 전의 고통에 직접 반응하여 새로운 신경망 연결의 탄생을 가능하게 한다.

이후 며칠, 몇 주 동안 이 만남을 기억하는 연습을 반복하면서 웬디는 고통을 경감하는 법을 익히고 기억할 뿐만 아니라 인내하며 고통을 헤쳐 나가 더 넓은 곳, 화평이 있는 곳, 하나님의 영광을 암시하는 곳으로 나아갈 수 있음을 깨우치는 새롭고 더 회복력 있는 신경망을 개발하기 시작했다.

웬디에게 인내란 신경가소성 변화, 새로운 신경 경로 생성 및 성장의 원리를 활용하는 연습이었다. 이는 오랜 기간에 걸친 지속적이고 반복적인 연습을 의미한다. 웬디가 공동체 회원들의 말, 비언어적 표현, 그리고 그 모든 것에 대해 자신이 감정과 몸으로 반응한 것을 기억할 때 그랬던 것처럼, 우리는 특정한 것에 주의를 기울임으로써 뇌를 촉진(SNAG, Stimulate Neuronal Activation and Growth)한다. 즉 뉴런 활성화와 성장을 촉진한다.[20] 실제로 우리 마음이 새롭게 되어 그리스도의 마음으로 빚어져 가려면, 예수님의 마음이 작용하는 방식으로 상상하고 그에 따라 살아가는 연습을 해야 한다. 이는 마술이나 순간적으로 지팡이 한 번 휘두르기로 되는 일이 아니고, 한 번에 드러나거나 발견된 매력적이고 설득력 있는 통찰로 이뤄지는 일도 아니다. 통찰과 계시를 발견하는 것도 필요한 일이다. 하지만 그것만으로는 충분치 않다.

공을 날려 페어웨이 한가운데로 내리꽂는 비결을 알아냈다고 해서 내가 꾸준히 그렇게 할 수 있지는 않다. 이는 오직 연습을 통해서만 가능하다. 앞에서 언급했듯이 이 연습은 신경가소성 변화, 즉 새로운 신경망(웬디의 마음을 새롭게 해 준 것과 같은)을 창조하는 뇌의 능력을 활용한다.

더 나아가 이 신경가소성 변화가 완성되려면 매우 긴 시간이 필요하다. 적어도 내 생각보다는 더 긴 시간이 필요하다. 뉴런이 손상되면 기껏해야 하루에 약 2밀리미터의 속도로 복구되고 다시 자란다. 확실히 광속은 아니고, 건강한 뉴런들이 서로에게 신호를 보내는 속도와 비슷하다. 어떤 변화를 추구하든 여기에는 내가 잘 인내하지 못하는 일정 시간이 반드시 필요하다.

이런 인식으로 우리는 하나님에게는 하루가 천 년 같고 천 년이 하루 같다고 알려 주는 성경 말씀에 다가간다.[21] 트라우마는 통합과 관련된 우리의 시간 영역을 뒤흔들 수 있다. 우리에게 과거와 미래가 있음을, 그리고 과거에서 현재, 그리고 미래로 이동하는 시간의 흐름을 감지하게 해 주는 우리 마음의 그 기능은 어떤 면에서 인간만이 가질 수 있는 기능이다. 과거에 두려움이나 굴욕감 같은 심히 고통스러운 감정에 짓눌린 적이 있을 때, 우리는 그 사건에 대한 기억과 그와 관련된 감정이 현재 순간에 예기치 않게, 때로는 현재 상황과 어울리지 않게 끼어드는 것을 경험할 수 있다. 예를

들어 어떤 사람이 환각 현상을 만날 때처럼 말이다.[22]

조금 덜 심각한 예로, 이제 성인이 되어서 어렸을 때만큼 위험에 처하지 않는데도 불구하고 우리는 여전히 그때처럼 무력한 양 자신을 보호할 힘이 없던 어렸을 때의 감정적 고통을 그 강도 그대로 현재 순간에 기억할 수 있다. 이외에도 여러 방식으로, 많은 세월에 걸쳐 반복적으로 작동된 신경망에 내재된 트라우마의 여운은 우리의 고통을 유발하는 방식으로 여전히 시간 영역을 장악할 수 있다. 변화에 요구되는 시간이 길어질수록, 웬디가 그랬던 것처럼 "더는 못 버티겠다"고 생각하는 경향이 커진다.

공감이 주는 힘

시간이 지남에 따라, 온전함과 통합을 향해 가는 길에 우리와 동행하려는 사람들이 우리에게 공감하며 옆에 있어 주는 것을 경험하면서, 우리는 이러한 경험이 인내라는 힘든 노력을 계속할 수 있게 해 준다는 것을 알게 된다. 치유, 통합, 그리고 아름다운 새 창조를 위한 수고와 노력. 내가 주의를 돌려야 하는 것은 다른 사람들의 존재, 그리고 이 사람들이 나에게 조응해 준다는 사실이며, 그런 다음 그 존재와 조응의 순간을 떠올리는 연습을 반복해야 한다. 이런 식으로 나는 사건을 기억한다. 말 그대로 나는 물리적으로 경험한 순간을 떠올리고, 최대한 많은 구성원을 그 순간에 포함시킨다.

그렇게 함으로써 나는 사람들에게 나와 함께할 뿐만 아니라 내가 신뢰하고 가고 싶어 하는 방향으로 나를 데리고 갈 수 있는 기회를 준다. 그 여정이 얼마나 오래 지속되든 말이다. 이는 안정 애착과 기쁨을 더 확실히 자각하는 길로 나를 안내한다. 그 기쁨의 순간을 거듭해서 연습하다 보면, 처음에는 견딜 수 없을 것 같았던 순간, "더는 못 버티겠다!"고 여겨지던 순간이 또 한 번 지나고 나서 그 기쁨의 순간이 지속성 있는 기억으로 쌓이기 시작한다.

웬디가 그랬듯 내게는 여전히 고통이 있을 것이고, 이따금 그 고통스런 기억을 활성화하는 일들을 겪을 것이다. 하지만 마음의 기억 영역 덕분에, 사람들에게 공감받고 방향 전환했던 기억이 담긴 순간들의 실을 여러 가닥 엮어 내면 이는 마침내 신경망이라는 천이 되고, 내 고통을 활용해 사랑받는다는 느낌을 더 깊게 하는 새로운 이야기라는 이불이 될 것이다. 이 실들은 나를 그리스도의 형상으로 빚어 갈 것이고 나를 향한 그분의 안정된 애착의 사랑을 더욱 깊이 구체적으로 느끼게 해 줄 것이다. 시간이 지나면서 웬디에게 바로 그런 일이 일어났다. 새롭게 형성되는 이 신경망이 웬디의 인내를 통해, 집중해서 조응하는 연습을 통해 더욱 영구화되면 이를 더 쉽게 기억에 떠올릴 수 있고, 서서히 웬디의 실제 모습에 가까워진다.

앞에서 언급한 것처럼, 우리는 반복적으로 주의를 집중하는 일을 기억하게 되고, 우리가 기억하는 일이 곧 우리가 예측하는 미래가 된다. 그리고 소망은 우리 미래의 특징으로서, 우리가 인내로써 빚어 가는 무엇인가를 이룬다.

이런 식으로 인내하면, 트라우마와 고통으로 손상된 시간 인식 자체도 치유되기 시작한다. 따라서 예수님이 시편 22편을 기도하실 때 "나의 하나님, 나의 하나님, 어찌하여 나를 버리셨나이까?"라는 고통으로 시작했음에도 어떻게 자신감과 확신을 가지고 기도를 마치시는지 충분히 이해할 수 있다.[23] 이 시의 시작부터 끝까지 예수님의 시간 여행은 고통 한가운데서도 아버지와 성령이 자신과 함께하신다는 인식을 드러낸다. 예수님이 대기 중인 열두 군단의 천사들을 부르지 않고 대신 우리에게 평화를 안겨 줄 고통과 이별을 받아들이실 수 있었던 것은 바로 그 임재의 힘 덕분이다.

궁극적으로 이것이 우리 모두가 짊어지고 있는 고통, 특히 우리가 점점 더 예수님의 얼굴의 빛으로 향하는 데서 직접적으로 초래되는 고통 앞에서 인내하는 방법이다. 그리고 우리의 취약성을 다 드러낼 수 있는 공동체 환경에서 인내하고 견디는 이러한 방식으로 우리는 바울처럼 "그리스도와 그 부활의 권능과 그 고난에 참여함을 알고자 하여 그의 죽으심을 본받아 어떻게 해서든지 죽은 자 가운데서 부활에 이르"게 된다.[24] 이렇게 그리스도를 본받고, 더욱 지속성 있는 방식으로 그리스도의 형상으로 변화되기를 실천하다 보면, 우리를 부끄럽게 하지 않는 소망으로 가는 길에서 그 다음으로 탐구해야 할 것에 이르게 된다.

7

성품

고통은 예수를 닮아
성숙에 이르게 한다

··· 인내는 연단을···

(롬 5:4상)

내가 이블린을 만난 것은 이블린이 열일곱 살이던 고등학교 2학년 때였다. 지금 이블린은 마흔다섯 살인데, 여러 면에서 이블린과 나는 함께 자랐다고 하는 게 맞을 것이다. 환자와 의사로서 서로를 알고 지낸 지 30여 년이 되었고, 그동안 이블린은 기적과 같은 변화라고 자타가 공인할 만한 모습을 보여 주었다. 이블린은 그런 변화가 가능할 거라고는 예측하지 못했다고 말하곤 한다. 우리가 처음 만났을 때는 물론이고 처음 15년 동안 치료를 받고 난 후에도 말이다.

　　치료를 위해 함께 애쓰는 동안 이블린만 변한 게 아니다. 나 또한 나에 대해, 내가 하는 일에 대해 많은 것을 배웠다. 그리고 이블린이나 다른 환자들에게 도움이 될 수 있는 내 역량은 우리 업계에서 흔히 말하는 '나 자신을 치료하려는 의지'에 달려 있다는 것 또한 알게 되었다. 자기가 갖지 못한 것을 남에게 줄 수는 없기 때문이다.

　　주기 위해서는 먼저 받아야 하는데, 인간이 하는 일 중에서 사랑을 받아들이는 것보다 더 어려운 일, 더 힘든 일은 없다. 나는 나를 훈련시킨 분들, 선생님들, 안내자들에게 감사한다. 이분들은 내가 길을 가는 동안 내 곁에 머물러 주었고, 나를 아낌없이 사랑해 주었으며, 마음으로 나를 반갑게 맞아들여 주었다. 그중 내가 앞

장에서 언급한 친구들도 있다. 내 환자들 중에도 그런 분들이 많으며, 이블린도 그런 사람이다. 이블린은 고맙게도 고난과 인내, 그리고 하나님과 함께 자기 안에 빚어 간 성품의 결과로 내면에서 등장한 기가 막힌 아름다움을 증언할 수 있게 허락해 주었다.

하지만 그 일은 이블린이 고등학교를 마칠 무렵에 일어난 일이 아니다. 대학 때도 아니다. 결혼했을 때도 아니다. 두 아이 중 첫째를 낳았을 때도 아니다. 기이한 사고로 첫 남편을 잃었을 때도 아니다. 남편을 잃고 홀로 자녀를 키우는 여성으로서 이성 관계의 어려움을 헤쳐 나갈 때도 아니었다. 예기치 않았던 뇌졸중 발작으로 아버지를 잃었을 때도 아니었다. 이 모든 일을 겪는 동안 이블린은 자기 앞에 전개되는 이 삶을 납득하려고 계속 애썼고, 이는 오늘날까지도 혼란스러움과 경계심이라는 해묵은 감정을 활성화시킨다. 이런 감정 때문에 정서적 소용돌이에 휘말리면 이블린은 익사할 것 같은 기분이 든다고 한다. 그렇다. 지속성 있게 아름답고 선한 모든 것들이 그러하듯, 이블린의 성품은 긴 시간에 걸쳐 형성되고 있다.

이블린 이야기

이블린의 사연은 허울 좋은 신앙에 에워싸인 혼돈스러운 집안에서 시작되었다. 그 허울뿐인 신앙 때문에 이블린은 가족들의 감정이 많은 면에서 그 신앙과 불일치하는 것을 목격하고 이를 이해하는 데 어려움이 생겼다. 이는 하나님을 따르는 사람이 되고자 하는 부모님의 바람이 위선적이었다는 말은 아니다. 다만 두 분 모두 치유되지 않은 어린 시절의 상처를 안고 있어서 바람직한 방식으로 자기 감정을 조절하기가 어려웠다는 뜻이다.

이블린의 부모님은 무엇이 옳은지 알기 위해 교회에 의지했고, 그 가르침을 따르려고 열심히 노력했다. 그러나 가족 체계의 감정적 물결이 거칠게 일렁일 때면 두 사람은 여섯 자녀가 각각 지켜야 할 행동 규칙을 두 배로 강화하는 방식으로 대응했다. 사실 이는 현대인의 문제는 아니다. 아브라함의 손자 야곱도 자녀들이 길을 잃고 방황하는 상황이 낯설지 않았다. 이 상황은 야곱자신의 해결되지 않은 정서 문제와 인간관계 문제에 적지 않게 영향을 받았을 것이다.[1]

당연한 일이겠지만, 여섯 남매의 막내인 이블린은 무섭거나 무력한 상황이 닥칠 때면 숨을 죽인 채 주의 깊게 관찰하면서 가장 안전한 길이 무엇인지 판단하려고 애썼다. 이블린에게 이는 드문 일이 아니었다. 여섯 남매 중 둘은 약물 남용 문제에 빠져 허우적거리면서 부모와 불화했고 범법 행위까지 저질렀다. 이 때문에 이블린은 교회에서도 입장이 불편했고 학교에서도 창피했다. 게다가 부모님이 이런 상황에 대처하는 데만 너무 신경을 썼기에 이블린은 홀로 방치된 듯한 느낌으로 걸핏하면 집안이 소란스러워지는 상황을 악화시키지 않으려고 무진 애를 썼다.

이블린의 언니는 약물 남용 문제가 있었을 뿐만 아니라, 감정이 격해지거나 불행한 느낌이 들 때면 이블린을 감정적 샌드백으로 이용했다. 언니는 이블린을 흠 잡고 얕보았다. 이블린이 청년기에 접어들자 물어보지도 않고 이블린의 옷을 빌려 입었고, 빌려 간 옷은 이따금 마술을 부린 것처럼 사라졌다.

이블린이 이런 일들에 대해 엄마에게 불평해도 엄마는 한마디도 귀담아 듣지 않는 것 같았다. 엄마는 대략 이런 의미로 대답했다. "우리 집에 그보다 더 심각한 문제가 있다는 걸 모르겠니? 게다가 네 언니가 얼마나 예민한 사람인지 너도 알잖아. 너는 언니보다 훨씬 능력 있으니까 그런 일 정도는 이겨 낼 수 있어. 그냥 꾹 참으렴."

이블린은 책을 펴 읽고 파고들며 위로를 찾았다. 적지 않은 위로가 필요했을 것이라고 쉽게 짐작할 수 있다. 이블린은 소설을 읽으며 현실에서 관심을 돌리려고 했다. 톨스토이, 존 업다이크, 톨킨, 빅토르 위고를 게걸스럽게 탐독했다. 베르디와 푸치니를 들었다. 책과 음악은 이블린을 가족들에게서 최대한 보호해 주었다. 심지어 자신에게서도 보호해 주었다. 하지만 내 진료실을 찾아왔을 무렵 이블린은 우울증에다가 의욕이 없어서 학교에 다닐 수 없는 상태였다.

부모의 말에 따르자면, 자신감 있고 한 번도 속 썩인 적 없는 딸이 어느 날 느닷없이 부모의 정서적 자본에서 자기 몫을 요구했다고 한다. 하지만 그 자본은 이미 파산 지경이었고, 이에 이들이 택한 방법은 딸을 도와달라고 도움을 요청하는 것이었다. 아주 합리적이고 지혜로운 선택이었다. 그런데 문제는 부모가 부모 나름의 노력을 하지 않으려 했다는 점이다. 부모 측의 노력은 이블린이 회복하는 데 필요한 최적의 공간, 이블린이 서 있을 수 있는 넓은 곳을 만들어 내는 데 반드시 필요했다.

이렇게 자신의 서사를 납득하려고 열일곱 어린 나이의 이블린이 노력했음에도, 이블린의 부모와 형제자매는 전혀 동일한 노력을 하지 않았다. 그래서 이블린이 우울증에서 벗어나는 여정은 가족 시스템에서 벗어나는 여정이기도 했다. 우리가 서로를 알고 지내는 동안 이블린의 사연을 여러 부분 다양하게 되짚어 봐야 했던 단속적 여정이기도 했다. 이블린에게 이는 단순히 자기 나름의 마귀나 심지어 가족의 마귀를 밀어내는 문제가 아니었다. 이블린에게 이는 마치 지구를 밀어내는 일처럼 한없이 무겁게 느껴졌다.

하지만 다양한 치유 움직임이 이블린의 성품 발전에, 즉 이블린이 지금처럼 든든하고 신뢰할 만한 사람으로 발전하는 데 기여했다. 갈망과 슬픔이 배인 내면과 외면의 삶을 다루는 이블린의 노력, 다정하고 헌신적인 남편과의 결혼 생활과 비극적인 사별, 자녀의 탄생과 이들의 삶, 우정, 지역 정교회의 예배 공동체, 기도와 공부라는 영적 실천, 그리고 무엇보다도 고백 공동체에서의 여정이 큰 도움이 되었다.

이런 노력은 쉽거나 매끄럽지 않았고, 직선 궤적을 그리는 일도 아니었다. 십대 시절 처음 심리치료를 받기 시작해서 성인이 되기까지, 중력처럼 자신을 끌어당기는 가족 체계에서 벗어나고자 애쓴 것은 말할 것도 없고, 그토록 간절히 변화를 갈망했다는 것을 감안할 때 이 과정은 스스로에게 인내심을 가지려는 의지가 필요했다. 세상은 우리가 욕구 충족을 뒤로 미뤄서는 안 된다고, 고통을 겪을 이유가 없다고 믿도록 훈련시키고, 고통을 견뎌 내지 못하게 길들이고 그럼으로써 회복력이 떨어지게 만드는 일에 갈수록 몰두해 왔다. 이블린은 평생을 이런 세상에서 살면서 그 모든 변화를 이뤄 냈다. 인터넷이 우리를 길들여서 비교적 재미가 덜하거나 괴로운 일에 주의를 기울여야 할 때 더 산만해지고 따라서 더 불안하게 만든 것은 말할 것도 없다.[2] 예를 들어 자녀 문제, 우리 삶에서 예측가능하고 일상적인 영역, 혹은 슬픔 등이 바로 그런 일이다.

청년에서 성인으로, 결혼하여 아이를 낳은 엄마에서 젊은 나이에 남편을 잃고 두 아이를 키우는 여성으로 점점 성숙해짐에 따라 이블린은 계속 여러 가지 변화와 압박에 직면하고 있으며, 이런 상황은 획득된 안정 애착을 진전시켜 나가는 데 집중하기 위해 더 노력하기를 요구한다. 그중 문화적 압박도 있지만(이를 테면 성과를 거두고 소비해서 자신의 가치를 입증하라는), 본가의 가족 체계에서 이따금 느끼는 압박감보다 더 강한 것은 없었다. 무엇보다도 그 압박감은 계속해서 이블린을 그 촉수로 감싸서 건강하지 않은 역학 관계로 끌어들이려고 한다. 바로 이 역학 관계를 상대로 이블린은 더 효율적인 경계를 정하려고 영웅적으로 노력한다.

아침에 눈을 뜨지 않는다면 편안할 거라고, 그렇게 된다면 훨씬 좋을 거라고, 어쩌면 아이들에게도 그게 더 나을 거라는 생각밖에 할 수 없었던 순간들이 있었다. 남편이 세상을 떠난 뒤 얼마 간은 특히 더 그랬다. 하지만 인생이라는 이 예술작품은 거의 감당할 수 없는 아름다움이요, 이블린이 겪은 고통과 인내의 직접적 결과물이다.

이블린의 삶은 크게 변화되었다. 고백 공동체로 함께 모이는 우리 모두가 수개월에 걸쳐 찾아온 그 변화를 목격하지 않았다면 믿기 어려울 정도의 변화였다. 우선 이블린은 모든 일에 쉽게 자책하는 경향에서 벗어났다. 우리가 함께 모여 있는 동안에 나타나는 힘든 감정들을 견뎌 내는 역량이 확장되었다. 사소하기 그지없는 일에 대한 가족 구성원의 비난을 무시해 버릴 수 있는 능력이 거졌다.

이런 변화가 있기 위해서는 우리가 지금까지 살펴보고 있는 인내가 요구되었다. 더 나아가, 고백 공동체를 비롯해 사람들 앞에서 고통의 무게를 견딘 인내는 성품, 곧 이블린이 성령의 임재와 능력에 반응하여 행한 근본적인 일에 바탕을 둔 성품으로 귀결되었다. 성령께서는 이블린이 속한 고백 공동체(예수님의 몸)에 활기를 불어넣어, 이들을 이 일의 동역자로 만드셨다.

예수님의 성품으로 빚어 가다

성품(character)이라는 말은 어떤 사람의 사람됨의 지속적 특성

전체를 가리킨다. 이는 그 사람이 어느 정도나 예측 가능하고 일관되게 친절하고, 거칠고, 쉽게 짜증내고, 참을성 있고, 변덕스럽고, 사려 깊고, 무심하고, 신뢰할 만하고, 신빙성 없는지를 말하며, 대부분의 경우 이런 특성들이 세상에서 우리가 어떻게 처신하는지를 설명해 준다.

심리학 용어에서 '성품'이라는 말은 오래 지속되고 영구적으로 보이는(절대 변하지 않는 것으로 늘 이해되지는 않지만) 한 사람의 특성을 가리키는 데에도 쓰인다. 이 말은 때로 성격(personality)이라는 말과 서로 바꿔 쓰이기도 하지만, 어떤 문헌에 등장하느냐에 따라 두 단어는 미묘하게 쓰임새가 다르다.

로마서 5장에서 바울이 '성품'(연단)의 뜻으로 쓴 그리스어는 '도키메'(dokimē)다. 도키메는 순은(純銀)처럼 모든 불순물이 정련된 금속을 가리킨다. 이 단어는 정결이라는 의미를 담고 있으며, 이 정결함은 강하고 회복력 있는 내구성과 나란히 등장하는 개념이다.[3] 바울은 이 단어를 한 사람의 지속적 특징을 가리키는 일반적 개념뿐만 아니라 예수님의 몸이라는 공동체에서 예수님을 따르는 사람들 안에 나타날 것으로 기대되는 그런 성품 유형을 추가적으로, 명시적으로 가리키는 말로 사용한다.

하지만 우리의 성품은 대리석 조각처럼 한 번 깎이면 언제까지나 변하지 않고 그대로 있는 어떤 것이 아니다. 그보다 성품은 일정하게 주어진 시간에 우리가 연습하는 것에 의해 계속 형성된다. 이것이 바로 인내가 신경가소성 반복을 거쳐 성품 형성으로 이어지는 방식이다. 즉, 우리는 관심 가는 것을 연습하고, 연습한 대로 된다. 연습한 것이 곧 우리의 성품이 되는 것이다. 천국을 위해 연습하면, 우리의 관심은 안정 애착 형성과 사랑·희락·화평·오래 참음·자비·양선·충성·온유·절제라는 성령의 열매 맺기 쪽을 향한다.

하지만 이 열매들은 어느 날 갑자기, 혹은 마법처럼 나무에 나타나지 않는다. 나무는 돌봐 주어야 한다. 그것도 긴 세월 동안 돌봐 주어야 한다. 돌본다는 것은 나무에 영양분을 공급해 주고, 가지를 쳐 주고, 역경을 겪게 해서, 열매를 맺을 수 있는 튼튼함을 길러 준다는 뜻이다. 오래 가는 열매를 말이다.[4]

많은 세월 동안 이블린은 자신의 이야기를 되풀이하면서 계속 성숙해졌고, 새롭게 등장하는 사건들과 그 사건들이 불러일으키는 내재적 기억이 앞길을 가로막는 고통을 인내하며 견뎠다. 그렇게 인내하는 과정에서 이블린의 성품은 하나의 예술 작품이 되었다.

우리를 예수님의 형상으로 빚어 가고 우리의 성품을 그분을 닮은 모습으로 형성하는 데 도움이 되는 여러 가지 자료가 있다.[5] 물론 시작은 지역 교회와 함께해야 하며, 지역 교회를 통해 우리는 하나님을 예배하고 말씀과 성례에서 자양분을 얻으며 각자가 속한 세상에서 복음을 구현할 사명을 받고 파송된다.[6] 이들 지역 교회에서 우리는 성경의 말씀과 가르침을 성례와 함께 받아들이는 것이야말로, 삶이란 두 나무 중 하나를 선택하는 일이라는 사실을 계속 기억하는 한 방법이라는 것을 깨닫게 된다. 그 두 나무는 생명나무와 지식의 나무이다. 생명나무는 하나님이 선과 악을 주관하시는 곳이고, 지식의 나무는 무엇이 선이고 악인지를 내가 판단해서 한 가지를 희생하고 다른 한 가지를 손에 넣을 수 있다.[7] 성경을 받아들이고 내가 행하는 모든 일이 점점 하나님의 지혜로 충만해진다는 것은 단순히 규칙을 따르는 사람이 되는 것이 아니라 그보다 더 나은 선택을 나타낸다.

하나님 백성과 함께하는 내 삶의 목적은 나의 성품이 단련되어 지금보다 더 나은 사람이 되는 것이다. 살인하지 말라는 율법을 지키는 것과, 형제를 바보라 부르는 것이 사실상 살인의 시작이라는 지혜를 아는 것 그 차이를 분별할 줄 아는 성품을 지닌 사람이 되는 것이다. 예수님의 몸의 역할은 모든 일을 올바른 질서에 따라 올바른 방식으로 행하는지 확인하는 일이라기보다 내가 어떤 사람이 되어 가고 있는지에 관한 일이다.[8]

게다가 우리 시대에는 공식적으로 모이는 교회와는 달리 별개의 단체와 기관이 많다. 우리가 이 책에서 이야기하고 있는 고백 공동체도 그런 단체로서, 예수님의 좋은 소식을 선포하는 일과 그리스도인의 경건 형성에 전념한다. 그런 유사 교회 단체의 원칙은 참여자들이 우리 왕 되신 분의 형상을 닮아 가도록 하려는 것이다.[9]

더 나아가 우리는 동일한 목적을 가지고 쓰인 많은 책을 쉽게 손에 넣을 수 있다. 그래서 성경 공부 및 신뢰할 만한 신앙 서적들을 읽고 묵상하여 경건의 깊이를 더하는 데 도움을 받을 수 있다. 기도, 묵상, 신앙고백, 영적 지도, 제자 훈련, 금식, 봉사 같은 활동도 도움이 된다. 이런 활동들은 헬스장에서 하는 운동이나 운동기구와 다르지 않게, 우리가 인생이라는 운동장에 나가서 곳곳마다 아름다움과 선을 창조할 수 있도록 개인적으로나 공동체 단위로 우리를 준비시킨다.

우리 마음은 대인관계 신경생물학 및 하나님의 선한 물질적 창조의 언어와 원리로 설명되는 통합의 아홉 가지 영역에서 감각하고, 이미지화하고, 느끼고, 생각하고, 구체화된 활동을 표현하는 그 특징을 통해 선하고 아름다운 성품을 형성하는 각각의 노력을 매개한다. 예를 들어, 사랑받는다는 지각, 단순히 내가 사랑받는다는 것을 히니의 사실(fact)로 아는 게 아니라 사랑받는다는 느낌은 성품 개발에 없어서는 안 된다. 하지만 '사랑받는다는 지각'은 대인관계 신경생리학적으로 매개된 일련의 상호작용으로 설명되는 어떤 것이기도 하며, 이 상호작용에는 우리가 반응하는 언어적, 비언어적 신호가 포함된다.

성품을 위한 영적 훈련

고백 공동체에 처음 들어왔을 때의 이블린은 앞서 나와 다른 사람들에게 사랑받는 경험을 한 상태였다. 하지만 공동체 전체에서 목적을 가지고 동시에 동일한 경험을 한다는 것은 전혀 다른 문제였다. 이는 위로가 되는 일이기도 하고 그만큼 때로 감정이 격해지는 일이기도 했다. 그러나 이블린과 공동체 사람들 사이에 물리적으로 매개된 실제적이고 점진적인 상호작용에 주목하자 이블린은 그러한 상호작용을 용인하는 법을 배우고, 이를 명시적으로 기억하는 연습을 하고, 목적을 가지고 이를 공동체 안에서 실천할 수 있게 되었다. 결과적으로 이블린에게 이는 영적 훈련이 되었다.

이런 식으로 실제 시공간에서 일어나는 영적 형성 역학의 메커니즘에 파장을 맞추는 것이 대인관계 신경생물학이 작용할 수 있는 기본 바탕이다. 이는 우리가 예수님에게 안정 애착을 형성하여 살아갈 수 있는 능력을 지탱하고 강화한다. 또한 대인관계 신경생물학은 하나님의 영광을 상상할 수 있게 하고, 그럼으로써 그 영광에 깊이 반응하며 살 수 있게 해 주며(설령 그런 삶이 무슨 의미인지 이해하기 시작하는 단계일지라도), 고난 중에도 견디며 인내해서 성품을 단련할 수 있게 해 준다. 그리고 바로 그 성품을 바탕으로 우리는 소망을 품게 된다.

성품 형성의 요소 중 인내를 필요로 하는 또 한 가지 요소는 우리가 리듬의 피조물로 창조되었다는 점을 활용한다. 우리의 심장과 폐 기능에는 리듬이 있다. 우리는 걸을 때 리드미컬하게 걷고, 심지어 인간관계의 상호작용에도 리듬이 있다. 우리는 타인과의 관계 속에 있다가 혼자 있는 시간으로 돌아오고, 혼자 있는 시간에서 다시 관계 속으로 돌아가면서 서로를 지지하고 서로를 필요로 한다.

또한 우리는 어떤 사람이 무언가를 깊이 흡수하기 위해 한 특정한 리듬이 그 흡수 작용을 극대화할 수 있다는 사실을 알게 된다. 첫째, 우리는 그 사람이 어떤 경험을 접한 다음에는 잠시 진행을 멈추고 카메라를 밖으로 돌린 뒤 방금 경험한 것에 주의를 집중하게 함으로써 그 경험을 더 완전하고 기억에 남을 만하게 받아들일 수 있게 하려고 한다.

예를 들어 한 번은 이블린의 원가족이 어떤 식으로 이블린을 계속 옴켜쥐려 했는지 알게 해 주는 또 하나의 사례를 듣고 나서 고백 공동체 회원 한 사람이 이블린 대신 분노를 표출한 적이 있었다. 처음에 이블린은 그 회원의 반응이 매우 놀랍고 불안했다고 한다. 그러나 잠시 후에는 자신을 그토록 잘 이해해 주는 사람이 있어서 안도감을 느꼈고 깊이 보호받는 기분이 들었다. 바로 그 부분에서 내 동료 치료사는 대화를 잠시 중단시켰다.

치료사는 방금 일어난 일을 곰곰이 생각해 보라고, 바로 몇 분 전 일을 떠올리고, 그 사건을 다시 한번 관찰해 보라고 말했다. 방금 진행된 과정에 좀 더 면밀히 주의를 기울여 보라고 말이다. 그렇게 해서 이블린은 공감받는 경험을 할 뿐만 아니라 그 경험을 다시 떠올리고 기억 속에 더 깊이 각인하는 기회를 갖게 된다. 이런 만남의 리듬은 이블린이 처음에 그 경험을 하는 것으로 시작되었다. 그리고 이블린에게 바로 그 경험을 반추해 볼 기회를 주자 추가 반대 방향으로 흔들렸다.

고백 공동체에서 이렇게 왔다갔다 하는 리듬이 생기면, 즉 어떤 만남 뒤에 잠시 진행을 멈추고 그 만남에 분명히 주의를 기울이는 시간을 가지면 통합의 상태, 온전함의 상태가 증진되는 효과를 낳는다. 실제적으로 말해서, 우리는 처음에 어떤 일을 경험하고, 이어서 경험한 것에 관해 이야기하는데, 이는 부모 노릇을 잘하는 방법과 매우 유사하며, 자녀를 키우는 사람이라면 좋은 부모가 되려는 노력에 얼마나 많은 인내가 필요한지 잘 알 것이다!

먼저 아이들이 세상과 만나고, 이어서 우리는 아이의 발달에 적합한 방식으로 세상을 아이에게 해석해 준다. 마찬가지로 고백 공동체에서 어떤 의미 있는 상호작용의 순간이 지난 후 우리는 방금 있었던 일을 공동체 회원에게 꾸준히 반복적으로 되새겨 주고, 그런 다음 그 경험을 영적 형성의 특정 요소와 명시적으로 연결시켜 준다. 예를 들어 나는 회원들에게 이렇게 말할 수 있다. "잠시 이야기를 멈추고 우리가 방금 한 일과 이 과정에서 시종 우리의 목표가 무엇인지를 기억해 봤으면 합니다. 바울이 에베소 교회에 한 말을 생각해 볼 때, 이 작업에서 우리는 '사랑으로 진리를 말하고 살면서, 모든 면에서 자라나서, 머리가 되시는 그리스도에게까지 다다라야 합니다. 온 몸은 머리이신 그리스도께 속해 있으며, 몸에 갖추어져 있는 각 마디를 통하여 연결되고 결합됩니다. 각 지체가 그 맡은 분량대로 활동함을 따라 몸이 자라나며 사랑 안에서 몸이 건설됩니다'라는 말의 의미를 실천하고 있는 것입니다."[10] (엡 4:15-16, 새번역)

우리는 맡은 분량대로 활동한다. 그런 다음 잠시 진행을 멈추고, 지금까지 해 왔으며 하고 있는 일에 주목한 뒤, 말 그대로 신경 생물학적으로 형성되어 가고 있는 중인 우리에게 그 일을 좀 더 온전히 각인시킨다. 대인관계 신경생물학에서 통용되는 표현으로, 이 성장과 쌓아 올림(building up) 과정은 통합이라는 개념으로 대표되며, 이는 점점 더 복잡한 시스템으로 이어지는 차별화된 부분의 연결 장치로서, 이 시스템이 얼마나 더 유연하고(flexible) 적응력 있고(adaptive) 일관성 있고(coherent) 활력이 넘치며(energized) 안정화되느냐(stable)는 것이(약어로 FACES) 이 성장의 증거다.[11]

회원들에게 이 FACES의 속성들을 꾸준히 반추하라고 권하는 이유는 점수표를 만들기 위해서라기보다 주어진 시간에 어떤 일이 일어나고 있는지 인지적으로 포착하는 수단으로 삼아 목적을 가지고 이 연습을 계속해 나가기 위해서다. 그러면 이 새 속성들은 이들이 어떤 사람이 되고자 하는지, 그리고 고통스러울 때 어디로 관심을 돌릴 수 있는지를 알려 주는 이정표 역할을 한다. 그 과정 내내 우리는 이 중 쉬운 일은 단 한 가지도 없다는 것을 서로에게 계속 일깨운다. 모두 인내가 필요한 일이고, 이것이 바로 우리를 예수님 닮은 모습으로 이끌어 주는 일이라고 말이다.[12] 그리고 이런 성품에서 소망이라는 부산물이 자라나온다.

한 가지 사례는 다음과 같다. 이블린이 고백 공동체에서 격렬한 감정에 짓눌리는 때가 있었다. '너는 조금도 달라진 게 없다'고 자신을 비난하는 오래된 서사가 머릿속을 맴돌자(앞 장에서의 웬디와 달리) 이블린은 심박과 호흡이 빨라지고 가슴이 조여오는 등 몸이 조절되지 않았다. 이런 경우에는 나 혹은 내 동료 치료사, 공동체 회원 한 사람이 이블린을 도와 그런 반응들을 검토했다. 부드럽지만 궁금증과 관심을 가지고 우리는 이블린에게 말하곤 했다. 잠시 멈춰서 지금의 기분에, 특히 몸의 느낌에 주목해 보라고 권했다.

그 뒤 지금 이블린이 스스로에게 하는 이야기에 이름을 붙여 보라고 말이다. 그리고 난 뒤 이블린의 감정에 공감해 주는 것이 이상적이다. 다음 단계로는 이블린이 우리들 중 한두 사람에게 집중하면서 그 사람이 무엇을 감지하고 느낀다고 생각하는지 그것에 주의를 기울여 보게 한다. 그리고 또 다른 회원에게 2분 정도 집중하며 동일하게 해 보게 한다. 그렇게 하는 동안 이블린의 신체 반응은 잠잠해지고, 뿐만 아니라 스스로를 비난하던 생각도 몸의 인도를 따라 뒤로 물러난다. 이렇게 해서 이블린은 위로받는 느낌과 자신감을 되찾고, 불안정한 곳에서 안정된 곳으로 이동한다.

하지만 이블린이 안정되게 서 있을 수 있는 넓은 곳을 찾는 것이 이 과정의 끝은 아니었다. 우리는 다음에도 또 진행을 잠시 멈추고 방금 일어난 일을 좀 더 의도적으로 기억에 담으라고 이블린에게 말했다. 그리고 이 경험을 일지에 기록해 두고 마음에 떠올리면서 이 일이 뇌와 생각 속에 점점 더 많은 공간을 차지할 수 있게 하라고 권했다. 이렇게 경험을 자세히 열거하는 행동을 통해 이블린은 가나안 땅에 들어갈 때 모세가 이스라엘 백성을 향해 주 너희 하나님을 기억하라고 훈계한 말씀을 따르고 있었다.[13]

이 연습은 바람직하지 않은 성격 특성이 드러나는 순간에도 자신을 사랑할 수 있게 할 때 이블린의 성품이 어떻게 형성되는지를 그려 보여 준다. 자신의 취약한 모습이 다 드러나는데도 불구하고 이블린이 꾸준히 이 모임에 참여하고자 한다는 것은, 다른 모든 사람의 경우와 마찬가지로 의사가 필요한 부분, 즉 예수님을 가장 안 닮은 부분은 마침내 필연적으로 스스로를 드러내고 사랑 앞에 열린 모습을 보이고 이를 받아들이는 부분이라는 것을 의미한다. 더 나아가 이러한 만남들의 리듬에 주의를 기울이고 그 경험을 관찰하면 이 과정이 더 강화된다.

대인관계 신경생물학의 관점에서, 이블린은 자기 마음의 다양한 영역들(세 가지만 예를 들자면, 인식, 몸, 마음 상태에 대한 인식)의 성숙한 발전을 가능하게 만들고 있다. 고백 공동체의 도움을 활용해 이블린은 이 영역들을 연결해서 통합에 이르고 있고 더 훌륭한 FACES를 갖춘 사람이라는 지각을 키워 가고 있다. 우리는 이러한 언어와 은유를 사용하고 또한 이를 바울의 말과 연결시켜서 이블린의 주의를 환기시키는데, 이는 이블린이 마음속으로 하고 있는 바로 그 일을 우리가 공동체 단위로 하고 있는 것이다.

우리는 잠시 멈춰서 이 과정에 주목하고 이름을 붙이기도 하는데, 이 과정은 우리 각 사람에게, 같은 공간에 있는 치료사인 우리에게도 더 지속성 있는 성품을 만들어 주는 작용을 한다. 이 매력적인 과정은 처음에 사랑과 환대를 받아들이기 두려워하던 그 부분들이 이 사랑과 환대를 점점 더 많이 받아들이기를 연습하여 마침내 원기를 회복하고 다시 제 역할을 하게 되는 기회를 제공한다.

이런 식으로 성령께서는 하나님이 창조하시고 바로 그 목적을 위해 그 자리에 두신 재료를 활용해 성장을 가능하게 하신다. 치료사인 나를 비롯해 공동체 회원들은 우리가 돕고자 하는 모든 사람들에게 그러하듯, 이러한 메커니즘의 역동성에 대한 이블린의 조응을 이끌어 냈다(이블린의 주의력, 신체 감각, 감정, 생각, 이블린이 이야기하는 자신의 사연 등).

우리는 이블린의 이런 조응을 단지 사실로서 알고 인식해야 할 추상적인 것들의 목록이라고 명명하고 언급하지 않는다. 우리는 이런 조응을 고백 공동체의 상호작용(계속되는 대화와 관계 역동성)을 배경으로 실제로 구체화된 시간과 공간 속에서 정말로 일어나는 일들의 증거라고 지적한다. 이블린과 동료 회원들이 방 안에서 일어나고 있는 일에 주목하게 함으로써 우리는 이들이 모든 고통 앞에서 인내하는 수단으로서 이런 역동성을 기대하고 이용할 수 있게 한다. 그리하여 하나님의 영광의 메아리를 배경으로 성품이 형성되게 한다.

방 안에서 일어나고 있는 일에 주목하려는 이 노력은 성품 형성을 뒷받침해 준다. 고통 앞에서 인내하는 순간, 우리가 어느 정도나 이런 식으로 주목하느냐에 따라 이때 형성되는 성품의 유형이 정해져서, 어떤 성품은 통합과 온전함을 향해서 가고 또 어떤 성품은 통합과 온전함에서 멀어져서 성품이 붕괴되게 만든다. 유일한 차이는 우리가 어떤 방에 어떤 사람들과 함께 있느냐는 것이다. 그 사람들이 우리의 가족이든, 동료이든, 같은 교회 교인이든,

혹은 도로에서 내 차 앞에 끼어들기 하는 운전자든 말이다.

어떤 일에 주의를 기울이느냐에 따라 우리가 어떤 사람이 되는지가 결정된다. 어떤 주어진 순간에 하나님이 우리를 형성해 나가시는 방법의 역학에 주의를 기울이는 것은 그 형성의 과정에서 하나님과 함께 수고하는 단계로 나아가는 의미 있는 발걸음이다. 그래서 인내를 통해 성품을 깊이 있게 할 수 있는 한 가지 방법은 몰입할 때 주의를 기울이는 것이다. 자동차 운전, 피아노 연주, 요트 조종 같은 기술을 배울 때 세부적인 요구 사항에 주의를 기울이는 것과 마찬가지 방식으로 우리는 성품을 형성한다.

물론 성품 형성에는 많은 변수가 있으며, 그 모든 변수들을 여기서 전부 다룰 수는 없다. 하지만 이 문제에 좀 더 쉽게 접근하게 해 주는 힌 가지 얼개가 있는데, 성품 형성이란 자양분을 주어 키우는 것과 가치를 쳐 주는 것 사이에서 춤을 추는 것과 비슷하다는 것이다. 이는 식물 성장을 생각하는 일반적인 방식일 뿐만 아니라 신경망이 좀 더 회복력 있게 되는 과정에도 효과적으로 적용될 수 있다.[14] 이런 의미에서 성품은 우리가 다른 방법으로는 가질 수 없는 어떤 것을 주는 자양분에서 유익을 얻으며, 또 한편으로 가지치기는 성품을 붕괴시킬 수 있는 활동을 우리 마음에서 억제하거나 제거한다.

성품 형성을 위해 필요한 자양분

어린 자녀에게 필요한 자양분 중 부모와의 안정 애착 관계보다 더 중요한 것은 없다. 다른 것은 다 여기에서 흘러나온다. 우리 인간은 성품 형성을 위한 자양분을 신생아와 유아가 양육자와 맺는 애착 관계에서 주로 얻는다.[15] 이어서 이는 아이가 자라고 심신이 발달하면서 성년 애착 관계로 확장된다.[16] 자양분을 얻으려는 나머지 모든 노력은, 심지어 육체적 혹은 물질적 요구를 충족시키는 일까지, 모두 아이가 사랑받기를 바라는 양육자의 바람과 누군가가 자기를 돌봐 주기를 바라는 아이의 바람 사이에서 춤추기에서 나오는 결과들이다. 이렇게 성품 개발은 안정된 애착 관계라는 토양에서 자양분을 끌어온다.

마찬가지로 우리 그리스도인들은 모든 선한 것은 우리를 위한 하나님의 사랑에 바탕을 둔다고 믿는다. 하지만 지금까지 이 책에서 보았다시피 자신이 사랑받는다는 실제 인식은 하나님이 창조하신 애착 메커니즘을 필요로 한다. 하나님께 사랑받으려면, 하나님께 양육받으려면, 필연적으로 우리의 애착 체계가 활성화되어야 한다.[17]

애착이 형성되는 과정은 우리의 감정 상태를 조절할 수 있는 가장 효과적인 길을 제시한다. 즉 자신의 전 존재로 하나님을 사랑하는 건강한 마음을 계발한다는 관점에서 볼 때, 정서적으로 고통스러운 사건을 우리 뇌가 스스로 처리하도록 내버려 두는 것보다는 공동체가 함께 조절해 주는 것이 항상 더 바람직하다.[18] 우리 삶에서 정서적으로 밀착되어 있는 사람과의 애착 관계가 불안정할수록 우리는 고립된 상태에서 자기를 조절하려고 할 가능성이 높다. 이블린을 치료하는 일은 고백 공동체에 들어오는 것으로 절정을 이루었는데, 이 과정에서 우리는 이블린이 자신의 전형적 애착 패턴에 어떤 경향이 있는지 확실히 알아 가도록 하는 데 초점을 맞추었다. 이블린의 애착 패턴은 불안과 회피가 혼합된 패턴이었는데,[19] 이를 인식하게 되었을 때 이블린은 자신이 불편함을 지각할 때조차도 잠시 멈춰 그 지각을 더 잘 이해하는 시간을 갖는 법을 깨우쳤다.

이 애착 형성 과정이 어떻게 전개되는지를 표현하는 한 가지 방식은, 아이가 앞에서 살펴본 네 가지 S, 즉 부모가 자기를 보고(see), 달래 주며(soothe), 또한 자신이 안전하고(safe) 안정되어 있다고(secure) 어느 정도나 체험하느냐는 것이다.[20] 우리는 부모가 자신을 보고 있고, 달래 주며, 자신이 안전하다는 느낌을 견실한 토대 삼아서 안정된 세상으로 나간다. 이러한 세상은 우리가 적절한 위험을 감수하고, 그다지 치명적이지 않은 실수를 저지르고, 감정에 상처를 입고, 상처를 회복하는 법을 배우는 곳이다. 이곳에서 살아나갈 때 우리는 지극히 험악한 순간들을 종종 마주한다. 이러한 순간에는 우리의 약점이 드러날 수 있는데, 이때 우리는 갖가지 중독증이나 우상에 의지함으로써 이에 대응하기도 한다.

하지만 이는 우리가 가장 지속성 있는 아름다움과 선함을 창조하는 데 참여하는 순간이기도 하며, 이렇게 해서 우리는 우리를 지으신 삼위일체 하나님의 형상을 품고 이를 반영한다. 우리는 하나님이 세상을 창조하신 것처럼 창조하는 존재로 지음 받았다. 고백 공동체 안에서 이런 위기의 순간들은 가장 숨 막히는 생성(生成)의 기회를 제공하며, 이것을 우리는 이블린에게서, 웬디에게서, 그리고 지금까지 이 책에서 만난 다른 많은 사람에게서 확인했다.

하지만 우리 사연의 모든 측면이 똑같은 속도로 안정감 있는 곳으로 진척되지는 않는다. 치유되지 않고 해결되지 않은 트라우마와 연관된 신경망은, 앞 장에서 말한 웬디의 사례에서 입증되다시피 치유 과정이 진행되는 동안에도 여전히 이런저런 사건들에 의해 활성화된다. 그러므로 우리는 돌이켜 그 신경망과 함께하면서 이를 서서히 변환시키고, 내게 공감해 주는 다른 사람들의 마음과 연결되는 신경 정신적 활동, 누군가 나를 보고, 달래 준다고, 그래서 안전하다 느끼게 해 주는 신경 활성화로 에워싸이게 해야 한다. 우리의 사연에서 이런 치유되지 않은 부분은 오래된 상처에 내재된 기억이 활성화될 때 예기치 않게 신속히 드러날 수 있다. 그래서 말 그대로 100만분의 1초 어간에 우리는 성인이 아니라 다시 어린아이처럼 느끼는 마음 상태로 이동할 수 있다.

한 번은 공동체 모임을 시작하려고 하는데 한 여성 회원이 이블린의 드레스를 보고 정말 예쁘다고 말했다. 그러자 이블린은 아무런 조짐도 없이 갑자기 두려움에 휩싸이는 듯 얼굴을 붉히면서 손을 떨었다. 이블린은 목이 조여서 호흡이 가쁘다고 말했다. 그리고 눈에는 눈물이 고이기 시작했다.

옷을 칭찬했던 여성 회원은 당황했지만 곧 침착을 되찾고 무슨 일이 일어나고 있는 것인지 이블린에게 물었다. 알고 보니 전날 이블린은 오랜 세월 자신을 학대한 언니와 이야기를 나눴다고 했다. 옷을 마음대로 가져간 그 언니였다. 늘상 그러했듯이 대화는 갑작스레 끝났다. 곧 언니를 만나러 가기로 하고 시간을 정하는데, 의견이 맞지 않자 언니가 갑자기 전화를 끊어 버린 것이었다.

이블린은 언니와의 대화가 그 여성 회원의 칭찬에 이렇게 역반응을 보이게 만들 것이라고는 생각하지 못했다. 여성 회원의 칭찬은 친절과 사랑을 보여 주려는 것이었는데, 이블린의 마음 상태에서 그 말은 단순히 이블린의 옷에 대한 한 여성의 사려 깊은 긍정의 표현이 아니라 곧 옷을 훔쳐 가겠다는 경고와 다름없는 말로 들렸다. 게다가 그 말은 이 과정에서 아무도 자신을 도와주러 오지 않을 거라는 예측도 부추겼다. 이 상황은 그 트라우마의 기억과 연관된 신경망을 다시 활성화했다. 그래서 이블린은 좋은 의도로 선의와 친밀함을 보여 주려는 그 몸짓에 그렇게 부정적 반응을 보인 것이다.

이는 이블린에게는 불쾌한 경험이었지만, 우리에게는 이블린의 존재에 다시 한번 자양분을 줄 수 있는 기회가 되었다. 이블린을 다시 돌아보고 달래 주며 안전을 상기시키고 안심할 수 있게 해 주었다. 이렇게 하는 데에는 십 분가량 걸렸고, 공동체의 몇몇 사람이 참여했다.

이 기회 덕분에 이블린은 우리 각 사람과의 애착 관계에서 더 큰 안정감을 가질 수 있었다. 물론 예수님과의 애착 관계도 마찬가지였으며, 이블린은 여전히 예수님을 방 안에 머물러 계시는 분으로 상상한다. 더 나아가, 시간의 흐름과 함께 이런 순간들을 더 많이 경험하면서 이블린은 자신의 감정을 알아차리고, 공동체의 존재에 의지하며, 위로와 확신이 있는 곳으로 신속하고도 자연스럽게 나가는 능력을 점점 더 키워 가고 있다. 성품은 이런 식으로 해서 실시간으로 형성되어 간다. 그뿐만이 아니다.

자신의 사연이 이런 방식으로 거듭 순환되는 것을 몇 주 혹은 몇 달 동안 인내하면서 각각 다른 기억 앞에서 회복 탄력성을 높여감에 따라 위로와 자신감을 얻게 된 이블린은 자신의 사연을 좀 더 객관적인 시각으로 볼 수 있게 되었다.[21] 이렇게 하는 중에 이블린은 다음과 같이 말했다. "나이가 들어서 제 실제 나이가 된 느낌, 어른이 된 느낌이에요. 이제는 열두 살 어린 여자아이 같은 기분이 아니에요. 과거에 언니에게 두려움과 분노만 느낀 것이 미안해질 지경이랍니다. 이제는 몸도 편안하고, 생각도 달라졌어요. 이런 기분이 될 수 있다고는 한 번도 상상해 본 적이 없어요."

이블린의 성품 특성인 평안·참을성·상냥함·선량함은 점점 깊이를 더해 갔고, 이블린은 자신의 몸 자체에서도 이런 특성이 깊어지는 것을 감지할 수 있었다. 이블린은 점점 더 행복을 느꼈고, 그 행복의 지속성도 체감했다. 그리고 이 모든 것은 자신의 약점을 다 드러낼 수 있는 공동체와 함께 고통 앞에서 인내하며 애쓴 결과라는 것도 실감했다.

이블린처럼 나도 떠올리기 싫은 기억이 은연중에 다시 생각나는 순간들이 있었다. 그럴 때면 나도 일정한 도움을 받아서 사람들이 나를 봐 주고 달래 주며, 그래서 안전하고 안정되어 있다고 느낄 수 있었다. 바로 얼마 전, 집안 재정 문제에 대해 아내와 대화를 나누던 중 나는 특히 돈 문제를 이야기할 때면 내가 꼭 열 살 아이가 된 것 같은 기분이라고 말했다. 열 살 아이처럼 돈에 관해 아무것도 모르고 심지어 바보가 된 것 같은 기분이 된다고 말이다.

돈이 어떻게 작용하는지 제대로 모를 만큼 내가 똑똑하지 못하다는 말은 아니다. 나는 보통 사람들 만큼은 안다. 그 순간의 내 기분처럼 정말로 아무것도 모르는 것은 아니다. 나는 수입과 지출의 균형을 맞추는 법도 알고 과소비를 하지도 않는다. 돈을 아끼는 게 중요하다는 것도 알고, 십일조는 돈이 무엇인지를 알기 시작하는 기반이라는 것도 안다. 돈은 하나님의 선물이며, 나는 이 선물의 청지기 노릇을 잘하고 싶다. 하지만 재정과 관련해 어떤 미래를 그리기 시작하면 여전히 나는 아주 어린아이가 된 것 같은 기분을 느낀다.

돈은 우리 부모님이 내가 어릴 때부터 이야기해 주시던 주제이지만, 그럼에도 이는 우리 가족이 꾸준히 떠올리는 이야깃거리가 아니었다. 우리는 돈을 비롯해 인생의 다른 여러 가지 중요한 문제들을 논의하지 않았다. 예수님을 따르는 사람이 되는 것은 우리가 마땅히 해야 할 일이라는 것은 차치하고 그게 무슨 의미인지에 대해서도 이야기하지 않았다. 인간관계 전반, 특히 여자와 성에 관해서도, 남자로 존재한다는 게 무슨 의미인지에 대해서도, 교육의 본질과 목적에 대해서도, 대학에 가는 이유가 무엇이며 어느 대학에 가야 하는지에 대해서도, 그리고 갖가지 청구서 요금을 내는 것을 넘어 일은 왜 하는 것인지에 대해서도 우리는 이야기하지 않았다.

부모님은 나와 그런 대화를 시작하는 것은 고사하고 그런 대화가 있어야 한다는 것을 인식할 만큼의 소양이 없으셨다. 그렇다고 해서 내 부모님이 나쁜 부모는 아니었다. 나는 두 분이 내 아버지와 어머니라는 사실이 아주 자랑스럽다. 그리고 부모님이 그렇게 소양이 없으셨다는 것 때문에 두 분을 원망하지도 않는다. 그래도 결과적으로 나는 이런 문제들을 나 혼자 알아 가야 했다. 그리고 열 살의 나는 그리 지혜롭지도 않았다. 그런데 아내와 돈 이야기를 할 때면 내가 꼭 발달 단계상 그 나이에 머물고 있는 것 같은 기분이 될 때가 있다.

따라서 가정 경제와 재정에 관한 대화의 순간, 나는 이따금 불안스럽게, 좀 더 흔하게는 회피적으로 대응한다. (사실 내가 그렇게 알고 있다시피) 이런 가정 경제에 관한 일은 아내의 소관이라고 생각하면서 말이다. 물론 그러면 마음은 아주 편하다. 하지만 이는 열 살배기 자아에 머물려고 하는 경향을 강화할 뿐이다. 그리고 이런 내 모습을 아내는 썩 마음에 들어 하지 않는다. 무슨 이야기인지 이해가 갈 것이다.

이런 경우 내가 아내를 그렇게 힘들게 하지만 그럼에도 아내는 내가 돌봄 받고 달램을 받고 안전하고 안정된 상태라고 느낄 수 있는 기회를 제공하려고 힘들게 노력한다. 하지만 결혼한 사람이라면 알 것이다. 이 점에서 부부는 서로에게 완벽하지 않다는 것을 충분히 알 것이다. 사실 부부가 서로 바라는 존재가 되고 각자 예수님의 형상으로 좀 더 온전히 빚어져 가기 위해서는 각 사람을 튼튼하게 만들어 줄 외부의 도움이 필요하다.

아내와 그런 대화를 하고 있노라면, 우리 둘이 이야기를 하고 있음에도 방 안에 부모님이 앉아 계시는 것만 같다. 부모님은 침묵으로 그 대화에 끼어들어, 우리의 퇴직금을 어떻게 해야 할지 나로 하여금 결정하게 하시는 것 같다. 열 살배기 아이로 돌아간 그런 순간의 남편과 대화한다는 게 아내로서는 쉬운 일이 아닐 것이고, 그런 상황을 원하지도 않을 것이다. 아내도 마찬가지겠지만, 바로 이런 순간들 때문에 내게는 구름같이 허다한 증인들이 필요하다. 나를 지켜보는 몇몇의 사람들이 방 안에 함께 있다고 상상할 수 있어야 한다. 또한 한 번에 그치는 게 아니라 꾸준히 열 살배기 나를 찾아가, 누군가 나를 보아 주고 위로해 주며 그래서 안전하고 안정된 상태임을 확인할 수 있는 기회를 주어야 한다. 이런 유형의 자양분을 공급받으면 누구라도 "(우리가) 죽었고 (우리) 생명이 그리스도와 함께 하나님 안에 감추어졌"다는 사실을 구체적으로 체감할 수 있게 된다.[22]

예수님이 보이신 취약성들

직관적으로 생각할 때, 자양분이라고 하면 보통 우리에게 필요한 것을 제공해 줄 수 있는 사람에게서 그것을 받는 광경이 떠오른다. 우리는 도움을 구하는 곤궁한 사람이다. 하지만 다소 반직관적으로, 자양분이란 우리 자신을 내어 줌으로써 받을 수 있는 것이기도 하다. 칼 메닝거(Karl Menninger)가 알려 주었듯이, 타인을 섬기는 일에 우리 자신을 내어 주는 것이 우울 상태에서 빠져나올 수 있는 한 가지 주된 방법이다.[23] 이런 식으로 우리 자신을 타인에게 내어 준다는 것은 단지 그 사람들을 돕는 것도 아니고 타인을 도왔기 때문에 우리가 스스로에 대해 좀 더 흡족해하는 것도 아니다. 그보다 어떤 식으로든 타인을 섬기기 위해서는 스스로의 취약성을 드러낼 것이 요구된다. 힘의 수준에서 자신이 우위에 있더라도 말이다. 남을 섬길 때마다 우리는 상처받고 거부당하고 노출되는 위치에 있게 된다. 취약성을 드러내면서 있는 그대로 타인에게 자기를 내어 줄 때 우리는 깊이 자양분을 공급받는다.

이는 위험을 감수하는 일이며, 다른 누구도 아닌 예수님께서 이 일의 모범이 되신다. 요한복음을 보면, 우물가에서 사마리아 여인을 만나신 예수님은 여인에게 물을 청하신다.[24] 내가 생각하기에 이 이야기를 읽는 유일한 방법은 예수님이 처음부터 끝까지 전체 서사를 완전히 통제하고 있으며 여기에는 우연성이 없다고 가정하는 것뿐이다.

우리는 당시 예수님이 목이 마른 것은 사실이었지만 이 목마른 상태는 사실상 실제 대화를 위한 설정이요, 여자를 이야기로 끌어들이기 위한 책략일 뿐이라고 생각한다. 목마름은 그분의 진짜 목적이 무엇인지에 대한 도발적인 은유를 제공한다는 것 말고는 그다지 중요하지 않은 양 말이다. 사실 예수님은 그렇게 목마르지 않으셨다. 내 말은 그분은 인자(Son of Man)였다는 의미이다. 이는 예수님의 인성의 깊은 신비를 제한하기가 얼마나 쉬운지를 강조하려는 것뿐이다. 내가 나 자신이나 내 주변 사람들의 인성의 깊이를 쉽게 제한하는 것처럼 말이다.

그러나 만약 그 여인이 예수님에게 물 한 모금 대접하기를 단박에 거절했다면, 그리하여 예수님과 대화를 이어 가기를 거부했다면 어떻게 되었을까? 그 경우 예수님의 목마름은 어떻게 되는가? 그저 앞뒤 사정을 따져 본 뒤 여인의 관심을 끌기 위해 다른 비유를 동원하셨을까? 어쩌면 그랬을 수도 있다.

하지만 나는 이어지는 장면을 위한 무대를 마련해 주는 것은 예수님의 진짜 목마름, 즉 그분의 취약성이었다는 가능성에 주의를 기울이고 싶다. 유대인 남성이 그렇게 거리낌 없이 자신의 취약성을 드러내는 모습을 보고 여인은 놀랐던 것 같다. 예수님은 충분히 권력을 행사할 수 있는 위치에 있지만, 그분에게는 그 위치를 사용하지 않으려는 분명한 움직임이 있다. 오히려 한술 더 떠서 도움을 요청하신다.

여인의 남자 경험을 감안할 때 여인이 이 대화를 진전시킬 생각이 전혀 없었다 해도 나는 놀라지 않을 것이다. 나는 이 본문이 보여 주지 않는 신학적 주장을 하는 게 아니다. 그보다 예수님의 취약성이야말로 대화를 계속 이어 나가는 가장 의미 있는 대인관계 역학으로 보인다는 점을 지적하는 것이다. 더 두드러지는 점은, 음식을 구하러 동네에 들어갔던 제자들이 돌아왔을 때 일어나는 일이다.

제자들은 자신들이 없는 동안 예수님이 어떤 식으로든 자양분을 공급받았다는 사실에 당혹스러워한다. 그런데 무엇으로 자양분을 공급받으셨는가? 예수님은 단도직입적으로 대답하신다. "나의 양식은 나를 보내신 이의 뜻을 행하며 그의 일을 온전히 이루는 이것이니라."[25] 아버지가 주신 일을 아버지와 함께, 그리고 아버지의 임재 안에서 행한 것이 예수님의 자양분이었다. 여기에는 그 일을 완료하는 것도 포함되었다. 그리고 여기서 예수님의 말씀은 그 일을 완료한다는 것이 사실상 무슨 의미인지를 가리킨다. 그것은 바로 십자가였다.[26]

나를 보내신 이의 뜻을 행할 때 그 일의 어느 부분이 예수님에게 양식이 되었는지 생각해 보자. 이때 내 상상력의 반경은 쉽게 제한되고 만다. 예수님이 여인과 나눈 대화가 여인은 물론 여인이 사는 마을에까지 바람직한 결과를 낳았다는 사실이 제자들의 질문에 대한 명백한 답변으로 보인다. 그래도 예수님은 그 대화가 어떤 결과를 낳을지 아무것도 보장되지 않은 상태에서 자신의 취약성을 드러내야 했다.

뿐만 아니라 요한은 우리가 성 금요일(Good Friday)이라고 부르는 그날에, 제자들 보기에 전혀 좋을(good) 것이 없는, 궁극의 취약 성을 보여 주는 행위로 아버지께서 주신 일을 완료하는 예수님의 모습을 보여 준다. 그날, 소망은 찾을 수 없었다. 그날, 취약성을 보여 주는 행위는 역사의 올바른 편에 있는 것 같지 않았다.

그 사마리아 여인을 비롯해 온 동네에, 갓 구속받은 생명이 등 장하는 것을 보고 기쁨을 느끼는 것도 분명 예수님의 자양분이었 을 것이다. 하지만 그 기쁨을 누리기 위해서 예수님은 먼저 자신의 취약성을 드러내셔야만 했다. 그리고 이는 마지막에, 십자가에서 예수님에게 요구될 일의 전조였다. 여기서 예수님은 취약성을 드 러내며 자기 자신을 내어 주면 타인이 자양분을 공급받을 가능성 이 생길 수 있음을 입증하신다. 그리고 이 행위가 돌고 돌아 우리 에게도 흡족하게 자양분을 줄 수 있다는 것을 알려 주신다. 이 경 우에는 예수님이 여인을 사랑해 주신 것에 대한 응답으로 여인도 예수님을 사랑하게 되고 거기서 예수님이 기쁨을 누리신다.

마찬가지로 이블린이 공동체 사람들의 사랑을 받아들여서 자 양분을 얻는다는 것을 알게 된 것처럼, 이 일에는 먼저 자신의 취 약성을 드러내는 자세, 거듭해서 그렇게 하는 자세가 요구된다. 그 렇게 자신의 약점을 드러내고 자신에게 공감해 주는 사람들에게 서 사랑을 받아들이는 과정에서 이블린은 자신의 취약성을 드러 내는 행동이 어떻게 다른 사람들도 유사한 위험을 무릅쓸 수 있게 해 주는지를 목도했다.

예수님이 사마리아 여인을 상대로 위험을 무릅쓰심으로써 여인이 기꺼이 예수님을 신뢰하게 되는 결과를 낳았는데, 이는 예수님에게 실제적 선물이었다. 즉 예수님에게 자양분이 되었다. 예수님은 이 관계에서 아무것도 필요로 하지 않는 분이 아니었다. 예수님은 여인이 자신과 연관될 필요가 있음을 아셨고, 마찬가지로 자신도 여인과 연관되기를 바라셨다. 여인의 반응, 여인이 예수님에게 사랑을 돌려드린 것이 예수님에게 자양분이 되었고, 예수님이 아버지의 뜻을 행할 수 있는 바탕이 되었다.

연약한 부분이나 매력 없는 부분까지 포함해 자신의 취약성을 다 드러내며 자기 자신을 내어 주는 행위에는 상대방에게 영감과 용기를 불어넣어서 똑같은 행위를 할 수 있게 하고 이블린처럼 자유를 발견할 수 있게 하는 효과가 있다. 이블린이 용기를 내서 취약한 모습(결국 다른 이들의 사랑을, 즉 자양분을 받아들이게 만든)을 보여 줌에 따라, 각자의 트라우마가 해결되지 않은 부분에서 다른 사람들도 이블린에게서, 그리고 서로에게서 더 능숙히 사랑을 받아들일 수 있게 되었다.

취약성을 드러내는 모험은 이블린이 자양분을 얻는 한 원천이 되었고, 이 자양분은 인내를 통해 받으며, 성품 형성의 토대가 된다. 여기서 우리는 이블린의 노력이 어떻게 동료 회원들의 용기를 북돋아 동일한 노력을 하게 하는지를 보게 된다. 그리스도의 몸은 이런 식으로 "각 지체의 분량대로 역사하여 … 사랑 안에서 스스로[를] 세"운다.

나무가 자양분을 얻어 자라는 것을 생각해 보자. 여러 면에서 이는 우리가 나무에게 무엇을 주는지, 더 무성히 자라기 위해 나무는 무엇을 받아들이는지를 암시한다. 이는 우리가 나무에게 '예'라고 말하는 한 방식이며, 성품을 형성할 때도 우리는 우리를 지탱하는 데 필요한 것을 향해 '예'라고 말한다.

반대로 가지치기는 성품 형성 의무의 일부로서 우리에게서 무언가를 치워 없애는, 혹은 받아들이기를 거부하는 행위로 이뤄진다. 이런 의미에서 우리는 갖지 못했으나 갖고 싶은 어떤 것에 대해 '아니오'라고 말하거나, 우리에게서 없애고 싶은 어떤 것에 대해 '아니오'라고 말한다.

우리는 가지치기를 하나님이 우리를 사랑하시는 한 가지 방식으로 이해한다. 이는 배신당하시던 날 밤 예수님이 제자들에게 하신 말씀에서 가장 생생히 전달된다.[27] 예수님은 자신이 포도나무이고, 우리는 가지이며, 아버지는 농부라고 말씀하신다. 아버지는 열매 맺는 가지가 열매를 더 많이 맺을 수 있도록 가지치기를 해 주신다. 이것이 바로 하나님의 '아니오'가 그분의 '예' 못지않게 우리를 향한 사랑의 한 부분임을 보여 주는 사례다. 확신컨대 욕구 충족이 뒤로 미뤄지는 것, '아니오'라고 말하는 것은 우리로서는 힘든 일이다.[28]

성품 형성은 수많은 일에 대해 '아니오'라고 말하기를 우리에게 요구한다. 오락에 대해 '아니오'라고 답하라. 방종에 대해 '아니오'라고 답하라. 아름다움을 바라지 않고 급히 먹어 치우는 행동, 특히 그 아름다움이 성(性)의 형태로 다가올 때 이에 대해 '아니오'라고 말하라. 과소비에 대해 '아니오'라고 말하라. 폭력에 대해 '아니오'라고 말하라!

예수님은 '아니오'에 관해 모든 것을 알고 계신다. 예수님은 광야에서 시험 받으실 때 '아니오'라고 말씀하셨고, 이어서 공생애 내내 수많은 경우에 연이어 '아니오'라고 말씀하셨다. 이 땅에서 마지막을 맞는 바로 그때까지 주님은 '아니오'를 말씀하셨다.[29] '아니오'라고 말하기는 내게도 어려운 일이지만, 예수님에게도 이는 결코 쉬운 일이 아니었으며, 그렇게 생각할 만한 이유는 한두 가지가 아니다.

하지만 예수님이 수많은 일에 '아니오'라고 말씀하신 것은 더 많은 일에 '예'라고 하시기 위해서였으며, 예수님은 우리에게 똑같이 하라고 명하신다. 사랑을 받아들이는 일과 틀어진 관계를 회복하는 일에 '예'라고 답하라! 자신의 약점을 보여 줄 수 있는 신뢰할 만한 공동체 안에서 자신의 상하고 찢긴 모습을 드러내는 데 '예'라고 말하라고 하신다. 관대한 호의를 보이는 일에 '예'라고 말하라! 지속성 있는 회복력을 계발하는 일에 '예'라고 말하라! 아름다움과 선함을 만들어 내는 일에 '예'라고 말하라!

그러나 '예' 하기 전에 '아니오'가 선행되어야 하는 경우가 종종 있다. 그래서 히브리서 기자는 인내로 우리의 경주를 하기 위해서는 "모든 무거운 것과 얽매이기 쉬운 죄를 벗어 버"려야 한다고 말한다.[30] 대인관계 신경생물학 용어로 간단하게 표현하자면 이는 욕구 충족을 뒤로 미루기이다.

좋아하는 패스트푸드 음식점, 인기가 많은 음식점에 가면, 종종 손님들이 줄을 서 있는 것을 보게 된다. 줄이 평소보다 짧으면 우리는 반가워한다. 평소보다 길면 실망한다. 예상보다 많이 기다려야 한다면, 욕구충족이 지연되기 때문이다.

하지만 줄의 길이가 예상했던 정도이면, 기다려야 하기는 해도 이는 우리가 예상한 시간 한도 내에서의 기다림이다. 그래서 이 기다림, 지연은 단지 기다림 자체의 문제가 아니다. 이 기다림은 우리가 예상한 내용과 경합한다. 그리고 우리가 예상하는 것은 아무 감정 없는, 어쩌다 보니 알게 된 미래에 대한 사실이 아니다. 우리의 예측은 우리의 갈망과 연결되어 있다.

이 상관관계는 누가 봐도 명백해 보일 수 있다. 그러나 이블린의 경우, 참는 법을 배우는 것은 인내와 성품 형성에 실질적인 의미를 지녔다. 이블린은 타인의 공감을 받아들이는 일에는 '예'라고 말하는 동시에 아직도 부모와 형제자매의 사랑과 조응을 갈망하는 자기 마음속 해묵은 사연에는 '아니오'라고 말해야 했다. 모든 증거가 다 반대의 사실을 가리키고 있음에도 이블린은 여전히 이들이 결국은 자신을 사랑하고 응원해 줄 거라고 생각했다. 이블린은 포기하기 고통스러운 한 이야기(아니 우상이나 중독이라고 해도 좋다)를 포기해야 했다. 부모가 나를 사랑해 주기를 바라는 건 너무나도 당연한 건데 누가 그 바람이 가치치기 되기를 원하겠는가? 이는 마치 오른팔이 잘려 나가는 것과 같은 기분일 것이다.

그러나 그 바람이 실망과 슬픔이라는 결과만을 낳을 때 그 사람이 의지할 수 있는 일은 그 바람을 포기하는 것뿐이다. 이 과정 자체가 처음에는 또 다른 괴로움을 낳을 수 있고 애를 태울 수도 있다. 또 하나의 고통이 될 수 있다. 정말로 원하는 것을 손에 넣지 못하고 갑자기 실망감을 느낄 때 초조하고 예민해지는 것과 비슷하다. 초콜릿 칩 쿠키와도 비슷하다.

아내는 세상에서 제일 맛있는 초콜릿 칩 쿠키를 만든다. 특별한 날을 맞아 아내가 쿠키를 구울 때마다 어김없이 나는 두 살배기 아이가 되어 내 몫도 있는지를 확인한다. 아내가 조금 과하게 인정이 많아서 사람들에게 후히 나눠 줄 생각이라는 걸 알게 되면 내 심장 박동이 빨라진다. 그만큼 내 몫이 줄어들 테니 말이다. 그래서 나는 내 몫을 챙긴다. 한 번에 서너 개씩 조심히 챙긴다. 눈에 띄게 해서는 안 되고, 환한 대낮에 해서도 안 된다. 어떤 때는 한두 개 먹어도 되느냐고 허락을 구하기도 한다. 말은 그렇게 해놓고 너덧 개 챙기기도 한다. 그게 최후의 식사라도 되느냐고 생각할지도 모르겠다. 물론 최후의 식사 메뉴로는 아내의 쿠키가 딱이다. 하지만 이건 최후의 식사가 아니다. 그저 쿠키일 뿐이다.

재미있지 않은가! 겨우 쿠키라니! 세상에 쿠키가 어떻게 그렇게 쉽게 내 성품의 얄팍함을 보여 준단 말인가? 알다시피 결론적으로는 쿠키가 문제가 아니다. 이는 공허하고 외로운 나머지 공허함 밑바닥에 자리 잡은 슬픔을 막으려고 비교적 하찮은 것에까지 집착하고 이를 움켜쥐려고 하는 나의 일부분에 관한 이야기다.

이상하게 들리겠지만, 나와 초콜릿 칩 쿠키와의 관계는 욕구 충족을 뒤로 미룰 기회, '아니오'라고(혹은 적어도 한 번에 여섯 개 내지 여덟 개라고) 말할 기회, 그리하여 예수님에게, 그리고 타인들에게, 특히 아내에게 '예'라고 말할 수 있는 기회를 주는 하나의 역학이다. 먼저 나는 슬픔으로 가득한 나의 그 부분을 예수님이 계신 방으로 불러들이고, 다음으로 그 부분이 예수님에게, 나에게, 그리고 다른 사람들에게 진심으로 위로받을 수 있게 한다. 그렇게 해서 두 살 배기 아이에서 좀 더 큰 아이로, 어쩌면 마침내 성인으로까지 자랄 수 있게 한다.

하지만 이렇게 성품이 자라려면 가지치기가 요구된다. 쿠키만이 아니라 슬픔을 지닌 나의 그 일부를 격렬히 보호하려고 하는 성향을 가지치기해서 그 부분이 돌봄 받고 위로받아 안전하다 느낄 수 있고 마침내 안정감을 느낄 수 있게 해야 한다. 이렇게 가지치기를 허용함으로써 나는 초콜릿 칩 쿠키를 적당히 즐길 줄 아는 사람이 된다. 쿠키 한두 개조차도 인자와 확신으로 내게 눈짓하시는 예수님의 손에서 주어진다는 것을 온몸으로 알기 때문이다.

가지치기 및 욕구 충족을 늦추는 법 배우기의 또 다른 측면은 우리가 인간관계 불화에 어떻게 대처하는가의 형태로 나타난다. 이는 사소하든 심각하든 모든 형태의 관계 단절을 말하며, 정서적 고통과 관련된 단절감이 특징이다. 대인관계 신경생물학은 이를 동요 또는 양성 단계, 한계 설정, 유독성 관계 파열(수치심이 파열의

핵심 요소로 동원될 정도)이라는 범주로 나눈다. [31]

우리의 애착 형성 과정은 1장 앞부분에서 살펴본 사회 참여 시스템을 통해 매개된다고 전제되어 왔다. 본질적으로 우리는 이 시스템을 통해 세상을 항해하고 우리의 감정 상태를 가장 효과적으로 조절한다. 그리고 이 시스템을 강화하는 것이 우리가 바라는 성품이 형성되는 한 가지 길이기도 하다. [32] 살아 있는 모든 시스템이 그러하듯 우리의 마음은 시간이 흐르면서 적정한 스트레스를 마주함으로 인해 성장하고 더 회복력 있게 된다. 이런 일은 여러 가지 방식으로 일어나는데, 관계 불화를 겪는 것도 그중 하나다. 애착 형성을 위한 에드 트로닉(Ed Tronick)의 노력은 무너진 관계를 복구하는 것이 성장에 얼마나 중요한지를 보여 준다. 치유가 이뤄지지 않으면 성장이 방해를 받는다. [33]

하지만 관계를 복구하는 일을 정말로 좋아하는 사람이 있을지 모르겠다. 적어도 내가 초콜릿 쿠키를 즐기는 것과 비슷하지는 않을 것이다. 불화하는 관계 복구를 시작하는 것, 아니 관계를 무너뜨린 사람이 그 관계를 회복하자고 말할 때 이를 받아들이는 것조차도 종종 상당한 용기를 필요로 한다. 무너진 관계 회복에 요구되는 노력을 회피함으로써 단기적 만족감을 느끼는데, 관계 회복을 위해 노력한다는 것은 그 만족감을 뒤로 미루는 것이기 때문이다.

한번은 이블린이 언니의 행실에 대해 이야기할 때 자기를 보호하려는 듯한 느낌이 들었다고 내가 말하자 이블린은 이내 감정적으로 위축되기 시작했다. 내 동료 커트니는 그 광경에 조응하여, 이블린을 자신에게 주목시켰다. 그리고 이블린이 방금 나와의 사이에서 있었던 일을 설명할 수 있도록 천천히 아주 용의주도하게 도와주었다.

커트니는 이블린이 내 말을 듣고 어떤 느낌이었는지 표현할 수 있게 했다. 이블린은 내가 하는 말을 듣고 언니가 자기를 조롱하거나 무시할 때 느꼈던 두려움이 기억났다고 했다. 커트니는 조금씩 이블린을 설득해 시선을 내 방향으로 돌리게 했다(이블린은 커트니와 이야기하는 동안 내 쪽은 보지 않고 커트니만 보았다. 너무 불안해서 내 방향은 볼 수 없었던 것이다).

이어서 우리는 관계 복구 과정을 시작할 수 있었는데, 첫 단계는 내가 이블린의 행복을 바란다는 점을 알려 주고 안심시키는 것이었다. 다음으로 내가 이블린에게 한 말과 그 말을 하는 태도가 이블린을 두렵게 했고 심지어 상처까지 주었다는 점을 인정했다. 그렇게 할 생각이 아니었고, 본의 아니게 그렇게 되어서 마음이 아프다고 말해 주었다. 용서를 바란다고 했다. 그리고 앞으로 그런 실수를 되풀이하는 일이 없도록 조심하겠다고 했다. 하지만 내가한 말이 틀렸다고는 하지 않았다. 다만 이블린에게 상처를 주어서 마음이 아프다는 점, 앞으로 이블린과 대화할 때 좀 더 세심히 신경 쓰겠다는 다짐을 강조했다. 그 후 몇 분에 걸쳐 우리는 관계를원 상태로 돌려놓을 뿐만 아니라 불화가 생기기 전보다 훨씬 더 회복력 있는 단계로 관계를 진전시키기 위한 대화를 나누었다.

이것이 우리의 상호작용 풍경 전체를 다 설명해 주지는 않는다. 그러나 틀어진 관계 복구의 핵심에는 일종의 가지치기 작업이 필요하며 이는 아무리 강조해도 지나치지 않다. 그런데 우리는 상당 기간 이 일을 아주 교묘히 회피한다. 이 가지치기 작업을 할 때 우리는 관계 복구를 회피함으로써 자기 자신을 보호하려는 자동적 성향에 '아니오'라고 말한다. 그렇게 해야 더 깊어지는 관계에 '예'라고 말할 수 있다. 우리가 그 관계에서 상처를 입었거나 상처를 입혔을 때 특히 더 그렇다. 그렇게 상처를 입거나 입히는 순간 상대방은 우리의 적이 되었다. 그러나 예수님은 적을 위해 기도하라고, 적에게 인자를 베풀라고 하셨다.

이 말을 신뢰할 수 없는 사람들을 신뢰하라는 말로 이해해서는 안 된다. 그것은 다른 문제다. 깨진 관계를 복구하는 일은 가지치기가 지속성 있는 성품 형성의 결과를 낳는 또 하나의 길임을 제시하는 것일 뿐이다. 이는 우리의 취약성을 내보일 수 있는 공동체를 배경으로 인내를 연습하는 것이다.

자양분을 공급받으며 가지치기를 꾸준히 함으로써 우리는 단련된 인격체가 된다. 그리고 바로 이 특성에서 우리를 부끄럽게 하지 않는 소망이 등장한다.

우리를 살게 하는 소망이 여기 있다. 우리가 이 고통의 삶을 인내로 잘 살게 하는 소망이 여기 있다. 거룩한 삼위일체 하나님께서 우리와 나누고자 하시는 그분의 영광을 우리에게 일깨워 주는 소망을 발견해 보자.

소망

고통을 산 소망으로 바꾼 반전의 삶

··· 연단은 소망을···

(롬 5:4하)

화제를 성품에서 소망으로 옮겨가 보면, 소망은 우리가 바란다고 해서 생기는 게 아니라는 것을 곧 알게 된다. 우리의 요구에 따라 소망을 불러낼 수 있는 것처럼 그저 기대에 부풀어 노력한다고 해서 소망을 품게 되지는 않는다. 모든 용기를 다 끌어모아, 내가 생각하는 소망에 근접해 눈에 보이는 무엇인가를 내 힘으로 만들거나 느끼는 과정을 통해 소망이 생겨나지는 않을 것이다. 그보다 소망은 고통 앞에서 우리가 인내하며 수고한 부산물로서, 간접적으로 생겨난다.

지속성 있는 소망 품기

'소망'이라는 말은 우리의 미래를 가리킨다. 우리는 앞으로 다가올 일, 우리가 예측하는 미래를 소망한다. 하지만 우리가 예측하는 그 미래, 그 소망은 과거에 대한 기억에 바탕을 둔다. 우리는 과거에 겪은 일에 대한 기억을 바탕으로 이미 어떤 개념을 형성했을 때에만 미래를 예측할 수 있다. 그 과거가 소망스러운 미래를 예측할 수 있는 바탕이 되려면, 긍정적으로 경험한 사건들로 이뤄져야 한다.

이 긍정적 경험들은 직접적 행복에 한정되지 않는다. 고통 앞에서 견디고 인내한 일도 긍정적 경험이 될 수 있다. 내가 사랑받고 있다고 깊이 지각하고, 느끼고, 상상하고, 진지하게 숙고된 인식으로 그 고통이 감싸여 있을 때 특히 지속성 있는 소망을 품을 수 있다. 자기를 내어 주는 쏟아부어 주는 사랑은 마음 놓고 자신의 취약한 모습을 드러낼 수 있는 공동체 안에서 가장 친밀하고 가장 설득력 있게 알게 되는 하나님의 영광이다.

이는 고통을 통해서만 소망에 이르게 된다는 말이 아니다. 우리가 그리는 소망스러운 미래는 상당 부분 우리가 기억하는 과거에 근거를 둔다. 아름답고 선한 경험을 기쁘게 떠올릴 수 있으면 미래 또한 그렇게 기쁘게 예측하며 소망할 수 있는 동력이 된다.

우리가 어떤 사람과 결혼을 하는 것은 그때까지 그 사람과 따뜻하고 다정한 관계를 맺어 왔고, 그래서 그 사람과 함께하는 삶을 점점 더 꿈꾸게 되었기 때문이다. 그 따뜻함과 다정함이 확장되는 삶을 그렸기 때문이다. 자기가 좋아하는 팀이 이기기를 바라는 것은 전에 그 팀이 이겼을 때 이를 기뻐하며 축하했던 경험이 있어서 이번 시즌에 승리할 경우 또 그런 경험을 할 수 있으리라 보증해 주기 때문이다. 이번 여름 휴가를 기대하는 것은, 요세미티 국립공원 여행은 생각만 해도 대단하기 때문이고, 전에도 계획을 잘 세워서 멋진 휴가를 보낸 적이 있기 때문이다.

암에 걸린 내 아이가 나을 수 있다고 소망하는 것은 아이를 향한 우리의 깊은 사랑에 대한 기억이 있기 때문이다. 더불어 어떤 암은 치유될 수 있다는 과거의 증거가 많기 때문이다. 사람들이 우리 진료실을 찾는 것은 심리치료가 도움이 된다는 많은 증거를 다른 사람들을 통해서 얻었기 때문이다.

이 모든 사례에서 소망은 너무나 자명해서 우리는 소망이 작용하고 있다는 생각조차 하지 않는다. 그럼에도 소망은 여전히 통합의 시간 영역이 하는 기능이며, 우리 마음의 특징으로써 우리는 '미래'라고 하는 것을 발생시키고 알아차린다. 이 미래는 이와 비슷하게 발생하고 인지된(기억된) '과거'에 바탕을 두고 있다.[1] 즉각적으로 욕구를 충족시켜 주는 인생의 사건들에 대해서는 소망을 품기가 훨씬 수월하다. 흔히 이런 사건들은 당연하고도 자연스럽게 소망의 근거로 여겨진다.

우리는 고통스럽고 힘든 상황에서 자동적으로 소망이 모습을 드러낼 거라고 생각하지는 않는다. 소망이 생기려면 우리가 기억하고 있는 과거에서 소망이 싹터 나와야 하지만, 우리의 과거나 현재 상황이 소망스러운 미래를 보장하지는 못한다. 한순간 상황이 좋다가 갑자기 나빠질 수도 있다. 욥에게 물어보라. 알고 보면 고통이라는 난제들이 가장 지속성 있는 소망을 품을 수 있는 기회를 만들어 준다.

지속성 있는 소망을 품는 일은 결코 쉽지 않다. 첫째, 일상생활의 고통스러운 경험 속에 그물처럼 얽혀 있는 악의 세력이 소망을 품으려는 우리의 노력을 적극적으로 방해한다. 우리가 마주치는 수많은 악의 이면에 있는 그 영적 존재들은 말할 것도 없다.

둘째, 트라우마와 수치에 얽힌 우리의 기억이 너무도 철저하게 신경계에 새겨져 있어서, 트라우마를 남긴 그 과거를 치유하는 여정을 시작할 때조차도 우리는 그 해묵은 사연들을 계속 헤쳐 나가고 또 헤쳐 나가면서, 걸핏하면 발화하도록 연결되어 있는 그 오래된 신경망에 저항해야 한다는 것을 알게 된다. 이 모든 것들이 우리가 세상을 경험하면서 매우 분명해진다.

우리가 소망을 추구할 때, 소망에 접근하기가 늘 쉽지는 않다. 2004년 미국 민주당 전당대회 당시 상원의원 버락 오바마의 연설이 그렇게 큰 박수갈채를 받은 것은 소망을 대담하게 표현한 것이 적지 않은 역할을 했다.[2] 하지만 이는 새삼스러운 일이 아니다. 소망에 주려 하고 목말라 하는 이들이 우리가 처음은 아니다. 고대 로마인들은 소망을 갈망하는 식민지 주민들에게 소망을 홍보하는 법을 알고 있었다. 이 사람들의 경우에는 평화가 소망이었다. 팍스 로마나(Pax Romana)라는 기치(旗幟)는 그래서 생겨났다. 로마 제국 국경 안에서 거의 200년 동안 지속된 상대적 평화의 기반은 로마 군단의 창 끝에 있었지만, 그 평화가 유지될 수 있었던 것은 제국에 대한 충성이 흔들릴 경우 바로 그 군단이 내 집 문을 두드릴 거라는 두려움 때문이었다.[3] 이런 평화는 예수님의 평화가 아니었다. 그럼에도 이는 1세기에도 소망이 오늘날과 다름없이 중요했다는 사실을 보여 준다. 따라서 성경이 소망에 대한 이야기로 가득한 것은 이상한 일이 아니다.[4] 이는 역사 전체를 통해 우리가 소망을 얼마나 간절히 필요로 했는지를 알려 준다. 각 시대마다 사람들은 자신들의 상황이 가장 절박하다고 생각할 만한 이유를 찾아냈다. 물론 이 시대에도 우리는 그 인류 보편의 갈망에 대한 우리만의 특별한 해석이 있다.

유스티니아누스 대역병 당시(서기 541-544년), 의학이 페스트균을 식별하고 효과적인 치료법을 개발해서 이 병을 없앨 것이라고 예측할 수 있는 사람은 아무도 없었다. 이들은 콘스탄티노플 인구의 3분의 1이 몰살당하고 있다는 사실에 충격을 받고 두려움에 떨었을 것이다. 이들은 애초에 의사들이 이 병을 예방하지 못한 것에 놀라거나 분개하지 않았다. 그보다는 신들이나 하나님을 더 쉽게 욕했다. 신들 혹은 하나님이 유스티니아누스 황제에게 화가 난 것이 분명하다고 말이다.[5] 이들은 인류가 의료 기술의 모든 힘을 다 동원해 이를 막았어야 했다는 생각은 전혀 하지 않았다. 지금 우리가 아는 그런 과학은 존재하지 않았기 때문이다. 우리 시대와 달리 사람들은 과학이 문제를 해결해 주리라고 기대하지 않았다.

하지만 지난 500여 년에 걸쳐 우리는 계몽주의 및 계몽주의를 지탱한 근대성이라는 문화적 틀 안에서 과학적 발견을 그럴듯하게 여길 수 있는 있는 이유를 갖게 되었다. 이러한 발전은 인간 정신의 이성적 사고 능력에 대한 우리의 사랑, 그리고 우리가 아담과 하와에 비해 선과 악의 차이를 앎으로써 신이 되는 일의 무게를 감당할 수 있는 능력이 더 뛰어나다는 가정에 크게 의존해 왔다.

또한 이 발견의 시대는 우리가 무엇을 알 수 있고 무엇을 알고 있는지 뿐만 아니라, 그 못지않게 중요한 것으로 우리가 어떤 것을 어떻게 알게 되는지에 대한 암묵적인 인식을 주입시켜 왔다.[6] 그럼에도 과학의 진보는 우리 삶 전반을 정말 더욱 안락하고 편리하게 만들어 주었다. 이는 사소한 일이 아니다. 예를 들어, 빈곤은 백 년 전에 비해 상대적으로 많이 줄어들었다.[7] 코로나 바이러스 백신이 개발되었다는 사실도 놀랍지만 그 백신이 이렇게 신속하게 개발되었다는 사실도 놀랍다. 하지만 그런 발전은 특히 비교적 부유한 서구 사람들을 교묘하고도 꾸준히 안심시켜서, 우리가 재난에 난공불락 상태라고 가정하게 만들었다. 이는 우리가 의식적으로 그렇게 생각한다는 말이 아니다. 그 어떤 재난도 우리에게 일어날 수 없다고 생각하는 사람은 없다. 그렇게 생각하기에는 우리가 너무 똑똑하다. 그런데 우리가 사는 방식을 보면 그렇지 않다. 어떤 재난도 이겨 낼 수 있다는 인식이 오랜 시간 동안 발달해 온 것도 이 방식을 강화하고 유지해 온 한 가지 원동력이다. '진보'의 기치 아래 생각보다 훨씬 오랫동안 우리는 신경학적으로 상관관계가 있는 가설들을 세대에서 세대로 전달하면서 신봉해 왔다.

그런 가설들은 '우리는 인간으로서 스스로 해결할 수 있고 또 그렇게 할 것이다. 그게 무엇이든지'라고 하는 것과 다름없다. 그렇기에 코로나 같은 것이 등장해서 우리의 몸을, 그러나 더 심각하게는 문화적으로 난공불락이라는 우리의 믿음까지 장기간 공격하자 소망에 대한 우리의 갈망은 한층 절박해졌다. 이는 우리가 이 가설을 의식적으로 자각한다는 말이 아니다. 그보다 팬데믹이 이 가설을 노출시켰다는 뜻이다. 우리를 노출시켰다. 바이러스는 우리의 연약성을 초래했다기보다 연약성을 폭로했다.

인간이 부모와 또 그 부모 세대의 붕괴와 망가짐과 폭력을 계속 불가피하게 되풀이한다고(우리의 죄) 이야기하는 고대 히브리와 기독교 전통과 대조적으로, 물질적 진보 시대가 오래 계속되면서 대안적 가설이 주입되어 왔다. 즉 인간의 기본 상태와 그 도덕적 표현은 어찌되었든 기술적 진보와 더불어 향상되고 있다는 것이다. 이는 계몽주의 창시자들이 순진하게 기대했던 진보의 경로다. 현대인들은 모두가 평등하기에 우리가 조상들보다 더 잘 처신한다고 믿고 있고, 그렇게 배운다.[8]

하지만 우리가 특히 선진국 사람들이 어떻게 행동을 계속하는지 면밀히 들여다보면, 지금의 우리가 근본적으로 과거 사람들보다 더 낫다는 걸 보여 주는 그 어떤 암시도 없다. 우리는 겁에 질린 사람들이다. 우리는 수치심에 절은 사람들이다. 우리는 죽음의 문화를 증진시키는 데 여념 없는 폭력적인 사람들로서, 대개 더 많은 전쟁을 위협함으로써만 평화를 이룰 수 있다. 우리는 그 과정에서 관계를 소비하고 지구를 소비하는 사람들이다. 우리는 불의한 행위를 저지르고 나서 우리 식의 정의, 말의 목을 조를 만큼 비열한 정의를 제시함으로써 그 불의에 대응한다.[9] 지난 여러 달 동안 코로나 팬데믹은 우리가 얼마나 고립되어 있고 허약한 존재인지를 점점 극명하게 드러냈다.

우리는 이보다 더 풍족한 적이 없는 시대에 살고 있지만, 그와 동시에 이보다 더 불안하거나 우울한 적도 없다.[10] 우리는 더 쉽게 화를 내고, 우리가 얼마나 안전하지 않은지에 대해 더 자주 말한다. 사실 너무도 안전하지 않아서 안전하다는 말 자체가 사실상 그 의미를 잃었다. 하도 이 말을 잘못 적용해서 쓴 탓이다.[11]

게다가 앞서 말했듯이 우리는 무엇에 관심을 쏟느냐에 따라 그 무엇을 닮은 존재가 되는데, 지금 우리는 미디어에, 특히 소셜 미디어에 너무 많은 관심을 쏟는다. 우리가 포스팅하고 소비하는 가장 매혹적인 콘텐츠는 상대적으로 소수의 계정 소유자가 제공하는 게시물임에도 가장 충격적이고 불안감을 유발하는 콘텐츠이기도 하다.[12] 이 역학은 많은 이들의 상상 속에서 자신과 근본적으로 다르게 생각하고 행동하는 사람들의 수가 실제보다 훨씬 많다는 확신을 갖게 만든다.[13]

이에 대한 대응으로, 대개 스스로 발생시킨 우리의 불안을 가라앉히기 위해 우리는 필사적으로, 긴박하게, 어떤 일들에 관해 나와 똑같이 생각하는 이들을 찾는 동시에 나와 다르게 생각하는 이들은 무시해 버리거나 악마화한다. 직관에 반하는 일이지만, 이 행위는 나와 가장 비슷한 사람들을 찾아 어울림으로써 일시적으로 두려움을 완화하는 한편, 장기적으로는 상대방에 대한 두려움을 강화하고 증대시켜서 더 많은 악마화와 분열을 초래하는 결과를 낳는다.

최근 〈워싱턴 포스트〉지에는 미국 대통령과 일단의 역사학자들이 백악관에서 회동했다는 소식이 실렸다. 이 학자들은 민주주의가 붕괴 지경에 있다는 걸 염려하면서 우리가 얼마나 심각한 위기에 처해 있는지에 관심을 불러 모으고자 하는 사람들이었다.[14]

그러나 역사가들도 〈워싱턴 포스트〉지도 그다지 큰 기대는 없는 것 같았다. 우리는 자유민주주의와 그에 상응하는 자본주의에 우리의 정서적 안전, 심지어 영혼의 안전까지 걸고 있다. 이 두 가지 철학 모두 선의를 가진 제도로서 평가될 가치가 있고 제한적이나마 신뢰를 받을 만하다.

문제는 이런 제도를 구축하고 소망을 품는 것은 바로 우리 인간이라는 점을 우리가 꾸준히 고려하지 못한다는 데 있다. 플래너리 오코너가 말하다시피 우리는 아직 자기의 트라우마, 상처, 낙심, 슬픔, 죄가 얼마나 깊은지 알아차리지 못하고 있고,[15] 그래서 폭력을 저지를 능력이 얼마나 큰지도 알지 못하고 있다. 오히려 그 모든 진보에도 불구하고 그 진보 앞에서 우리는 계속 그 능력을 행사한다. 일반 대중이 느끼는 사회적 불안에 대한 여러 지표를 보면 사람들이 30년 전에 비해 더 불안해하는 것을 알 수 있다.[16] 이는 단지 시대가 힘들기 때문만은 아니다. 물론 시대가 어렵기는 하다. 이 시대 사람들이 과거에 비해 더 불안해하는 이유는 시대가 힘들어서는 안 된다는 기대 때문이다. 우리는 이를 명시적으로 인식하지는 못한다. 그보다는 이 환상을 당연한 삶의 방식으로 전제하도록 길고 오랜 세월 동안 암묵적으로 훈련받아 왔다.

1세기 사람들은 그런 환상을 가지고 살지 않았다. 물론 바울 편지 수신인들에게는 환상이 없었다거나 정신을 다른 데 파는 일이 없었다는 말은 아니다. 다만 환상의 형태가 다를 뿐이었고, 이 환상은 자기 운명에 대해 자기가 할 수 있는 일이 별로 없다는 개념에 크게 의존했다(신들은 모든 인간과 불화했다는 것을 기억하라. 그래서 누구도 안전하지 않았다). 반면 우리는 눈앞에 있는 증거에 반하여(여전히 누구도 살아서 운명을 빠져나가지 못한다) 운명을 통제할 수 있다고 믿게 되었다. 물론 직접적으로 묻는다면, 우리가 우주를 책임지지 않는다는 것을 이성적으로는 알고 있다. 그저 책임지는 것처럼 살 뿐이다. 그래서 1세기 사람들을 움직이는 힘은 이들이 신에게 바치는 제사에 있었고, 할 수 있는 한 먹고 마시고 끝까지 즐기는 데 있었다.

우리는 서로 다른 신들에게 제사를 한다. 진보의 신이란 우리가 누리는 풍요로움, 그리고 그 풍요가 제공하는 편리함과 안락함, 또한 필요할 때 필요한 방식으로 이를 유지하기 위해 폭력을 행사하는 권력을 말한다. 이런 사실들을 미리 생각해 보는 것은 소망이란 진공 상태에 구축하는 게 아니라는 점을 일깨우기 위해서다. 우리가 얼마나 소망을 가질 수 있느냐는 소망을 품는 데 얼마나 관심을 집중하느냐에 달려 있다. 그리고 세상이 주는 다른 무언가에 얼마나 관심을 빼앗기느냐 따라 그에 상응해서 소망의 부재라는 결과가 생길 것이다.

고대인들처럼 나도 나를 자기 틀에 밀어 넣으려는 세상과 육신과 악마를 대신해서 내게 보내진 메시지를 늘 두 눈을 부릅뜨고 경계해야 한다.[17] 내 몸의 신경계에 깊이 새겨진 채 미해결 상태로 내가 품고 있는 트라우마와 수치심과 함께 나의 외부의 그 정사와 권세에 관해서도 반드시 알고 경계해야 한다. 알고 보면 소망은 절대 내 마음의 사적인 영역에 스스로 존재하지 않는다. 이제 곧 살

퍼보겠지만 소망은 공동체 안에서만 형성되며, 놀랍게도 소망이 할 일은 우리의 미래가 달려 있는 어떤 것, 아니 누군가를 찾아내는 것이다.

무엇이 소망을 가로막는가

문화가 사람과 사람 사이의 상호작용 방식을 구체화한다는 것을 생각할 때, 그리고 성경 기자들이 신들에 대해 취한 태도[18], 특히 바울이 정사와 권세[19]라고 부른 것에 대한 가설을 생각할 때, 소망을 품는 이 일과 관련해 우리가 무엇에 맞서고 있는지 살펴보는 것이 가장 중요하다.

실제로 악의 목표 한 가지는 우리가 소망을 품지 못하게 만드는 것이다. 소망을 품으면, 삶이 더 행복해질 뿐만 아니라 실제로 원수를 사랑하고 원수를 위해 기도하게 될 가능성도 더 높아지기 때문이다. 예수님과 이웃, 특히 나와 많이 다른 이웃들을 섬기다가 고통을 당한다 해도 이를 덜 두려워하게 될 것이다. 우리는 중립적인 세상에 살지 않는다. 하지만 악은 문화를 이용해 우리가 중립적인 세상에 살고 있다고 믿게 만들려고 말 그대로 필사적으로 애쓴다. 게다가 악은 악이 존재하지 않는다고, 설령 존재하더라도 나 아닌 다른 누군가의 마음에 자리 잡고 있을 뿐이라고 믿게 만들려고 한다.

여기서 나는 소망이 근본적으로 추상 작용이나 관념으로 '존재'한다고 생각하지 않는다(플라톤의 이상적 형상을 생각해 보라고 일깨워 줄 철학자들도 있겠지만). 그보다 나는 특정한 마음 상태로서의 소망에 여러분의 관심을 끌고 싶다. 물론 바울이나 다른 어떤 사람이 소망이라는 말을 쓸 때, 이는 실재한다고 믿는 어떤 것을 묘사한다. 하지만 소망은 공동체가 서로 간에 창의적으로 상호작용하는 기능을 할 때만 실재한다. 그리고 그럴 때만 궁극적으로 우리에게 의지가 된다. 그 상호작용 안에서 우리의 관심은 우리 자신이 아니라 우리의 갈망을 충실하게 이뤄 줄 수 있는 어떤 것을 향한다.

우리는 혼자 힘으로 소망을 품는 게 아니라 사람들과 어울려서 품는다. 공동체 안에서 자기 자신 밖의 어떤 것, 우리가 갈망하기는 하지만 혼자 힘으로는 이룰 수 없는 아름다움과 선을 제공해 줄 수 있는 어떤 것에 관심을 쏟음으로써 소망을 품는다. 소망을 품는 일은 다른 어떤 것, 혹은 다른 어떤 사람에 달려 있다.

우리는 디즈니 월드에서 보내기로 한 휴가가 즐겁기를 소망한다. 차에 연료가 떨어지기 전에 주유소까지 갈 수 있기를 소망한다. 그 여자는 그 남자가 자기를 좋아해 주기를 소망한다. 그 남자는 그 여자가 자기를 마음에 들어 하기를 소망한다. 나는 공항까지 가는 도로의 교통 체증이 뚫려서 비행기를 놓치지 않기를 소망한다. 이 모든 경우에서 우리의 바람은 자기 자신 아닌 어떤 것, 우리가 통제할 수 없는 무언가가 우리의 기대에 부응해 주는 것에 달려 있다.

이는 로켓 과학이 아니다. 이는 상식이다. 그러나 이 단순함에도 불구하고 이는 여전히 어렵다. 우리가 지금 예수님 신뢰하기를 실천하는 문제를 이야기하고 있기 때문이다. 우리는 예수님의 몸의 지체들과 관계를 맺음으로써 예수님을 직접적으로, 그리고 대리적으로 신뢰하기를 실천한다. 그리고 시간이 흐르면서 이 사람들이 나를 봐 주고 위로해 주며 안전하고 안정되었다는(4S) 느낌을 경험하고, 이어서 그 순간들 기억하기를 실천할 때에 그 신뢰의 열매를 보게 된다.

그러나 세상과 내가 기억하는 사연에는 예수님을 믿지 못하게 하는 것, 4S를 실천하는 데 방해되는 것들이 많다. 그런 식으로 수많은 현재의 순간들 속에서 발견되는 치유를 경험해야 공동체 안에서 그 현재의 순간들이 과거의 기억을 교정해 주고, 그 과거를 바탕으로 소망스럽고 기대에 찬 미래가 떠오르는데 말이다. 이렇게 되려면 아주 아주 힘들게 노력해야 한다.

셰인은 이 힘든 노력이 무슨 의미인지 모두 알게 되었다. 시작은 도박 중독이었다. 이 통제할 수 없는 습관에 들어갈 자금 마련을 위해 셰인은 공금에도 손을 댔다. 그 때문에 18개월 동안 복역을 하고 나왔어도 상황은 나아지지 않았다. 갇혀 있었기 때문에 수중에 없는 돈을 쓰는 일은 면할 수 있었지만 말이다. 셰인의 문제는 단지 전과 기록만이 아니었다. 물론 그것만으로도 충분히 안 좋았지만, 더 큰 문제는 견딜 수 없는 수치심이었다.

셰인은 재정학과 컴퓨터과학으로 복수 학위를 따며 대학을 졸업했다. 졸업 후에는 벤처 캐피털 스타트업 회사에서 고속 승진의 사다리를 오르는 중이었다. 셰인은 똑똑하고 빈틈없었으며, 이런 모습은 고위경영진의 관심을 사로잡았다. 또한 이런 특성은 도박판에서 카드 게임으로 순식간에 돈을 따는 데도 도움이 되었다. 도박에 소질이 있다는 생각이 들자 셰인은 곧 행동에 나섰다. 그는 누구보다도 한 수 앞서 나갈 수 있다고 생각했다. 하지만 그것은 도박 실력이 부족하기 전의 이야기였다. 불안해진 셰인은 돈을 잃으면서도 계속 돈을 끌어다 대며 게임을 하다가 급기야 회사 돈까지 빼돌리게 되었다. 그리하여 그의 결말이 좋지 않게 끝났다.

출소하자 친구들이 셰인에게 함께 살기를 청했고, 조경 설계 사무실에 일자리까지 주선해 주었다. 상사는 셰인이 똑똑하고 요령이 좋다는 것을 알아보았다. 셰인이 회사의 사업 범위를 확장할 수 있는 방법과 모두에게 이익이 되는 방식으로 수익을 재투자할 수 있는 방법을 겸손하고도 자신감 있게 제안하자 특히 더 그랬다.

직장 외에 셰인의 사회 활동은 도박중독자 재활 모임에 꾸준히 나가는 것밖에 없었다. 출소 후 처음 몇 달 동안은 직장 일과 회복에만 거의 모든 에너지를 쏟았다. 그러나 누구라도 짐작할 수 있듯이, 그렇게 힘들고 단조롭게는 오래 버티지 못한다. 결국 셰인은 수치심에 더 짓눌리는 기분이 들기 시작했고, 그 때문에 직장과 재활 모임의 한계를 넘어 세상에 발을 내딛기가 어려워졌다. 함께 사는 친구의 제안으로 셰인은 우리 모임에서 도움을 받고자 했다. 이렇게 해서 소망을 찾는 많은 사람이 시작한 여정에 셰인도 합류하게 되었다. 나를 개인적으로 만난 후 셰인은 고백 공동체에 들어와

서, 도박 습관이 생기기 오래전에 시작된 자신의 이야기를 회원들에게 공개했다.

셰인은 어머니가 네살이었을 때 외할머니가 임신 합병증으로 예기치 않게 돌아가신 후 몇 세대에 걸쳐 트라우마를 겪고 있는 가정에서 자랐다. 당연한 일이지만 셰인의 어머니는 홀로 남겨지는 것에 대해 큰 두려움을 안고 자녀를 키웠고, 이 두려움은 다양한 방식으로 표출되었다. 특히 어머니는 답답할 만큼 자녀들에게 집착했다. 어머니에게서 느끼는 그 숨 막히는 기분을 피하려고 셰인은 자기 방에 몇 시간씩 틀어박혀 비디오 게임과 독서를 했다.

학교 생활은 잘했지만, 또래들과의 관계는 전혀 편하지가 않았다. 자신감 있게 관계를 탐색해 가는 방법에 대해 모범을 보여주는 이가 없었던 이유가 컸다. 새로운 사회적 환경이나 낯선 사람들이 많은 상황에 직면할 때면 마음속 저 아래에 늘 미묘하지만 부인할 수 없는 피로감이 느껴졌다.

셰인에게 공부는 피난처이자 위로를 얻을 수 있는 것이었다. 똑똑하다는 것이 잠깐씩 불안감을 줄여 주었다. 하지만 가장 필요한 대인관계 상호작용에 대한 자신감을 높여 주지는 않았다. 그때 셰인은 카드 게임을 하면 도파민이 대량 분출되고, 이는 완벽한 성적표로도 얻을 수 없는 쾌감이라는 것을 알게 되었다. 게다가 이것은 사람과 관계를 맺을 필요도 없는 일이었다.

그러니 셰인이 도박 중독 상태로 내 진료실을 찾은 것은 놀라운 일이 아니었다. 이것은 사실 대인관계와 관련된 그의 고통, 즉

4S를 거의 경험해 보지 못한 탓에 겪는 고통을 자기 나름대로 벌충하려는 행동이었다. 심리치료를 처음 접했을 때 셰인은 중독 증세를 없애고 싶다고 말하곤 했다. 그러나 마침내 셰인은 아직 존재하지 않는 어떤 것을 만들어 내는 데 관심을 집중함으로써 이중의 소망이 생겨나는 것을 깨달았다.

셰인에게는 함께 어울려서 지속성 있게 소망을 형성해 나갈 수 있는 사람들을 진정으로 신뢰하는 경험이 충분치 않았다. 이는 셰인이 아직 경험하지도 못한, 그에게 존재하지 않는 것이었다. 그러나 조금씩 셰인은 그 연습에 발을 들여놓기 시작했다. 이 연습은 회복 모임에서 시작되었고, 후원자와 함께 지속되었다. 이 연습으로 셰인의 개인적 심리치료도 깊이를 더해 갔고, 고백 공동체 안에서의 노력도 빠른 속도도 진척되었다.

하지만 쉬운 일은 아니었다. 공동체에서 셰인은 어머니가 정서적으로 자신을 숨 막히게 한 사건을 하나씩 털어놓았는데, 이때 셰인이 말 그대로 이야기 중에 호흡이 곤란해지는 경우가 여러 번 있었다. 어머니의 이런 행동이 지금까지도 계속되고 있으니 그럴 만도 하다. 어머니와 만나 대화할 때마다 셰인의 옛 신경망이 활성화되고, 그러면 셰인은 어머니뿐만 아니라 다른 모든 인간관계에서 도망쳐 도박장으로 달려가고 싶은 욕구를 느낀다.

고백 공동체에서의 여정 초기, 어린 시절의 이런 상처들을 고통스럽게 털어놓을 때마다 셰인이 떠올릴 수 있는 것은 카지노에 앉아 갖가지 소음과 그곳 특유의 향기에 파묻혀 있는 자기 모습뿐이었다. 그리고 이어지는 것은 깊은 절망감이었다. 자신의 그런 행동을 중단할 수 없을 거라는 절망감이었다. 셰인이 아는 한 그는 미래를 위한 소망을 품을 수 없었다.

하지만 고백 공동체에서 소소하게 대화를 나누면서 어머니와의 사이에 또 한 번 힘든 일이 있었던 이야기나 중범죄 전과 때문에 다시는 금융업에 복귀할 수 없을 거라는 생각 등을 털어놓을 때마다 셰인은 자신의 슬픔과 절망을 공동체 회원들이 저마다의 방식으로 보듬어 주는 것을 경험하곤 했다. 회원들은 셰인의 말에 공감하는 모습을 보여 주었을 뿐만 아니라, 그가 하고 싶은 이야기를 다할 때까지 계속 함께 앉아 있을 것이므로 얼마든지 이야기해도 좋다는 믿음 또한 보여 주었다. 회원들은 셰인이 가는 길이 얼마나 힘든지 알아 주었고 그런 길을 가고 있는 그가 훌륭하다고 말해 주었다. 회원들은 저마다 그와 함께 있어 주었고 그에게 기대를 보여 주었다.

처음에 셰인은 그 짧은 순간에 보고 느낀 감정을 확인할 수 있었지만 그런 경험이 너무 새로웠기 때문에 기억 속에 영원히 새겨 넣을 수가 없었다. 그런 경험과 연관되는 기억들을 처리할 수 있는 신경망의 밀도가 아직 충분하지 않았기 때문이다. 회원 한두 사람과 친밀한 관계가 형성되었다고 느낄 때에도 셰인의 머릿속은 여전히 어머니의 이미지와 다음에 어머니와 나누게 될 대화 생각으로 가득했다. 그러면 다시 슬픔 속으로 빠져드는 기분이 시작되었다. 그리고 그 즉시 도박장에서 돈을 따서 깊은 안도감을 느끼는 상상이 이어졌다.

이 익숙한 순환 고리는 이 과정이 얼마나 힘든지에 대한 좌절감과 함께 낙담과 비관적인 감정을 더 고조시킬 뿐이었다. 게다가 자신의 취약성을 드러내는 곳으로 들어가는 마음속 행위 자체도 당연히 공포감을 불러일으켰다. 셰인은 아직 고백 공동체가 자신에게 대응하는 자세를 신뢰할 만한 경험이 거의 없었기 때문이다.

셰인의 사연과 우리들 대부분의 사연, 그리고 그 사연을 좀 더 진실하게 털어놓기 위한 노력은 그 어떤 유형의 고통이든 당사자가 누군가와 한두 번 대화를 나눔으로써 쉽게 없어질 수 있음을 시사하지는 않는다. 암에 걸린 사람이나 성적 학대를 당한 사람에게 한 번 물어보라. 타인이 옆에 있어 준다고 해서 그 사람의 고통이 단박에 근절되지는 않는다. 암 환자나 성적 학대 피해자의 경우도 그렇고, 셰인의 경우도 마찬가지였다. 필요한 것은 인내였고, 인내는 우리 모두에게 요구된다.

실제로 나도 인내를 통해, 그리고 누군가 나를 보아 주고 위로해 주고 그래서 안전과 안정감을 느낄 수 있는 만남을 여러 번 경험함으로써 내 주변에서 그렇게 나를 봐 주는 사람들, 그리고 더 나아가 나를 봐 주시는 하나님과 더 깊이 관계를 맺게 된다. 이런 경험을 하며 이 경험에 관심을 집중할 때 나는 이것을 기억에 새긴다. 아프고 괴로울 때 위로받은 그 기억에서, 위로를 상상할 수 있는 미래에 대한 기대가 등장한다. 성경에서 지금 우리에게 다가오고 있다고 말하는 그 미래의 영원한 본질이 주는 위로 말이다. 땅에 임하고 있는 천국, 거기서 땅은 모든 탄식에서 해방될 것이다.

따라서 내가 소망을 품는 이유는 누군가 새 하늘과 새 땅이 나타날 것이라는 이야기를 들려주었고 내가 그저 이를 믿기 때문이 아니다. 고통 앞에서 그런 유형의 믿음은 소망을 유지하기에 불충분하다. 내가 소망을 품는 이유는 그게 아니라, 구체화된 형태로 기억할 수 있는 방식으로 타인을 사랑하고 사랑받는 연습을 함으로써 소망을 형성해 왔기 때문이다. 그렇게 함으로써 나는 사랑하고 사랑받은 기억들로 미리 맛본 미래를 상상한다.

이런 종류의 인내는 내가 하나님 및 사람들과 연결되어 있음을 점점 더 많이 인식하고 고통에는 덜 집착하게 되는 결과를 낳는다. 셰인을 비롯해 다른 많은 사람이 이를 깨달았다. 이런 힘든 과정으로 기꺼이 들어가려고 하는 사람들은 십자가를 집어 든다. 이 십자가는 이들이 평생 지니고 다닌 해묵은 사연들의 물결을 거슬러 헤엄치는 고통을 나타낸다. 내 십자가를 집어 든다는 것은 역설적으로 사랑을 점점 더 많이 받아들일 수 있게 된다는 뜻이기도 하다. 그리고 사랑을 받아들이려면, 예수님과 사람들 앞에서, 나 자신도 아직 접근하지 못한 내 이야기의 고통스러운 부분으로 들어갈 수 있어야 한다.

각자 지닌 사연의 세부 내용은 다르지만, 바울이라면 셰인이 겪은 일이 어떤 일이었는지 기본적으로 이해할 것이다. 전에 예수를 박해하는 사람이었던 바울은 다른 이유도 아니고 하나님이라는 대의를 위해 사람들을 폭력적으로 학대한 일에 대해 수치심을 안고 산다는 게 어떤 의미인지 잘 알고 있었다. 제자들에게 소망은 부활하신 그리스도와의 구체화된 만남을 통해 생겨났을 것이고, 바울에게 소망은 필연적으로 다메섹 도상에서와 같은 만남을 통해 생겨났을 것이다.

그러나 좀 더 영속적인 면에서, 시간이 지남에 따라 바울의 소망은 예수님의 제자들과의 만남을 통해 더 견고해졌을 것이다. 그래서, 나중에 바울은 이 만남을 '몸'이라는 말로 묘사한다. 바울이 이 제자들을 어떻게 대했는지에 비추어 볼 때, 예수님과 제자들이 바울을 똑같이 대하지 않은 것이 바울에게 얼마나 충격이었을지 상상해 보라. 이들은 바울이 저지른 폭력에 친절과 용서로 대응했다. 사실 바울은 이 때문에 가던 길을 멈추었다. 마찬가지로 셰인도 그래서 걸음을 멈추었다. 그리고 이 만남으로 셰인은 아름다움과 선함 쪽으로 방향을 정할 수 있었다.

이렇게 자신이 돌봄 받고 위로받으며 그래서 안전하고 안정되었음을 느끼는 순간들이 여러 번 되풀이되는 동안 인내하며 이를 더 많이 연습함에 따라 셰인은 공동체 사람들과 함께하는 경험을 축적해 갔고, 이 경험이 충분히 쌓이자 이런 긍정적인 경험을 더 쉽게 떠올리기 시작했다. 많은 시간이 흐르는 동안 공동체 사람들이 계속 함께 있어 주자, 셰인은 어머니에게 이기적으로 이용당한 또 다른 사례를 털어놓을 때 자신이 어머니의 그런 행동에 덜 예민하게 반응한다는 것을 알게 되었다.

어머니와의 부정적인 만남이 있을 때마다 셰인은 공동체 사람들을 떠올리면서 이들이 자신과 함께 있는 것을 보고, 듣고, 심지어 몸으로 느끼면서 위로받고 자신감을 얻어 불안감이 줄어드는 경험을 점점 늘려 갔다. 셰인은 점점 더 소망을 품는 사람이 되었다. 셰인이 그렇게 된 것은 셰인 자신과 공동체 사람들이 그의 내면에, 그리고 서로 간에 소망을 형성시키고 있었기 때문이다.

고백 공동체가 수개월 동안 그렇게 셰인과 여정을 함께할 때, 나는 이들이 셰인에게, 그리고 서로에게 예수님의 몸이 되어 주고 있음을 자주 상기시켰다. 이들이 이룬 몸은 성령께서 눈에 보이게 일하신 결과였다. 우리는 셰인이 품은 소망이, 그리고 셰인이 기꺼이 공동체 회원들을 신뢰하려 하고 획득된 안정 애착을 형성하려 한 결과 회원들 또한 품게 된 소망이, 셰인 개인이나 혹은 공동체 전체가 소유한 어떤 사물이 아니라는 점을 지금까지 살펴보았다. 이는 자신이 어떤 문제를 들고 오든 공동체 회원들이 저마다 그 자리에 함께하며 사랑과 친절로 대해 주기를 기대하면서 셰인이 회원들 한 사람 한 사람에게 관심을 기울인 하나의 방식이었다. 사실상 셰인은 한 사람 안에서, 그리고 여러 사람들로 이뤄진 공동체 안에서 소망을 품고 있었다. 그리고 이 모든 일의 배후에 계신 분은 예수님이었다. 예수님은 그 방 안에 모인 사람들로 구체화되었다. 예수님은 어떤 은유적 방식으로 계시지 않았다. 우리는 종종 예수님을 그런 방식으로 제한하지만, 그분은 우리와 함께 있겠다고 했을 때 약속하신 바로 그 모습으로 계셨다. 자신의 몸으로, 그리고 성령으로 말이다.

이런 유형의 예수님의 임재로까지 우리의 상상은 확장되어야 한다. 사람들 앞에서 그렇게 함으로써 예수님의 임재로 우리의 고통을 가져가는 일을 인내로써 소화해야 한다. 소망이 현실이 되기 위해서는 우리의 자기 체험을 변화시킬 힘이 있는, 자기 자신 밖의 다른 어떤 것이나 어떤 사람에게 관심을 기울여야 한다.

그렇다. 어떤 면에서 셰인에게는 소망이 있었다. 그러나 또 어떤 면에서 그에게는 예수님을 나타내는 사람들과 함께하는 현재 순간을 거듭 체험한 덕분에 소망스러운 미래를 내다볼 수 있을 만큼의 소망은 없었다.

여기서 우리가 기억할 것은, 소망은 셰인이 홀로 고립되어서 갖게 되는 어떤 것이 아니었다는 점이다. 실제로 소망은 공동으로 구성해 나가는 것으로서, 필연적으로 "내가 갈망하는 소망을 나는 누구와 함께 만들어 나가고 있는가?"라는 질문을 하게 한다. 고백 공동체는 이 일을 함께해 나갔고, 셰인은 어머니와의 관계는 물론 점점 위로와 확신을 얻어 가고 있는 다른 영역들에 대해 공동체에 알리면서, 어떤 식으로든 금융계에 복귀하는 것을 포함해 자신을 위한 대안적 미래를 상상할 수 있게 되었다고 말했다.

본질적으로, 획득된 안정 애착을 나타내는 신경 영역의 유효 하중을 더 많이 늘리려는 마음의 수고 덕분에 셰인은 수치심과 그것이 자신의 몸에 가하는 압박에 대한 관심이 암묵적으로나 명시적으로 점점 더 줄어들었다.

마침내 셰인은 자신이 일하는 조경회사 대표와도 대화를 시작할 수 있었다. 두 사람은 직원들에게 재정과 소액 투자 방법을 조언하는 일을 시작하기로 했고 이 일은 셰인이 맡았다.

드디어 셰인이 이런 방식으로 사람들을 돕고 있다는 소문이 돌았다. 얼마 후 셰인이 자신의 재무 설계 회사를 설립하는 순간이 찾아왔다. 그날 셰인은 자신이 어디까지 와 있는지를 보고 깜짝 놀랐다. 하지만 고백 공동체 사람들은 전혀 놀라지 않았다. 사실 이들은 고통이 가득한 채 자신들을 찾아왔던 한 사람을 목격했다. 그러나 다행히 그 사람은 자기 약점을 다 드러내면서 자신의 사연을 반복해서, 참을성 있게 털어놓았다. 그 사연에 담긴 모든 갈망, 슬픔, 트라우마, 수치심과 함께 말이다. 그가 보여 주는 인내의 한 기능으로서 이들은 그 사람 안에 지속성 있는 성품이 발전한 것 또한 목격했다. 그리고 예측가능한 부산물로서 그 성품에서 소망이 생겨나는 것도 목격했다.

그리고 미래에 대한 이 소망, 예수님의 역사를 중심으로 한 이 소망은 셰인을 부끄럽게 하지 않았을 뿐만 아니라, 하나님 나라의 첫 열매, 곧 충만하게 임할 하나님의 나라를 예고하는 열매로서 계속 변화되고 갱신되는 중인 과거를 일깨우는 역할도 했다. 그러나 우리가 사는 세상은 중립적이지 않으며 악은 순순히 어둠 속으로 사라지지 않으리라는 것을 기억해야 한다. 일단 고통을 통해 소망을 갖기 시작하면, 어느 시점에서 나는 고통이 완전히 사라지거나 나를 괴롭히지 않을 정도로 해소될 거라고 믿고 싶어진다. 그래서 나는 고통과 소망에 관해 말하되 내 고통을 과거 일로 만들어 주는 그런 책을 읽고 싶다. 하지만 우리가 사는 세상은 그렇게 호락호락하지 않다.

위로와 확신이 가득한 소망의 소식 듣기

십자가의 길, 예수님이 가신 길, 예수님께 헌신하기에 내 약점을 드러내도 좋은 공동체 안에서 인내하며 빛을 향해 가는 길에서 고통을 많이 겪을수록 우리의 성품은 깊이를 더해 가고, 더 예수님을 닮아 간다고 해도 과언이 아니다. 결과적으로 우리의 소망은 더욱 견고하고 지속성 있는 소망이 될 것이다. 하지만 이는 소망을 품으려고 그저 더 열심히 노력하기 때문이 아니다. 그보다는 우리의 고통 앞에서 사랑으로 우리와 함께하시는 예수님의 임재에 우리 자신을 계속 맡기기 때문이다.

오직 예수님만이 성령의 활동과 능력을 통해, 그리고 제자들의 공동체를 통해 지금처럼 그렇게 고통을 소망으로 바꾸실 수 있다. 고통에 관한 소식, 그리고 그 속에서 우리가 발견하게 될 소망이 우리가 생각하는 것 이상으로 좋은 이유가 바로 그것이다. 위로와 확신으로 가득한 이 소식, 그래서 소망으로 가득한 이 소식으로 이제 우리는 돌아온다. 바울 서신의 이 부분을 탐구하면서 하나의 완전한 원을 그리게 한 소식, 우리를 소망과 치유의 백성으로 만들어 주는 소망의 소식으로 들려올 것이다.

온전한 회복

아름다움이 충만한
인생을 살다

소망이 우리를 부끄럽게 하지 아니함은
우리에게 주신 성령으로 말미암아
하나님의 사랑이 우리 마음에 부은 바 됨이니

(롬 5:5)

지금까지 이 책에서 만난 사람들은 모두 인생의 어느 시점에서 깊은 고통의 자리에 처했다. 우연히 일어난 일의 결과로 그렇게 되었든, 스스로 저지른 일 때문이든, 아니면 두 가지 모두가 복합된 결과이든, 이들은 온전함을 향한, 거룩한 삼위일체 하나님을 향한 힘들지만 영광스러운 여정을 시작하기로 결단했다.

이들은 자신의 고통을 해결하기 위해 트라우마와 수치심 때문에 하나님이나 사람들과의 애착 관계가 본질상 심히 불안정했다는 현실을 직시해야 했다. 아직도 하나님과 불화 중이라고 믿고 있는 자기 자신의 각 부분에 주어진 평안을 받아들이기 위해 이들은 조금씩 애를 썼다. 그렇게 함으로써 한 번에 한 걸음씩 점점 더 편안하고 자신감 있게 트라우마와 두려움과 수치심을 이겨 나갔다. 이런 식으로 인내해 나가면서 이들은 고도로 서로 연관되고 점점 지속성을 갖게 된 새로운 신경망을 만들어 냈으며, 트라우마 요소를 재촉발하는 상황에 부딪칠 때마다 더욱 일관성 있게 이 신경망에 접근해서 이를 활성화할 수 있었다.

뇌의 배선을 바꾸면서 이들은 돌봄 받고 위로받으며 안전함과 안정감을 느끼는 체험을 더욱 지속적으로 기억에 새김으로써 소망을 품을 줄 아는 성품을 발전시켜 나갔다. 적극적으로, 의식적으로, 의도적으로, 그리고 공동체와 함께 말이다. 그런 소망은 이에 선행하는 모든 노력의 결과로서 우리가 자연스럽게 기대하게 되는 미래이다. 그 노력은 흔히 호된 고통을 겪는 중에 시작해서 실천하게 된다.

고통은 특정한 아픔과 함께 시작되지만, 아픔이 고통이 되는 것은 그 아픔 앞에서 우리가 무력한 상태로 고립되어 있기 때문이다. 매우 어려운 일이기는 하지만 과감히 사랑을 받아들임으로써만 우리는 지속성 있는 소망을 품게 된다. 처음에 이 사랑은 예수님 안에서 우리를 찾으러 오시는 하나님에게서 볼 수 있으며, 이 여정은 하나님이 아담과 하와를 찾아 나선 일에서 시작되었다. 이렇게 소망이란 다른 누군가가 사랑으로 함께해 줄 때 이에 화답해야 생겨난다는 사실을 알 수 있다. 소망은 우리가 혼자 힘으로 만들어 내는 것이 아니다.

성령의 능력과 임재 안에서, 내 약점을 드러낼 수 있는 공동체 환경에서, 함께 형성해 가는 이 지속성 있는 소망, 누군가 늘 나와 함께 있고 나를 찾으러 오며 다시 오겠다고 약속하는(예수님의 재림으로) 이 기대에 찬 미래는 우리를 부끄럽게 하지 않는다.

다른 역본 성경에서는 바울의 이 말을, 이 소망은 우리를 "실망시키지 않는다"라고 번역하는데, 이는 똑같은 의미이다. 우리는 실망의 기본적 정서를 수치심으로 이해하기 때문이다. 내가 궁극적으로 내 상황에 실망하는 것은, 내가 능히 이 상황을 변화시키지 못하기 때문이다. 우리는 이를 단지 하나의 사실(a fact)로 받아들이지 않는다(예를 들어 나는 허리케인이 디즈니 월드 휴가 계획을 망치는 것을

가로막을 힘이 없다). 가로막을 수 없는 게 무엇이든 우리는 깊은 상실
감을 느낀다.

고통을 이길 힘을 주시는 성령님

그러나 면밀히 들여다보면, 바울은 우리가 품는 이 소망 그 자
체가 우리를 부끄럽게 하지 않는 이유는 아니라는 것을 강조한다.
그보다 우리가 함께 애써서 쌓아 가는 이 소망은 우리를 사랑하시
며 우리를 도와 이 소망을 품게 하려고 우리에게 주어진 분을 증
언한다. 우리에게 주어진 것은 어떤 사물이 아니라 한 인격체이시
다. 처음부터 우리를 찾으려고 오신 분, 예수님 안에 계신 그분은
삼위일체의 완전한 표현이시다. 그분의 영은 우리와 함께하시면
서 자신이 원하는 곳으로 우리를 인도해 주신다. 우리를 사랑하는
데 성실히 전념하신다는 증거로서 우리 안에, 그리고 우리 사이에
거하시려고 우리에게 주어졌다.

제대로 이해했는가? 성령이 주어진다. 아무 조건 없이 누구
에게나 무엇이든 주는 것은 여느 신들과는 너무 다르다. 누가 무
언가를 주면 부대조건이 무엇인지 어느 정도 의심이 들기 마련 아
닌가? 우리에게 성령을 주셨다는 말이 사도 바울의 입에서 나왔을
때 이를 듣는 이들은 움찔했을 것이다. 성령은 우리가 수치심을 극
복하려 노력하고 그리하여 성령을 받을 만한 우리의 가치를 증명
함으로써 획득해야 하는 분이 아니다.

그러나 앞에서 살펴보았다시피, 사랑을 받아들일 수 있게 된다는 것은 그 사람에게 생각보다 힘든 수고를 요구할 수 있음을 증명한다. 이는 사랑이 추상적 개념이 아니기 때문이다. 사랑은 예수님 안에서와 그 지체들 안에서 온전히 구체화되며, 이들의 시선, 어조, 신체 언어는 이들이 하는 말과 더불어 물질세계에서 우리에게 제시된다.

이 사랑은 좋든 나쁘든 우리가 원하는 대로 만들어 낼 수 있는 상상 속에서만 완전히 존재하지 않는다. 이 사랑은 바로 그 방 안에 있다. 트라우마 치료의 기회를 제공해 주는 한편, 그 과정에서 뇌의 신경망을 변화시켜 주는 그 방에 말이다. 이 구체화된 사랑을 우리가 고통 한가운데서 받아들이고 이 사랑으로써 변화되면, 예수님은 물론 우리가 지금 서 있는 그분의 몸, 이 은혜와 더 강하고 더 신뢰할 수 있는 관계를 맺게 되고 그 관계로 거듭 돌아가게 된다.

우리가 실제로 이 은혜 안에 서 있음은 이 은혜가 실제 시간과 공간에 구체화되어 있기 때문이다. 우리가 이 은혜 안에 서 있을 때, 예수님과 예수님을 따르는 이들의 구체화된 사랑을 거듭 체험함에 따라 고통에 대한 우리의 인식 자체가 변화된다. 그리하여 우리는 통합과 성화와 우리의 구원을 이루는 지속적인 수고는 그 과정에서 고통의 역할을 진지하게 받아들이기를 요구한다는 것을 알게 된다. 마음과 몸과 영혼 모형(母型)이 차지하는 어떤 차원이나 영역에서의 고통이든 마찬가지다. 하나님이 우리의 고통 가운데서 일하심은 그 고통이 우리를 움직여 삼위일체 하나님은 물론 동료 신자들과 더 깊이 연결된 관계를 맺게 해 줄 가능성이 있기 때문이다.

욥의 경우가 그러했듯, 하나님은 고통의 이유를 설명해 주시지 않는다. 다만 고통을 사용하신다. 우리는 설명을 원하는 사람들이다. 그래서 고통을 이해하고 그럼으로써 고통을 통제하며 관리할 수 있기를 바란다. 내가 내 삶의 모든 상황의 주인이 되기를 바라는 것처럼 행동한다. 나는 하나님이 책임져 주신다고 신뢰하기보다는 스스로를 책임지고 싶어 한다. 그렇게 해서 어떤 대가를 치르든 고통을 피하고 싶은 충동을 느끼는 것이다.

그리고 우리가 이 책에서 탐구해 온 영광은 고통의 바로 이 지점에서 나름의 특별한 방식으로 실현되는데, 이는 고통이 하나님의 뜻이거나 하나님이 우리의 고통을 조금이라도 기뻐하시기 때문이 아니다. 여러 면에서 고통은 단지 우리가 겪는 아픔의 척도가 아니라 우리의 관계가 얼마나 손상되었으며 그 결과 우리가 얼마나 고립되었는지를 알 수 있는 척도다. 바로 이 고통 속으로 하나님이 가차 없이 들어오시는데, 이는 주로 우리의 고통을 끝내 주시기 위해서가 아니라 깊이 있는 관계를 안겨 주시기 위해서다. 고통이 남아 있는 만큼, 하나님도 우리와 하나님과의 관계, 그리고 우리들 서로와의 관계를 더욱 깊이 있게 하신다. 그리하여 우리가 겪는 고통과의 관계를 변화시킬 준비를 항상 갖추고 우리와 함께 계신다.

따라서 소망은 이 책에서 제시한 발전의 산물이며, 그런 만큼 우리가 흔히 그렇듯 두려워할 필요가 없다. 우리는 그 자체로 어떤 선한 이유 때문에 고통을 추구하지는 않지만, 더욱 구체화되고 공동체적인 방식으로 지속성 있고 아름답게 예수님의 형상을 본받을 때 고통을 참으로 기뻐할 수 있으며, 앞으로 임할 새 하늘과 새 땅의 아름다움을 감당할 수 있는 이 단 하나의 형상으로 빚어져 갈 수 있다.

하지만 고통을 겪는 모든 사람들이 다 자신의 아픔 앞에서 그렇게 통합과 온전함과 기쁨을 향해 경험하고 기대하지 않는다. 어떤 사람은 자기가 어떤 사람인지 털어놓다가, 사랑의 강도(强度)를 버텨 낼 수 없는 위기 지점에 이르기도 한다. 언뜻 보기에 이는 말이 안 되는 것처럼 보인다. 자신을 봐 주고, 위로해 주고, 안전하게 해 주고, 아름다움과 선함의 새로운 영역으로 안정되게 출발할 수 있는 기회가 주어질 때(물론 상처를 입을 위험도 있지만, 그 상처가 치유된다는 확신이 있다면) 이를 원하지 않을 사람이 어디 있겠는가? 알고 보면 생각보다 많은 이들이 이런 기회를 원한다.

그런데 사실 십자가를 지기로 결심한 사람보다 위와 같은 일을 피하는 사람이 훨씬 더 많다. 이는 이들이 겁쟁이이기 때문이 아니다. 어리석기 때문도 아니다. 두려움과 수치심이 얼마나 우리를 방해하는지를 감안할 때 이런 유형의 일은 매우 힘든 일이기 때문이다. 좁은 문과 좁은 길은 그리로 가려는 사람이 별로 없다고 말씀하셨을 때, 예수님은 자신이 무슨 말을 하는 건지 잘 알고 계

셨다. 확실히 나 자신도 좁은 길은 선택하기 어렵다는 것을 깨닫곤 한다.[1]

인정하고 싶지 않지만, 개별 심리치료 중일 때나 고백 공동체의 일원이 된 후 치료를 중단하는 환자들이 많다. 아마 견뎌 내야 하는 고통이 너무 과중해지는 지점에 이르렀거나, 좀 더 중요하게는 그 익숙치 않은 친밀감, 자기가 노출된다는 느낌, 사람들이 자기를 보는 것을 감당할 수 없기 때문일 것이다. 이 사람들은 자기를 찾아내서 사랑해 주려는 사람들인데, 환자는 이들을 자기를 죽이려고 오는 사람들로 인식한다. 물론 진짜로 죽인다는 말은 아니다. 하지만 이 환자들이 느끼는 두려움은 죽음에 대한 두려움 못지않다. 하나님이 동산을 거니시는 소리를 듣고 아담과 하와가 그랬듯 말이다. 그래서 결국 이들은 떠난다.

어떤 경우, 이 떠나감은 아주 빠르게 발생해서, 겨우 첫 진료를 마친 후나 고백 공동체와의 첫 만남 후에 가 버리는 이들도 있다. 몇 주나 몇 달, 심지어 몇 년 동안 노력하다가 중단하는 사람들도 있다. 하지만 그럴 때도, 실제 일어나고 있는 일의 관계 역학은 동일하다. 도중에 떠나간다는 것은 이 사람이 적어도 한동안은 소망의 한계 용량에 이르렀음을 보여 주는 증거다.

환자에게 분명히 나타났든 아니든, 고통에 대한 두려움이 소망의 능력을 능가하는 지점, 더 중요하게는, 소망할 수 있게 도와 주는 사람들과 관계를 맺을 수 있는 능력을 능가하는 지점에 이르게 하는 어떤 일이 일어난 것이다. 고통에 대한 두려움이 너무 커서 그 고통 중에 어떻게 인내할지 도무지 상상이 안 될 때, 사람들은 온갖 방법을 동원해서 관계를 버리고 떠나간다. 그리고 두려움에 바탕을 둔 이러한 떠나감은 심리치료 상담실에만 있는 일이 아니다.

우리는 우정을 버린다. 결혼을 버린다. 교회와의 관계를 버린다. 물론 내가 잘되기 위해서는 차치하고 생존을 위해서 관계에 한계를 설정해야 할 때도 있다. 하지만 여기서 말하는 것은 그런 경우가 아니다. 그런 경우는 우리가 관계를 버리고 떠나는 가장 흔한 배경이 아니다. 우리는 보통 절망에 빠져 있을 때 관계를 버린다. 그런 떠나감은 역사가 오래 되었기도 하고 그만큼 흔하기도 하다. 아담과 하와가 그랬다. 가인이 그랬다. 아브라함도 그랬다. 모세와 다윗도 그랬다. 두려움, 수치심, 고통에 빠져 있을 때 우리는 관계를 버리고 떠나 고립된다. 그러나 결국 고통만 가중될 뿐이다.

이러한 경향이 행동으로 드러난 한 가지 구체적 사례가 있다. 바로 예수님과 한 율법 전문가의 만남인데, 이 일은 사복음서 중 세 곳에 기록되어 있다. 이 만남에서 오고간 대화는, 고통 앞에서 소망을 품을 때 핵심이 되는 것은 무엇이며, 그 소망이 어떤 결과로 이어지는지, 그리고 소망을 품을 때 수반되는 위험은 무엇인지에 대해 많은 것을 시사한다.

우리 삶에서 재물의 위치와 역할에 관한 성찰을 포함해 이 이야기에서 우리는 많은 내용을 알아낼 수 있다. 하지만 여기서 함께 생각해 보고 싶은 것은, 이 젊은 관원의 부유함은 이 이야기에서 전개되는 더 깊은 드라마의 표면적 발현일 뿐이라는 점이다. 알다시피 이 드라마는 소망과 고통에 관한 내용이기도 하고 우리 자신도 알아차리지 못하는 사이 안일함으로 그 고통을 덮어 가린다는 내용이기도 하다. 이 이야기를 살피다 보면, 이 점과 관련해 특히 눈에 띄는 사실이 하나 있는데, 이는 마가복음에만 기록되어 있다.[2]

마가복음 10장을 보면, 그 율법 전문가가 긴히 알고 싶은 게 있음을 보여 주듯 "〔예수님에게〕 달려와서 꿇어 앉아 … 선한 선생님이여 내가 무엇을 하여야 영생을 얻으리이까"라고 묻는다. 부(富)가 이 사람에게 안락함을 제공해 주고 보호해 주기 때문에 이 사람이 고통 중에 있다는 개념을 놓치기 쉽긴 하지만, 우리는 이 이야기가 주로 돈에 관한, 혹은 오로지 돈에 관한 이야기라고 생각하는 잘못을 종종 저지른다. 우리의 풍요로움이 우리의 많은 고통 또한 덮어 가려 준다는 사실을 알지 못한 채 말이다. 우리의 기억에 기회가 주어질 때 우리는 이 젊은 부자 관원처럼 그 기억이 무엇을 드러내는지, 그리고 우리의 몸이 흔히 무엇을 드러내는지에 파장을 맞추지 못한다. 여기 이 부유한 청년만 해도, 그 긴박한 걸음걸이와 자세는 말로 다 표현하지 못할 무언가를 보여 준다.

더 나아가 우리는 이 율법 전문가가 실제 질문한 것의 의미를 놓칠 가능성도 있다. 이 사람은 영생을 원한다. 히브리 전통에서 영원한(eternal)이라고 번역되는 단어는 단지 시간의 크기만을 말하지 않았고 주로 그 개념을 말하지도 않았다. 그보다 이 단어는 한 사람이 경험하는 삶의 유형이나 질을 가리키는 말로 쓰였다.[3] 영생을 소유한다는 것은 하나님과 더불어 사는 것이었으며, 기쁨으로 가득하고 의미 있고 깊이 있는 것이 이런 삶의 본질이었다.

하지만 이 율법 전문가는 이러한 삶의 방식이 스스로 제일 운동자(the prime mover)가 되기를 요구한다고 전제하는 듯하다. 이런 사람은 자기가 이 영생을, 이 하나님의 사랑을 받을 만한 자격이 있음을 입증할 책임이 있다. 그래서 이 사람은 "내가 무엇을 해야 합니까?"라고 묻는다. 단순히 자신이 살아 있기에 자신이 정말로 원하는 것을 예수님이 거저 주고자 하신다는 것은 이 사람으로서는 상상할 수 없는 일이었던 것 같다.

물론 이런 자세의 문제점은, 당신이 나를 사랑할 수 있으려면 내 편에서 먼저 노력해서 그 사랑을 받을 자격을 갖추고 당신에게 어울리는 존재가 되어야 한다고 믿는 한, 대인관계에서나 신경생물학적으로나 그 즉시, 그리고 예외 없이 나 자신을 그 사랑을 받을 수 없는 존재로 만든다는 것이다. 당신이 나를 보아 주고 위로해 주기를, 당신 앞에서 안전하고 안정되기를 얼마나 절박하게 바라든, 내 행실 때문에 언제라도 당신과의 관계가 영원히 단절될 수 있다고 믿는 한, 바로 이 가능성에 대한 내 불안 때문에 내가 당신에게서 그토록 간절히 원하는 것을 마음을 열고 받아들이기는 사실상 불가능하다. 그래서 나는 바로 내 앞에 있을지 모르는 것을 더 열심히 찾게 된다. 이 율법 전문가 친구의 경우가 바로 그러했다.

이 질문에 대한 답으로 예수님은 먼저 오직 하나님만이 선하시다고 하셨으며, 이는 그 자체로 중요한 말씀이다. 실제로 하나님만이 관계의 영광 그 필연적 무게를 감당할 수 있을 만큼 선하시며, 하나님이 먼저 주도하시고 언제나 신실하시지 않다면 관계는 살아남지 못할 것이기 때문이다. 이어서 예수님은 이 율법 전문가의 질문에 해야 할 일과 하지 말아야 할 일이 암시되어 있음을 아시고 십계명의 후반부를 대략적으로 언급하신다. 이는 해야 할 일과 하지 말아야 할 일의 목록이다.

여기서 예수님이 그 율법 전문가의 의도와 능력을 신중하게 살피고 계시다는 것을 감지할 수 있다. 본질적으로 이 사람이 하나님과 실제적 관계를 맺는 일에 얼마나 진지한지를 탐색 중이신 것이다. 예수님은 이 청년이 과연 얼마나 친밀함을 원하는지, 영생으로 얼마나 깊이 들어가고 싶어 하는지, 기대에 차서 친절하게 시험하고 계신다.

율법 전문가의 대답은 그가 세상을 어떻게 생각하는지를 드러낸다. 이 사람은 토라에 순종하는 일에 성공하려고 뛰어나게 노력하면서 평생 율법의 모든 요구사항을 충족시키며 살았다는 말로 예수님에게 대답한다. 사실 이 사람이 아는 인생 사는 법은 이 방식뿐이다. 이 사람의 부(富)는 이 사람이 열심히 일하는 사람이라는 증거다. 모든 일에 열심히 노력하는 사람이며, 족한 상태에 이르고자 하는 갈망이 가득해, 만족을 모르는 그 갈망의 추동을 받는 사람이다. 그래서 이 사람은 예수님이 인용하는 모든 명령을 하나하나 빠짐없이 지킴으로써 족한 상태에 이르려고 애쓴다. 그렇게 율법을 지키면 하나님이 기꺼이 함께해 주실 것이고, 자신이 사랑받을 것이라 확신하며 노력한다.

본질상 이 사람은 업무 때 하듯 관계에서도 하고 있다. 즉 모든 일에 성공하려고 열심히 노력하며, 이런 자세가 이 사람의 운명을 통제한다. 하지만 아무리 그렇게 노력해도, 율법의 모든 요구를 충족시키지 않으면 하나님과의 관계를 비롯해 모든 것이 언제라도 눈앞에서 무너질 수 있다는 그 성가신 불안감이 사라지지는 않는다.

예수님이 토라를 인용하시자 이 청년은 자신의 존재 방식, 즉 자신을 증명하고 근본적인 부족함을 보완하기 위해 열심히 일하는 것이 얼마나 타당한지를 추론하고 자신감을 얻기 시작했을 것이다. 하지만 시작에 그치고 말았을 것이다. 이 사람의 의식 저변, 그리고 이 드라마가 전개되는 것을 지켜보고 있는 제자들의 의식에는 나는 부족하다는 인식이 숨어 있다.

이 대화 초반부에서 예수님은 뒤에 이어질 대화의 배경을 설정하신다. 지금 벌어지고 있는 일에 대해 우리가 전제하고 있는 내용을 감안할 때, 예수님은 이 대화가 어떤 결과를 낳을지 관심이 있으신 듯하다. "네가 계명을 아나니…"라는 말은 "네 자신의 가치를 넉넉히 증명할 만큼 열심히 노력했느냐?"는 의미를 담고 있다. 하지만 사실 예수님은 내가 너를 사랑하는 것을 허용하라고, 위험을 무릅쓰고 그렇게 하라고 이 율법 전문가에게 권하고 계신다. 다음 작전으로 예수님은 방향을 바꾸신다. 그러자 이 율법 전문가는 균형을 잃는다.

마가복음 본문은 주의 깊게 읽어 보면 거의 불쾌감이 들 정도다. 그러나 주의를 기울이지 않으면, 모든 것이 달라지는 순간을 놓칠 수 있다. 사실 우리는 예수님 및 우리를 사랑하고자 하는 사람들과의 관계에서 이 순간을 자주 놓친다. 이 율법 전문가도 그랬다. 다음과 같은 마가의 말은 다른 어느 곳에서도 찾아볼 수 없다. "예수께서 그를 보시고 사랑하사"(10:21). 마가복음은 진행 속도가 빨라서 저자가 말하고자 하는 가장 중요한 내용을 불필요한 세부 사항 없이 핵심만 간결하게 독자에게 전달하는 것으로 잘 알려져 있는데, 이 점을 감안할 때, 마가가 이 문장을 포함시킨 것은 놀라운 일이다.

마가는 우리가 이 책에서 지금까지 탐색해 온 것을 포착했다. 사랑받는다는 게 무슨 의미인지 우리 몸의 지각을 통해, 특히 눈맞춤과 얼굴 표정 같은 비언어적 신호를 통해 가장 강력하게 체험하는 방식을 사용한다. 이 상호작용은 여기 우리 이야기에서 아주 중요하다. 마가가 보았고 다른 사람들도 본, 그러나 그 율법 전문가는 놓친 예수님의 시선이 있다. 이 사람이 그 시선을 놓치지 않았다면 그는 매우 당황했을 것이다.

이는 사랑 어린 표정이었다. 우리 모두가 주목하는 표정이다. 하지만 그 표정이 우리를 발견할 때면, 우리가 평생 묻어 두고 감춰 두며 없애 버릴 수 있었으면 하던 부분들을 어루만져 줄 수 있다. 우리가 혐오하는 부분들을 살펴준다. 수치심이 우리 영혼의 집의 방 몇 칸은 말할 것도 없고 각 층마다 자리를 잡고 있는 듯 느끼는 부분들을, 우리가 두꺼운 콘크리트 벽으로 덮어 가리는 부분들을 만져 준다.

우리가 하나님의 영광에 참여하도록 이끄는 믿음과 칭의, 그리고 하나님과의 화평이라는 말에서 바울이 암시하는 친밀함을 예수님의 그 표정에서 볼 수 있었다. 바울이 다메섹 가는 길에 만난 것이 바로 그 표정이었음을 알게 되어도 우리는 놀라지 않을 것이다. 타협하지 않고 굴하지 않는 이 사랑의 표정이 우리를 향해 거침없이 다가오고 있다. 우리는 사랑받기를 갈망하지만, 사랑이 찾아올 때 그만큼 두려워하기도 한다. 암묵적인 기억 속에서 우리가 이 사랑을 어떻게 해석하여 표현할지 모르기 때문이다.

우리는 트라우마와 수치심에 시달리는 삶에 대처하기 위해 최대한 열심히 노력하면서, 하나님의 사랑을 받기 위해 동원해야 할 모든 전술들을 알아낸다. 왜냐하면 뼛속 깊은 곳에서 여전히 우리는 하나님과 전쟁 중이라고 믿고 있기 때문이다. 그리고 그렇게 전쟁 중인 부분들이 친밀함을 두려워하는 이유는, 우리의 트라우마가 친밀함을 배경으로 생겨났음을 기억하기 때문이다.

어떤 사람의 경우 그 친밀함은 원래 이 세상에서 우리에게 가장 안전해야 할 사람들과 긴밀히 연관되어 있다. 부모가 바로 그런 사람들이다. 형제자매도 그런 사람들이다. 교사와 지도자, 나와 연애 중인 남자, 나와 결혼한 여자, 나의 상사, 교회, 곧 성도나 목사나 장로 또는 우리가 한번쯤 함께 예배해 왔고 우리에게 상처를 준 예수님의 몸의 구성원들을 완곡히 일컫는 그 이름이 여기에 속한다. 해결되지 않은 자신의 정서적, 영적 문제에 대처하기 위해 자신의 직위를 이용하고 그 과정에서 우리의 몸과 영혼에 흔적을 남기는 사람들도 포함된다.

나를 원한다는 그 표정, 나를 바라되 파괴하지 않겠다는 표정, 나를 보아 주고 위로해 주며 안전하고 안정되게 해 주는 그 표정을 살피라. 그 표정이 고통스러운 부정적 부작용 가능성과 함께 다가올 수 있다는 것을 우리는 염려한다. 하지만 그 표정을 예수님은 기꺼이 보여 주고자 하셨다. 그 얼굴이 어둠 속에 빛날 때 또 한 사람의 젊은 유대인이 위험을 무릅쓰고 그 밝음을 향해 달려올 수 있다면 말이다.

그 표정에 기대를 담아 예수님은 계속 말씀하신다. "네게 아직도 한 가지 부족한 것이 있으니." 그 말씀을 듣고, 자신이 아직 갖고 있지 않으나 노력해서 획득할 수 있는 무언가를 예수님이 보여 주실 거라고 생각했던 우리의 그 율법 전문가의 기대가 아주 잠깐이지만 매우 고조되었을 것이라고 짐작할 수 있다.

아마도 이 사람은 예수님이 어떤 통찰을 주실 거라고 생각했을 것이다. 그리고 이어서 어떤 과제를 주실 거라고 생각했을 것이다. 다른 모든 소유물을 얻기 위해 열심히 노력했던 것처럼, 자신이 원하는 하나님과의 삶을 보장받기 위해 자신이 '할 수 있는' 다른 어떤 일을 말이다. 짧은 순간 그 율법 전문가의 심박수가 치솟는 것을 우리는 느낄 수 있다. 평생 품어 온 의문에 이제 곧 답변을 받을 거라고, 목마름을 가라앉혀 줄 물을 얻을 거라고 기대했기 때문이다. 이 사람은 소망의 문턱에 서 있었다.

그러나 그때, 참담한 실망감이 몰아닥친다. 이 사람의 소망은 박살났다. 슬픔이 밀려왔다. "가서 네게 있는 것을 다 팔아 가난한 자들에게 주라 그리하면 하늘에서 보화가 네게 있으리라 그리고 와서 나를 따르라."[4] 예수님의 말씀에 담긴 역설에 주목하라. 예수님은 이 율법 전문가에게 부족한 것을 지적하신다. 하지만 어떻게 그게 가능한가? 무엇이 부족할 수 있다는 말인가? 이 사람은 모든 것을 가진 사람이다.

모든 것, 즉 누군가와의 관계만 빼고 모든 것을 가진 자다. 이 경우 그 누군가는 바로 예수님이다. 이 단계에서 예수님이 바라시는 것은 그저 이 청년이 자신과 함께 있는 것이다. 이 한 가지, 즉 관계는 이 사람이 힘써 얻지 않아도 되는 것이었다. 정확히 말해 이 관계를 위해서는 이 사람이 할 수 있는 일이 없었다.

예수님은 이 사람의 힘든 수고를 필요로 하지 않으셨다. 이 사람의 돈도 필요하지 않으셨다. 앞에서 말했다시피, 그리고 이 대화 직후에 제자들이 물었던 것처럼, 우리는 이 이야기를 주로, 아니 오로지 부(富)에 관한 이야기로 생각하기 쉽다. 나는 그렇게 생각하지 않는다.

재물에 대한 관심 그 이면을 생각해 보기 바란다. 그러면 이 이야기는 트라우마와 수치심에서 자기를 보호하려고 우리가 어떻게 정교한 대처 전략을 세우고 그 전략을 꼼꼼히 통제하는지에 관한 이야기라는 것을 알 수 있다. 예수님이 이 관원에게 재산을 포기하라고 말씀하신 것은 재물이 그 자체로 악하기 때문이거나, 이야기 끝 부분에서 알 수 있는 것처럼 단순히 재물이 우상이기 때문이 아니다. 그보다 이 사람의 재물은 사랑받을 자격이 있는 사람임을 입증하기 위해 열심히 노력해야 한다는 이 청년의 고집을 나타냈다.

그와 동시에 그 사랑을 받아들일 수 있으려면 자신의 취약한 모습을 드러낼 수 있어야 하는데, 이 청년의 재물은 바로 그 취약성에서 자기를 보호해 주는 물질적 현실이었다. 재물을 포기한다는 것은 그물 없이 움직이는 것, 이 사랑이 확실히 지속될 수 있게 해줄 모든 변수들을 통제할 능력 없이 자기 자신을 그 사랑 앞에 열어 보이는 것이었다.

가진 것을 모두 팔아 없앤다는 것은 심히 취약해지는 행위일 텐데, 이는 단지 이 청년이 이제부터는 부자가 아닐 것이기 때문이 아니라, 관계 면에서 이 사람이 얼마나 가난한지를 폭로할 것이기 때문이다. 가진 것을 다 팔아 없앴는데 끝내 누구도 이 사람에게 다가와서 보아 주고 위로해 주고 안전과 안정감을 느끼게 해 주지 않는다면 어쩔 것인가? 이 사람은 긍정적 결과를 장담할 수 없었다. 우리들 중에도 그런 이들이 많은 것처럼, 이 사람도 평생 이런 식으로 소망을 품어 본 적이 거의 없기 때문이다.

하지만 예수님의 표정의 의도는, 예수님이 이 청년을 볼 수 있고 함께 있기를 바라신다는 사실을 굳이 말하지 않아도 알 수 있게 하려는 것이었다. 말이 전하지 못하는 내용을 전달할 의도의 이 표정은, 소망의 중심을 자기 자신에게만 두고 세상에서 꽤 괜찮은 사람이 되려고 애쓰는 이 청년을 있는 그대로 만나 아름다움과 선함의 자리로 인도하는 표정이었다. 그 자리는 하나님이 바라시는 이 청년의 행실, 곧 율법에 표현된 그 바람에 대한 순종이 사랑과 감사의 표현으로 드러나는 곳이다. 이 순종은 이 청년의 생각처럼 자신의 부족함이 드러날지 모른다는 두려움에서 나오는 순종이 아닐 것이다. 사실 청년의 소망이 오로지 자기 자신에 머물 수밖에 없었던 것은 자기 능력 밖의 어떤 곳에서 소망을 찾을 수 있다고 상상할 능력이 없었기 때문이다.

물론 이 청년의 내면에서 무슨 일이 벌어지고 있었는지 우리로서는 알지 못한다. 하지만 마가는 예수님의 시선과 이에 대비되는 젊은 관원의 반응에 꼼꼼히 집중하는데, 이는 무언가 지극히 중요한 것을 말해 준다. 관계를 대하는 이 청년의 자세는 좌뇌(左腦)로 세상에 조응하는 방식에 과도하게 지배되는 것으로 보인다. 세상을 멀리서 지켜보아야 할 하나의 대상으로 인식하고, 괴로운 일을 줄이기 위해 자신의 관점에서 이 세상을 직접 조종해야 한다고 생각하는 것이다. 이런 사람은 세상을 내가 함께해야 할, 나와 함께하고 싶어 하는 어떤 것이 아니라 나와는 구별된 것으로 경험한다.

우리는 이 율법 전문가 청년에게서 이런 자세를 감지한다. 이 자세는 하나님이 어떤 분이시며(청년이 생각하기에 하나님은 여전히 자신과 불화 중인 점수기록원), 하나님이 자신을 어떻게 보시는지(부족함이 있어서 아직 기준에 미치지 못하는 사람)에 대한 구체화된 확신이며, 청년이 젊은 나이에 그렇게 많은 부를 축적한 것을 보았을 때 이 자세가 이 사람을 거의 평생 지탱해 왔다.

실제로 예수님은 이 율법 전문가가 더 균형 잡혀 있고 더 통합된 마음 상태로 나아갈 수 있게 하려 하신다. 예수님은 이 사람이 영생에 관해 이야기하는 자리에서 영생이신 분 곧 예수님과 함께하는 자리로 나아가기를 바라신다. 예수님은 이 청년이 사랑으로 자기를 바라보는 분을 볼 수 있기를, 스스로 그 시선을 느낄 수 있기를 기대하신다.

하지만 이 사람은 자기 스스로를 보호하는 갑옷에 너무 든든히 감싸여 있어서 예수님이 자신을 보시는 것을 알지 못했을 가능성이 있다. 아니 예수님의 표정에 당황했을 가능성도 있다. 이 율법 전문가는 예수님의 시선을 감당할 수 없었을 가능성도 있다. 실제로 우리 중에도 사회적 지위가 어떻든 누가 다정한 표정으로 나를 찾으러 오면 위로 못지않게 불안을 느끼는 이들이 많다. 여러 변수가 있기는 하지만, 누가 나를 봐 주면 치유되는 느낌 못지않게 위협을 느낄 수도 있다.

그래서 마가의 기록에서 우리는 이런 내용을 보게 된다. "그 사람은 재물이 많은 고로 이 말씀으로 인하여 슬픈 기색을 띠고 근심하며 가니라."[5] 이 사람은 고개를 떨어뜨렸다. 이 사람은 예수님

277

의 얼굴을 볼 수 없었다. 재물을 포기한다는 것은 수치심과 해결되지 않은 트라우마를 감춰 두었던 자기 영혼의 모든 방문을 활짝 열었다는 의미였다. 게다가 그 안에서 어떤 고통이 자신을 기다리고 있을지 모른다는 두려움이 너무 컸다. 이 사람은 자기 아닌 다른 존재에 대한 확신과 연결된 신적 영역이 아직 충분하지 않아서 예수님이 함께해 주실 것이라는 소망을 가질 수 없었다. 그래서 슬픔에 잠겨 떠났다.

고통을 통해 완성되는 소망

이 장 서두에 로마서에서 인용한 바울의 말이 있는데, 그 인용구 마지막에서 우리가 이제 완전히 한 바퀴를 돌아왔다는 것을 알게 된다. 사실 이 전체 인용구는 예수님과 예수님의 제자들과의 관계를 통해 우리 안에서 등장하는 지혜로 우리를 늘 더 성숙하게 이끌어 주는 반복 순환 과정과 아주 흡사하게 작동한다. 그래서 우리는 매번 하나님의 영광과 더 무게 있게 만나게 해 주는 소망을 형성하는 과정에서 고통 속으로 점점 더 깊이 들어가는 여정을 계속하게 된다. 이 과정은 아래 도표와 다르지 않다.

마가복음에 기록된 이 이야기와 우리의 만남은 이 책에서 지금까지 우리가 탐색해 온 내용을 어떤 식으로 반영하는가? 이는 고통의 본질에 대해, 인내한다는 게 무슨 의미인지에 대해, 우리를 절대 실망시키지 않고 우리를 부끄럽게 하지 않는 소망으로 귀결

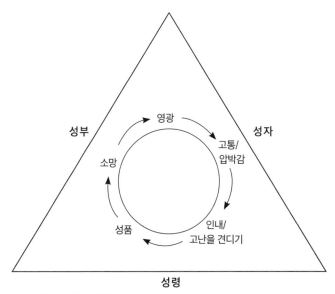

예수님의 몸과 성경의 지혜
예수님의 몸 된 사람들과 함께하며 성령의 능력을 받고
성경의 지혜로 가르침 받음

되는 성품 형성에 대해 이 책에서 우리가 만난 사람들에게 무슨 말을 해 주는가? 로마서의 이 구절은 예수님과 젊은 부자 관원 사이에 일어난 일을 어떻게 반영하는가?

지금까지 이 책에서 만나 본 사람들의 삶에서 보았다시피, 고통에는 여러 가지 형태가 있어서 그 수를 헤아릴 수 없다. 그리고 우리는 대처 전략들을 다 갖고 있다. 다시 말해, 더는 어쩔 수 없을 때까지 대처하는 것이다.

이렇다 할 만한 고통이 없는 삶을 사는 것 같은 사람들에게 젊은 부자 관원 이야기는 내 친구 캐서린과 제이 울프의 말처럼 우리 모두에게는 장애가 있다는 사실을 일깨워 준다. 그저 어떤 장애가 다른 장애에 비해 조금 더 눈에 띌 뿐이다.

고통의 바다에서 허우적거리며 이 책을 읽는 사람들에게도 만족스럽지는 않아도 근근이 버틸 수 있는 전략이 있다.

우리가 이 스펙트럼의 어디쯤에 있든 상관없이, 그리고 우리의 고통이 자명하든 숨겨져 있든, 대개 우리는 그저 구조되기만을 원한다. 아픔과 고통에서 구조되기를 원한다. 심지어 우리는 자기가 기대하는 것이 예수님의 시선이라는 것조차 깨닫지 못한다. 우리 몸과 영혼이 진정으로 찾는 것이 바로 그 시선임을 깨달았던 경험이 거의 없기 때문에 우리는 그 시선을 요구하거나 기대할 줄 모른다. 우리는 그저 구조되기만을 바란다. 그것도 대개 우리 자신의 관점에서 말이다.

그리고 예수님은 우리에게 오셔서 구조해 주신다. 우리의 그 부자 친구의 경우처럼 대개 우리 관점에서의 구조는 아니지만 말이다. 예수님은 우리가 있는 곳에서 우리 모습 그대로 우리를 만나 주신다. 그 부자 청년을 있는 모습 그대로 만나 주시고 그가 세상을 살아온 방식을 인정해 주신 것처럼, 우리가 의지하는 모든 것, 갖가지 중독물, 트라우마가 발생하고 치유되지 못한 상황에 대한 분노까지, 있는 그대로 인정해 주신다. 하지만 예수님은 우리를 그 상태에 내버려두지 않으신다. 대신 우리를 바라보신다. 한없는 사랑으로 바라보신다.

그러나 우리의 사연들은 친밀한 관계에서 받은 과거의 상처에 대한 기억으로 가득해서, 예수님의 그 시선을 포착하는 데 어려움을 겪는다. 우리는 예수님이 나를 보아 주시기를 간절히 바라지만, 그분이 우리에게 어디로 가라고 하실지 몰라 그만큼 두려워하기도 한다. 예수님을 좇아, 우리 상처의 파편과 부모 세대 상처의 잔해가 남아 있는 방들로 들어간다는 게 무슨 의미일지 몰라 두려워한다.

관계와 관련된 하나님의 새 창조의 경륜에서, 우리가 예수님에게 가지고 나가는 고통, 그분이 완전히 그리고 영원히 없애 주셨으면 하는 고통이 실제로는 평생 우리 곁에 남을 수도 있다는 것을 우리는 깨달았다. 당연히 그 고통은 형태를 달리할 것이며, 이 변화와 함께 우리가 점점 더 예수님의 형상을 닮아 감에 따라 우리와 고통과의 관계도 달라질 것이다.

마가복음에 등장하는 혈루증 앓는 여인이 그랬듯 우리는 단번의 과정으로 고통이 치유된다고 생각한다. 하지만 결국 우리는 알게 된다. 예수님은 우리의 내면과 구체화된 삶의 구석구석까지 우리와 동행하시면서, 시간이 얼마나 걸리든 우리가 예수님이 생각하는 아름다움과 선함의 전초기지로 완전히 변화하게 하실 생각이라는 것을 말이다.[6]

사실 예수님이 그 젊은 부자 관원을 사랑으로 바라보셨을 때 그분이 본 것은 영광이었다. 예수님은 다른 누구도 볼 수 없는 영역을 들여다보고 계셨으며, 이 청년이 예수님의 시선의 힘으로 이제부터 영광의 무게를 감당할 때 어떤 사람이 될지를 거기서 보셨다. 또 한 사람의 하나님의 자녀가 왕의 사랑 앞에 마음을 열기를 기대하면서 기쁨과 자랑스러움과 환대로 바라보는 시선으로 보신다.

그러나 우리가 보았다시피, 예수님의 그 시선을 받아들이는 일은 아주아주 어렵다. 내 약점을 드러내 보여야 하는 공동체 안에서 사랑을 받아들이고 인내로써 고통이 영광스럽고 기쁜 관계로 변할 수 있게 한다는 것이 정말 너무 어려운 일이라는 사실에는 예수님도 의견이 다르시지 않다. 사실 이는 낙타가 바늘귀를 통과하는 것보다 더 어려운 일이다. 너무 엄청나고 너무 무섭고 타인과의 거리가 너무 가까워서, 오랫동안 조용히 또는 공공연히 견뎌 온 고통을 도저히 드러내지 못하는 이들이 많을 만큼 어려운 일이다.

그 지점에 이르면, 우리의 그 율법 전문가 친구처럼 관계를 버리고 떠나가는 이들도 있다. 예수님과의 관계를 버리기도 한다. 사람들과의 관계를 버린다. 그리고 예수님의 시선에서 느낀 그 사랑에 그렇게 가까워졌던 자기 자신의 일부와의 관계까지 버린다.

하지만 예수님은 우리를 그냥 두지 않으신다. 예수님은 여러분을 홀로 버려두지 않으신다. 제자들에게, 그리고 우리에게 일깨우시는 것처럼, 우리가 어떤 사연을 지녔든, 우리의 트라우마와 수치심이 얼마나 깊든, 내가 고통스럽게 견뎌 왔고 지금도 견디고 있는 삶이 조금이라도 달라진다는 게 얼마나 불가능한 상상으로 보이든, 우리가 품어야 할 소망이 저기 기다리고 있다.

우리 혼자 힘으로는 소망을 품을 수 없다. 예수님도 일깨워 주시다시피 사람으로는 할 수 없기 때문이다.[7] 그 율법 전문가에게 이는 불가능한 일이었고, 이 문제에 관한 한 이 책에서 만난 사람 그 누구도, 그리고 여러분도 나도 혼자 힘으로는 불가능하다. 하지만 우리는 이 일을 혼자 하지 않는다. 또한 우리는 어떤 이념이나 직업, 교회나 신학, 또는 정치 철학이나 경제를 중심으로 소망을 형성하지도 않는다.

우리는 예수님에게 사랑받은 결과로 소망을 품게 된다. 이는 예수님의 표정, 그분의 몸 언어, 그분의 어조, 그리고 우리가 자신의 역사 및 기억된 현실 속에 새겨져 있다고 그토록 오래 믿어 온 트라우마 이야기를 그분이 재구성해서 다시 들려주시는 것을 실제 시공간에서 구체적으로 만난 결과다. 예수님은 우리에게 기꺼이 주어진 성령, 곧 우리 마음속 공간을 차지하기를 기뻐하시는 분을 통해 우리 마음에 퍼부어진 사랑의 능력으로 우리의 소망을 형성시키신다. 예수님은 우리를 사랑하사 소망을 품게 하는 분으로서, 이 긴 인생길에서 우리가 인내할 때 여전히 함께하신다. 이 인생길은 고통으로 가득하나 예수님과 예수님의 사람들에게 안정 애착을 형성한 덕분에 우리는 이 길을 기뻐하게 된다.

이렇게 해서 로마서 5장의 결말에, 그리고 고통과 소망 형성에 대한 탐구의 결말에 이르게 되었다. 하지만 우리는 아직 시작 지점에 있기도 하다. 영광에서 고난, 인내, 성품, 소망으로, 그리고 다시 창세 전부터 하나님이 정하신 영광으로 돌아가기를 반복하면서 확신을 가지고 우리의 운명인 충만한 아름다움과 선함으로 성장해 가는, 여러분과 나, 우리 모두의 이야기의 다음 부분이 시작되는 것이다.

그 길이 얼마나 힘들든, 우리가 성령의 능력과 임재 가운데 함께 수고하며 우리가 청지기 역할을 해야 할 것을 창조하고 관리할 때, 예수님은 자신이 시작하신 일을 완성하실 것이라고 나는 믿는다. 그리고 친구들이여, 고통이 아무리 극심하든 우리는 고통 가운데서 소망을 품을 수 있다.

들어가며

1. 동양에서는 마음에서 욕망을 비움으로써 고통에 대응하고 그리하여 욕구불만을 최소화한다는 시각인데 비해, 서양에서는 고통을 전부 극복함으로써 고통을 가라앉히고자 하는 접근법을 쓴다. 둘 중 어느 자세도 고통이 사실은 우리가 좀 더 온전한 인간이 될 수 있게 하는 주요 요소로 쓰인다고는 생각하지 않는다.

2. 최근에 등장하는 이런 현상을 좀 더 충분히 탐구한 글로는 Jean Twenge, *iGen: Why Today's Super-Connected Kids Are Growing Up Less Rebellious, More Tolerant, Less Happy—and Completely Unprepared for Adulthood—and What That Means for the Rest of Us* (New York: Simon & Schuster, 2017)을 보라.

3. 롬 1:20.

4. 시 13:1.

5. 골 1:27.

PART 1

1장

1. Leo Tolstoy, *Anna Karenina* (New York: Penguin, 2000), 1.

2. Aidan Nichols, *A Key to Balthasar* (London: Darton, Longman & Todd, 2001), 1-9. 나

는 *The Soul of Desire: Discovering the Neuroscience of Longing, Beauty, and Community* (Downers Grove, IL: InterVarsity Press, 2021), 42-43에서 이 점을 강조했다. 폰 발타자르가 신경과학 자체를 다루지는 않지만, 그의 통찰은 비록 지나치게 단순하기는 해도 뇌가 하부에서 상부로, 그리고 오른쪽에서 왼쪽으로 작동한다는 일반적 개념을 반영한다.

3. Antonio Damasio, *The Feeling of What Happens* (New York: Harcourt, 1999), 279-83.

4. Daniel J. Siegel, *The Developing Mind*, 2nd ed. (New York: Guilford, 2012), 367-68.

5. 애착은 아이의 미성숙한 뇌가 비교적 성숙한 부모의 뇌를 활용해서 스스로를 조직화하게 도와주는, 아이와 부모 간의 대인관계다. 아기가 엄마 아빠를 찾는 것은, 정서적/신체적 불편함을 조절할 수 있게 부모의 도움을 받기 위해서다. 이 분야의 연구는 애착 형성 과정의 안정된 형태와 불안정한 형태를 설명하며, 각 형태는 아이의 뇌가 발달하는 다양한 방식과 높은 상관관계가 있으며, 결과적으로 성인이 된 후 대인관계에서 우리가 어떻게 기능하는지도 설명해 준다. 더 자세한 내용은 Siegel, *Developing Mind*, 91-93을 보라.

6. 갈 5:22-23.

7. 누군가 보아 주고, 달래 주고, 안전과 안정감을 느끼게 해 주는 과정을 처음 설명한 사람은 댄 시겔(Dan Siegel)과 티나 페인 브라이슨(Tina Payne Bryson)이다. 4S로 알려진 이 과정은 안정 애착이 어떻게 발전되는지 그 본질을 포착하고 있다. 나는 *Soul of Desire*에서 안정이라는 말의 대안적 쓰임새를 다루었다. 자세한 내용은 Daniel J. Siegel and Tina Payne Bryson, *The Power of Showing Up* (New York: Ballantine, 2020), 5-6; Thompson, *Soul of Desire*, 31-33을 보라.

8. N. T. Wright, *Paul for Everyone: Romans, Part 1* (Louisville: Westminster John Knox, 2004), 80-85.

9. N. T. Wright, *Justification* (Downers Grove, IL: InterVarsity Press, 2009), 117.

10. Anne Halley, 개인적 논평과 서신.

11. Pat Ogden, Kekuni Minton, and Clare Pain, *Trauma and the Body* (New York: Norton, 2006), 26-40.

12. George Grouios, Klio Semoglou, and Constantinos Chatzinikolaou, "The Effect of Simulated Mental Practice Technique on Free Throw Shooting Accuracy of Highly Skilled Basketball Players," *Journal of Human Movement Studies* 33.3 (January 1997): 119-38.

13. 고백 공동체의 역할을 더 상세히 탐구한 내용으로는 Thompson, *Soul of Desire*, 91-112를 보라.

14. 획득된 안정 애착이란 치유되지 않은 상처나 해결되지 않은 트라우마를 나타내는 한 사람의 사연을 이치가 닿게 이해함으로써 성인기에 형성할 수 있는 애착 패턴을 말한다. 이는 대인관계를 치유하려는 모든 노력의 한 가지 주된 목표다. 상세한 내용으로는 Daniel J. Siegel and Mary Hartzell, *Parenting from the Inside Out* (New York:

Tarcher, 2003), 126-27, 143-47을 보라.

2장

1. John Goldingay, *Old Testament Theology* (Downers Grove, IL: InterVarsity Press, 2003), 131-35. 골딩게이는 교묘함과 빈정대는 말이 창조 세계를 뒤엎었다는 점을 강조한다. 수치심의 위력은 바로 그 미묘함에서 나오는 경우가 많다.

2. Goldingay, *Old Testament Theology*, 131.

3. 창 2:15-17에 기록된 하나님의 명령을 하와가 어떻게 "너희는 … 만지지도 말라 너희가 죽을까 하노라"라고 편집해서 추가하게 되었는지 성경은 직접적으로 말하지 않는다.

4. Gaurav Patki, Ankita Salvi, Hesong Liu, and Samina Salim, "Witnessing Traumatic Events and Post-Traumatic Stress Disorder: Insights from an Animal Model," *Neuroscience Letters* 600 (July 23, 2015): 28-32. 트라우마를 목격하는 일은, 타인이 당혹스러워하는 모습에 나도 당혹스러워하는 것에서부터 심각한 신체적 폭력 행위를 목격하는 것에 이르기까지 다양한 수준으로 발생한다.

5. 나는 *The Soul of Shame: Retelling the Stories We Believe about Ourselves* (Downers Grove, IL: InterVarsity Press, 2015), 100-107에서 이 점을 상세히 다루었다.

6. 창 3:6.

7. 창 3:7.

8. 창 3:5.

9. 존 고트먼은 결혼과 연애 관계에 관한 최고의 연구자로 손꼽힌다. 무엇보다도 결혼 생활이 장기적으로 지속되는 데 경멸이 어떤 역할을 하는지를 강조하는 연구를 개척했다. John Gottman, *Why Marriages Succeed or Fail* (New York: Simon & Schuster, 1995)을 보라.

10. Sue Johnson, *Hold Me Tight* (New York: Little, Brown, 2008).

11. David Carrasco, *Religions of Mesoamerica*, 2nd ed. (Long Grove, IL: Waveland Press, 2014), 25-26, 66-67.

12. 엡 6:12.

13. 마 11:25-30.

14. Jim Wilder, *Renovated* (Colorado Springs: NavPress, 2020), 6-8.

15. "Japanese Holdout," Wikipedia, https://en.wikipedia.org/wiki/Japanese_holdout.

16. 여기서 또 한 번 우리는 누군가가 나를 보아 주고 달래 주며 안전과 안정을 느끼게 해 준다는 4S의 역할을 강조하고 있다.

17. Mark Wolynn, *It Didn't Start with You* (New York: Penguin, 2017), 25-39.

18. Richard Schwartz, *Internal Family Systems Therapy*, 2nd ed. (New York: Guilford, 2020)을 보라.

19. Alison Cook and Kimberly Miller, *Boundaries for Your Soul* (Nashville: Thomas Nelson, 2018).

20. 시 42:5.

3장

1. Pat Ogden, Kekuni Minton, and Clare Pain, *Trauma and the Body* (New York: Norton, 2006), 206-10.

2. 창세기 2장 7절은 하나님이 흙을 취하여 생기를 불어넣으셨고, 그리하여 우리가 살아 있는 존재가 되었음을 상기시킨다. 하나님은 우리 인간의 육체성을 가지고 시작하셨다. 그래서 우리의 몸은 우리가 인간이 되는 과정상 가장 앞 순서에 있다. 그렇다고 해서 몸이 더 중요해지지는 않지만, 이는 창조의 과정과 새 창조에서 몸이 차지하는 위치를 강조한다.

3. 눅 24:13-35. N. T. Wright, *Luke for Everyone* (Louisville: Westminster John Knox, 2004), 291-98; William Barclay, *The Gospel of Luke*, rev. ed. (Philadelphia: Westminster, 1975), 293-96.

4. 롬 5:2상.

5. Francine Shapiro, *Eye Movement Desensitization and Reprocessing Therapy* (New York: Guilford, 2018)을 보라. EMDR(eye movement desensitization and reprocessing)은 특히 외상 후 스트레스 장애(PTSD)가 있는 경우, 강하고 압도적인 정서적 고통을 줄이는 데 도움이 된다고 인정되어 현재 일반적으로 사용되는 심리 치료적 개입 방법이다.

6. *The Paradigm*, BibleProject Podcast series, episodes 2-5, https://bibleproject.com/podcast/series/paradigm/을 보라.

7. Daniel J. Siegel, *The Developing Mind*, 2nd ed. (New York: Guilford, 2012), 367-68.

8. Bessel van der Kolk, *The Body Keeps the Score* (New York: Penguin, 2015)를 보라. 판데르 콜크는 트라우마와 트라우마 치유 경험에서 몸의 역할을 강조한다. 하지만 여전히 과학은 물질세계 작동 방식의 기계적 원리를 설명할 뿐이다. 과학은 그 기계적 원리에 의미를 제공하지 않는다.

9. 모든 성경이 그러하듯, 이 시편, 특히 지금 주목하는 7-8절의 내용을 충분히 포착하기 위해서는 여러 가지 역본을 읽어 보는 게 도움이 된다.

4장

1. Aidan Nichols, *A Key to Balthasar* (London: Darton, Longman, and Todd, 2011), 2-3.

2. 시 19:1.

3. 출 33:18.

4. 대상 16:24; 29:11.

5. 사 6:3; 63:1.

6. 합 2:14.

7. 고전 6:20; 10:31.

8. Lesslie Newbigin, *The Light Has Come* (Grand Rapids: Eerdmans, 1982), 225.

9. 요 15:16.

10. 요 1:14; 고후 4:6; 히 1:3.

11. Newbigin, *Light Has Come*, 225.

12. Philippians 2:6-11.

13. John 17:1.

14. John 3:17.

15. Newbigin, *Light Has Come*, 226.

16. 히 2:10.

17. 눅 3:22.

18. 눅 9:28-36.

19. Daniel J. Siegel and Tina Payne Bryson, *The Power of Showing Up* (New York: Ballantine, 2020), 5-6.

20. 고후 4:17.

21. C. S. Lewis, *The Weight of Glory: And Other Addresses* (New York: HarperCollins, 1980), 38.

22. 골 3:3.

23. 요 1:14

24. 요 21:7.

PART 2

5장

1. N. T. Wright, *Paul and the Faithfulness of God* (Minneapolis: Fortress, 2013)을 보라. 라이트는 이 책 전체에 걸쳐 바울신학을 탐구할 뿐만 아니라 바울의 그럴 듯한 인생 이야기 및 바울이라는 사람을 형성한 당대 세계의 다양한 영향력에 대해 풍부한 배경 지식을 제공한다.

2. 가족 내부 체계에 대한 심리치료 모형에서 다루는 부분들에 관해서는 Alison Cook and Kimberly Miller, *Boundaries for Your Soul* (Nashville: Thomas Nelson, 2018), 219 를 보라.

3. Scott Peck, *The Road Less Traveled* (New York: Touchstone/ Simon & Schuster, 1978), 15.

4. 마 9:20-22; 막 5:25-34; 눅 8:43-48.

5. 몇 가지만 짧게 예를 들자면 다음과 같다. C. S. Lewis, *The Problem of Pain* and *A Grief Observed*; Viktor Frankl, *Man's Search for Meaning*; Nancy Guthrie, *Be Still, My Soul*; Philip Yancey, *Where Is God When It Hurts?*; Nicholas Wolterstorff, *Lament for a Son*; Diane Langberg, *Suffering and the Heart of God*; Sheldon Vanauken, *A Severe Mercy*; Katherine and Jay Wolf, *Suffer Strong*.

6. 다른 매체로는 할 수 없는 방식으로 고통을 생생히 부각시키는 문학 작품도 여기 포함될 수 있을 것이다. 예를 들어 Leo Tolstoy의 *Anna Karenina*.

7. 렘 6:16.

8. 요 16:33.

9. 이것을 하이데거나 사르트르 같은 실존주의 철학자들이 이해하는 버려짐과 혼동해서는 안 된다. 이에 대해서는 "Abandonment (Existentialism)," https://en.wikipedia.org/wiki/Abandonment_(existentialism)를 보라. 더 나아가 여기서 나는 우리가 문화적으로 표현하는 불안이나 다양한 신경생리학적 상관관계를 본격적으로 탐구하려는 것이 아니다. 이 주제에 대해서는 Joseph LeDoux, *Anxious: Using the Brain to Understand and Treat Fear and Anxiety* (New York: Penguin, 2016)를 보라.

10. 창 2:18.

11. C. S. Lewis, *The Great Divorce* (New York: HarperCollins, 1973), 10.

12. Curt Thompson, *The Soul of Desire* (Downers Grove, IL: InterVarsity Press, 2021), 21-33.

13. Allan Schore, *Affect Regulation* (New York: Norton, 2003), 37-52.

14. Curt Thompson, *Anatomy of the Soul* (Carol Stream, IL: Tyndale, 2010), 63-87(《영혼의

해부학), IVP).

15. 캐나다의 신경심리학자 도널드 헵(Donald Hebb)에게서 비롯된 말로, 헵의 글에서 "함께 발화되어, 함께 연결되는 뉴런"(Neurons that fire together, wire together)이라는 말이 만들어졌다. 이는 일련의 뉴런이 동일한 패턴으로 더 자주 발화될수록 그 패턴이 더 영구적이 되고 더 쉽게 활성화된다는 뜻이다. 이것이 우리가 다시 떠올릴 수 있는 기억을 암호화하는 방법의 기본 토대다.

16. 이 아홉 가지 영역은 의식 통합 영역, 수직적 통합 영역, 수평적 통합 영역, 기억 통합 영역, 서사 통합 영역, 상태 통합 영역, 대인관계 통합 영역, 시간 통합 영역, 발산 통합 영역이다. 자세한 내용은 Daniel J. Siegel, *Mindsight*, 2nd ed (New York: Bantam, 2010), 71-75를 보라.

17. David Sbarra and James A. Coan, "Theory, Method, and Prediction in the Psychophysiology of Relationships," *International Journal of Psychophysiology* 88 (2013): 219-23.

18. 마 12:32; 막 10:30.

19. 고전 2:6-8.

20. N. T. Wright, *Paul for Everyone: Romans, Part 1* (Louisville: Westminster John Knox, 2004), 140-41.

21. C. S. Lewis, *The Voyage of the Dawn Treader* (New York: Harper Trophy, 1980), 112-18.

22. 요 5:1-14.

23. 요 8:2-11.

24. 캐서린과 제이 울프 이야기 및 여기에 등장한 아름다움과 선함의 사역에 대해서는 Hope Heals를 보라(https://www.hopeheals.com/).

25. 롬 8:17; 빌 3:10; 벧전 4:13-16.

6장

1. Gerald May, *Addiction and Grace* (New York: HarperCollins, 2007), 4.

2. 고후 4:16.

3. 눅 4:13.

4. 마 27:46.

5. 시 22편을 보라. 19절에서 이 시편의 전체 주제가 바뀌는 것에 주목하라.

6. 마 26:53을 보라.

7. 행 9장을 보라. 바울과 아나니아의 만남은, 다메섹 가는 길에 예수님을 만나던 순간부터 바울에게 타인의 도움이 필요했음을 증언한다. 바울의 선교 여정 또한 늘 동료 신자들과 동행하는 여정이었음은 말할 것도 없다.

8. 민 20장.

9. 민 12:3; 신 34:10.

10. Curt Thompson, *Anatomy of the Soul* (Carol Stream, IL: Tyndale, 2010), 152-54.

11. 눅 22:31-32.

12. 막 16:7.

13. Thompson, *Anatomy of the Soul*, 226-28.

14. Todd Billings, *Rejoicing in Lament* (Grand Rapids: Brazos, 2015).

15. Dr. Elizabeth Hall with Curt Thompson, MD, "Loving and Losing," *NeuroFaith* podcast를 보라.

16. Liz Hall, "Professor of Psychology Liz Hall Shares Her Breast Cancer Survival Story," Biola University, October 15, 2018, www.facebook.com/watch/?v=289267055019077.

17. The Bible Project, "The Book of Numbers Overview," https://bibleproject.com/explore/video/numbers/를 보라.

18. 소명을 대하는 엘리야의 자세가 바알 선지자들과의 만남과 이세벨과의 만남 사이에 얼마나 신속하게 변했는지에 대해서는 왕상 18-19장을 보라.

19. Daniel J. Siegel, *Pocket Guide to Interpersonal Neurobiology* (New York: Norton, 2012), 41.4-6.

20. 최근의 연구는 적어도 아래 요소들이 신경가소성을 높여 준다는 사실을 보여 준다: 적당한 수면, 적절한 식생활, 유산소 운동, 마음을 챙기는 연습, 창의적인 새 경험, 유머, 깊이 있는 독서, 애착이 깊이 형성되어 있고 계속 발전하는 인간관계.

21. 시 90:4; 벧후 3:8.

22. Babette Rothschild, *8 Keys to Safe Trauma Recovery* (New York: Norton, 2010), 34, 60-62.

23. 시 22편; 마 27:46.

24. 빌 3:10-11.

7장

1. 예를 들어, 창세기 37장에서 요셉과 형제들, 창 38장에서 유다와 다말을 보라.

2. 인터넷이 우리의 집중력에 끼치는 영향에 관한 상세한 연구로는 Nicholas Carr, *The Shallows* (New York: Norton, 2011)를 보라.

3. William Barclay, *The Letter to the Romans* (Philadelphia: Westminster, 1975), 74.

4. 요 15:16.

5. 고후 3:18.

6. Scott Buckhout의 설교, Restoration Anglican Church, Arlington, Virginia, August 21, 2022. 스코트 벅아웃의 설교가 제공하는 이 유익한 개요를 보라. 이 설교에서 스코트는 우리가 성령과 성경과 예수님의 몸으로 어떻게 자양분을 얻는지, 이 세 가지가 세상과 우리 삶 가운데서 예수님의 위치와 능력을 계속 더 깊이 확신함에 따라 우리의 성품이 깊이를 더하는 방향으로 우리를 인도하여 어떻게 열매를 맺게 하는지를 강조한다. https://restorationarlington.org/sermons/.

7. "The Tale of Two Trees," BibleProject Podcast, *Tree of Life*, episode 3, January 20, 2020, https://bibleproject.com/podcast/tale-two-trees/.

8. "How Do You Read the Bible?," BibleProject Podcast, *The Paradigm*, episode 1, September 13, 2021, https://bibleproject.com/podcast/how-do-you-read-bible/.

9. 예를 들어, Potter's Inn Soul Care Institute; The Transforming Center; Apprentice Institute for Christian Spiritual Formation; Coracle.

10. 엡 4:15-16.

11. Daniel J. Siegel, *Mindsight* (New York: Bantam, 2010), 70-71.

12. 롬 8:29; 고후 3:18.

13. 신 8장에서 모세는 "네가 만일 네 하나님 여호와를 잊어버리고 다른 신들을 따라 그들을 섬기며 그들에게 절하면 내가 너희에게 증거하노니 너희가 반드시 멸망할 것이라"(8:19)고 하면서 여호와를 "기억하라"고, 여호와를 "잊지" 않도록 주의하라고 이스라엘 백성에게 여러 번 명령한다.

14. Lawrence K. Low and Hwai-Jong Cheng, "Axon Pruning: An Essential Step Underlying the Developmental Plasticity of Neuronal Connections," *Philosophical Transactions of the Royal Society B: Biological Sciences* 361.1473 (July 23, 2006): 1531-44, doi 10.1098/rstb.2006.1883.

15. Allan Schore, "A Neuropsychoanalytic Viewpoint," *Psychoanalytic Dialogues* 15.6 (2005): 829-54.

16. Daniel J. Siegel, *The Developing Mind*, 2nd ed. (New York: Bantam, 2010), 104 11.

17. 이상하게도 이는 아이에게 음식과 옷만 제공해 주고 정서적 지원이나 인간관계가 전혀 없는 상황에도 적용된다. 어른 쪽에서의 그 행동도 전전두엽 피질, 즉 성인의 뇌에서 계획을 담당하는 부분이 "아이에게 음식을 먹이는 게 옳은 일이니 먹여야 한다"고

이성적으로 생각하는 데서 시작하지 않는다. 그보다 이런 행동은 뇌의 하부, 중뇌, 우반구 영역에서 발생하는데, 이는 이런 행동들이 원초적 감정 상태와 상관관계가 매우 깊은 신경망에서 먼저 발생한다는 의미인데, 이 감정 상태가 바로 애착의 모태이다. 정서적으로 척박한 환경에서도 아이들에게 어떤 종류의 음식과 쉼터가 제공된다는 사실은 아이들이 한낱 의자 같은 존재로 대우받지는 않는다는 뜻이다. 이렇게 자양분을 공급해 주는 행동은 구체화된 형태로 표현되는 관계적/정서적 애착에서 시작된다.

18. Ed Tronick, *The Neurobehavioral and Social-Emotional Development of Infants and Children* (New York: Norton, 2007), 177-94.

19. 애착 유형에 관한 더 상세한 연구로는 Siegel, *Mindsight*, 166-89를 보라.

20. Daniel J. Siegel and Tina Payne Bryson, *The Power of Showing Up* (New York: Ballantine, 2020), 5-6; and Curt Thompson, *The Soul of Desire* (Downers Grove, IL: InterVarsity Press, 2021), 31-33를 보라.

21. Daniel J. Siegel, *The Mindful Therapist* (New York: Norton, 2010), 101-19. 특히 시겔의 "인식의 삼각대" 은유와, 세상에 대한 인식이 더 개방적이고, 더 관찰력 있고, 궁극적으로 더 객관적으로 발전하는 과정을 주의해서 보라. 이 경우, '객관적'이라 함은 '주관적'인 것에 대비되는 것이 아니며, 개방성이 커지면 (남을 정죄하기보다) 더 많이 관찰할 수 있고, 따라서 삶의 전체 대상을 더 많이 볼 수 있게 된다.

22. 골 3:3.

23. Karl Menninger, *Bulletin of the Menninger Clinic* 48. 4-6 (September 1, 1984): 457.

24. 요 4:1-42.

25. 요 4:34.

26. 요 19:30.

27. 요 15:1-2.

28. 어린아이들을 대상으로 한 마시멜로 실험에 대해 잘 알 것이다. 이 실험은 성인들의 예측가능한 행동과는 아무런 직접적 상관관계가 없지만, 마시멜로를 당장 먹고 싶은 유혹과 싸우는 아이들의 모습은 욕구충족을 뒤로 미루는 게 얼마나 힘든 일인지 강력하게, 그리고 효과적으로 보여 준다. 스탠포드 대학교의 월터 미쉘(Walter Mischel) 박사가 이 실험을 재구성한 것으로 "The Marshmallow Experiment—Instant Gratification," FloodSanDiego, www.youtube.com/watch?v=Yo4WF3cSd9Q를 보라.

29. 막 8:33; 눅 22:39-44; 요 6:14-15를 보라.

30. 히 12:1-2.

31. Daniel J. Siegel and Mary Hartzell, *Parenting from the Inside Out* (New York: Tarcher, 2003), 185-94.

32. 1장에서 우리는 관용의 창, 혹은 고통스러운 감정 체험을 견딜 수 있는 능력을 측정

하는 방법에 대해 간략하게 살펴보았다. 이 창을 넓힌다는 것은 그 능력을 확장하고 더 큰 회복력을 위한 공간을 확보하는 것이다.

33. Bonnie Badenoch, *Being a Brain-Wise Therapist* (New York: Norton, 2008), 100-101.

8장

1. Daniel J. Siegel, *The Developing Mind*, 2nd ed. (New York: Guilford, 2012), 46-51, 71-74.

2. Barak Obama, "The Audacity of Hope," Democratic National Convention, Boston, Massachusetts, 2004, "Barak Obama Speech at the National Convention," C-SPAN, www.youtube.com/watch?v=eWynt87PaJ0.

3. Tom Holland, *Rubicon* (New York: Anchor, 2005), 177.

4. 예를 들어, 시 31:23-24; 37:9; 38:15; 42:5; 렘 17:13; 고전 13:13; 딤전 4:10.

5. Tom Holland, *In the Shadow of the Sword* (New York: Anchor, 2012), 270-77.

6. Lesslie Newbigin, *Proper Confidence* (Grand Rapids: Eerdmans, 1995), 45-64.

7. Arthur Brooks, "A Conservative's Plea: Let's Work Together," TED, April 6, 2016, www.youtube.com/watch?v=87AEeLpodnE.를 보라.

8. Steven Pinker, *The Better Angels of Our Nature* (New York: Penguin, 2011)를 보라. 핑커는, 상대적으로 말해서 우리가 과거에 비해 도덕적으로 고상하고, 따라서 덜 폭력적이라고 주장한다.

9. 흔히 소셜 미디어의 메커니즘이나 구체화된 행동을 통해 전달되는 수치심의 폭력을 관찰하기만 해도 우리가 사회에서 경험하는 경제적 억압과 인종 차별에 종종 이런 폭력으로 대응한다는 것을 알 수 있다.

10. Suniya S. Luthar, "The Culture of Affluence: Psychological Costs of Material Wealth," *Child Development* 74.6 (2003): 1581-93.

11. 안전하지 않다는 느낌을 표현하는 또 다른 방법은 두렵다고 말하는 것이다. 지면 관계상 이 두 단어의 서로 다른 용법에 어떤 함의가 있는지 자세히 설명할 수는 없지만 (실제로 "안전하지 않다" 또는 "안전하지 않다고 느낀다"는 표현을 쓰는 방식이 지난 10년 동안 크게 바뀌었다), "안전하지 않다고 느낀다"라는 표현에는 이 말을 하는 사람이 자기의 그런 느낌을 바꿀 수 있는 힘이 거의 또는 전혀 없다는 의미가 담겨 있다고만 말해 두겠다. 이런 식으로 이 표현을 쓰면 두려움이 더 강화된다.

12. Crystal Smith, Andrew Allen, and Lee Kannis-Dymand, "Social Media May Contribute to Eco-Distress: The Role of Nature-Relatedness as Both Causal Mechanism and Protective Factor," *Ecopsychology* 14.1 (March 8, 2022): 17-29, doi 10.1089/eco.2021.0020.

13. The Perception Gap, https://perceptiongap.us/를 보라.

14. Michael Scherer, Ashley Parker, and Tyler Pager, "Historians Privately Warn Biden That America's Democracy Is Teetering," *Washington Post*, August 11, 2022, www.washingtonpost.com/politics/2022/08/10/biden-us-historians-democracy-threat/.

15. Flannery O'Connor, "The Novelist and the Believer," in *Mystery and Manners: Occasional Prose* (New York: Farrar, Straus and Giroux, 1970), 167.

16. "Millennials and Gen Z Are More Anxious Than Previous Generations: Here's Why," Folio, University of Alberta, January, 28, 2020, www.ualberta.ca/folio/2020/01/millennials-and-gen-z-are-more-anxious-than-previous-generations-heres-why.html.를 보라.

17. 롬 12:1-2.

18. Spiritual Beings Series, BibleProject, https://bibleproject .com/explore/category/spiritual-beings-series/. 를 보라.

19. N. T. Wright, *Paul for Everyone: Romans, Part 1* (Louisville: Westminster John Knox, 2004), 75-76.

9장

1. 마 7:13-14.

2. 막 10:17-31.

3. William Barclay, *Gospel of John*, vol. 1 (Philadelphia: Westminster, 1975), 128-29.

4. 막 10:21.

5. 막 10:22.

6. 막 5:25-34.

7. 막 10:27.